中国军事专家文库

论大战略
和世界战争史

吴春秋　著

北京出版集团
北京人民出版社

图书在版编目（CIP）数据

论大战略和世界战争史 / 吴春秋著. — 北京：北京人民出版社，2025.4
（中国军事专家文库）
ISBN 978-7-5300-0610-8

Ⅰ．①论… Ⅱ．①吴… Ⅲ．①战争史—世界—文集
Ⅳ．①E19-53

中国国家版本馆 CIP 数据核字（2024）第033960号

中国军事专家文库
论大战略和世界战争史
LUN DA ZHANLÜE HE SHIJIE ZHANZHENG SHI
吴春秋　著
＊
北 京 出 版 集 团
北 京 人 民 出 版 社　出版
（北京北三环中路6号）
邮政编码：100120
网　　　址：www.bph.com.cn
北 京 出 版 集 团 总 发 行
新 华 书 店 经 销
北 京 华 联 印 刷 有 限 公 司 印刷
＊
787毫米×1092毫米　16开本　22.75印张　324千字
2025年4月第1版　2025年4月第1次印刷
ISBN 978-7-5300-0610-8
定价：99.00元
如有印装质量问题，由本社负责调换
质量监督电话：010-58572393
编辑部电话：010-58572414；发行部电话：010-58572371

吴春秋

四川人，曾先后在西北军区、中国人民志愿军工作，军事科学院原研究员，享受国务院政府特殊津贴，长期从事世界战争史和大战略研究，是我军研究世界军事革命和新时期国防发展战略的专家。曾任北京大学国际政治系兼职教授、新加坡东南亚研究所研究员、美国堪萨斯州立大学客座教授。已出版《俄国军事史略（1547—1917）》《战略研究与现代国防》《大战略论》《国有危难思大略》《论大战略和世界战争史》《按住地球的脉搏——大战略古今谭》《现代国防与综合国力》《近代各国军事改革的几点启示》等多部专著。

内容简介

　　大战略是一门既古老又年轻的学问，是克敌制胜的科学，也是高层决策集团及其智囊参谋制定国家总体战略的特殊思维方式。本书是作者多年从事大战略研究的代表作品，包括作者在军事科学院向开国将帅学习战略研究的感悟，关于安全也是"硬道理"的认识特别是对国家发展与传统安全和非传统安全三者实行统筹的思考，把辩证法引入大战略研究的尝试，在国际文化交流中发挥中国传统战略智慧独特魅力的体会，以及对软国力中民族凝聚力的"爆发性"探讨，等等。特别是"中国古典大战略思想发凡""我看美国大战略"等章节，以大量的国内外战例为依据，精辟地分析了东西方大战略思想的形成、发展过程及不同特点，体现了作者独特的学术视角、创新思维和严谨的治学态度，对我们了解和研究东西方战略理论特点和差异大有裨益。

"中国军事专家文库"编委会

总　序

在 2021 年举国隆重庆祝中国共产党百年华诞后，2027 年将迎来中国人民解放军建军的百年华诞。百年征程，华章异彩。以毛泽东同志为代表的中国共产党人坚持把马克思主义的普遍真理与中国革命战争的具体实践相结合，创立了毛泽东军事思想的科学理论体系，指导我军从无到有，从小到大，从弱到强，从胜利走向胜利。我军也由此具备了高度的理论自觉，形成了重视总结经验、重视理论创造的优良传统，军事理论建设取得了极其丰硕的成果。习近平主席强调指出，科学的军事理论就是战斗力，一支强大的军队必须有科学理论作指导，要紧紧扭住战争和作战问题推进军事理论创新，构建具有我军特色、符合现代战争规律的先进作战理论体系，不断开辟当代中国马克思主义军事理论发展的新境界，从而为推进军事理论创新指明了方向。

值此建军百年之际，我们在北京出版集团北京人民出版社支持下，策划出版"中国军事专家文库"（简称"文库"），旨在总结和展现新中国成立特别是改革开放以来我国军事科学研究取得的丰硕成果，为新时代国防和军队建设尽一份绵薄之力。我们相信，"文库"的出版发行，不仅可以为我军官兵加强理论学习、提高理论素养和开发思维能力发挥积极作用，而且可以为关心中国国防和军队建设的人们提供一个了解中国军事理论建设发展的重要窗口。

为了确保"文库"发挥应有的价值和效益，我们在编辑过程中主要遵循以下几条原则。

第一，突出完整性，尽可能覆盖中国军事科学的各个学科方向，包括军事思想、军事战略、战役战术、作战指挥、军事制度、军队建设、军队政治工作、军事历史、军事经济、外国军事等，其中有专著也有论文集，能比较系统地反映中国军事科学发展的情况。

第二，突出学术性，重点关注基础理论研究，着重反映中国军事科学基础理论建设的情况，同时保持对现实的观照，体现军事理论对军事实践的先导作用。

第三，突出权威性，所收著作的作者均为中国军事科研领域中有深厚学术造诣的专家，是各学科方向的领军人物，在军内外享有盛誉，他们的科研成果为推进中国军事科学发展发挥了积极作用。

第四，突出全面性，力求反映中国军事科学发展全貌，所收入著作创作的年代跨度要尽可能大，能够反映中国军事科学发展的大体脉络。

第五，突出实用性，面对的读者群主要是党、政、军高层领导和机关人员，军事科研机构人员和军事院校研究生及地方高校的国防教育人员，以及众多的军事爱好者等。

"文库"是一个长线产品，前期规划出版40本，约1200万字。其中，第一批出版12本，作者主要是曾在中国人民解放军军事科学院从事过军事理论研究工作的专家。军事科学院是叶剑英元帅建议创办的我国专门从事军事科学研究的机构，是军事科研信息的"集散地"。军事科学院各个时期专家的科研成果反映了那个时期的军队作战和建设理论需求的前沿性问题，对军事理论研究发挥了引领作用。我军的各级院校、科研机构和领导机关也活跃着一批军事专家，他们是我军军事理论研究队伍的重要力量，其在各个时期的研究和创作丰富了我军军事理论的内涵，推动了我军军事理论的发展。在"文库"后续推出的著作中，我们将扩大作者范围，收纳军队各级院校、科研机构和领导机关的军事专家在各个时期的优秀理论成果。

"兵者，国之大事，死生之地，存亡之道，不可不察也。"军事理论研究探寻的是国家安危之道，关乎江山社稷，是世界范围内军事竞争的重要领域。唯有军事理论先进、军事理论素养高的军队，方能在残酷的军事竞争中占据主动，这已经被世界战争史，包括我军历史所充分证明。新时代，我军正在习近平强军思想的指引下开启新征程，为迎接世界新军事革命加速发展的挑战，向着全面建设世界一流军队的方向迈出坚定步伐。"实践发展永无止境，认识真理永无止境，理论创新永无止境。强军是具有很强开创性的事业，我们要不断适应新形势、应对新挑战、解决新问题，在实践上大胆探索，在理论上勇于突破，不断丰富和发展党在新时期的强军思想，让马克思主义军事理论在强军伟大实践中放射出更加灿烂的真理光芒。"

在此，我们特别要向中国人民解放军军事科学院原副院长任海泉中将表示由衷的感谢。他给予"文库"以极大支持和热情鼓励，不仅对"文库"编辑提出了很重要的指导性意见，而且亲自审阅了一部分书稿，非常负责任地撰写了修改意见，展现了军事科研战线领导干部的使命感和高尚情怀。

由于时间仓促，"文库"难免有挂一漏万之处，敬请各位读者批评指正。

"中国军事专家文库"编委会

2024 年 7 月

序言　一个探索者的自白

应出版社之约，我将20世纪80年代以来发表的关于大战略和世界战争史的文章选编成这本集子，书名就叫《论大战略和世界战争史》，奉献给感兴趣的读者。学海无涯，人生苦短。这本集子也算是给自己数十年的军事学术活动打一个结。

作为新中国培养的军事科研工作者，我深感改革开放前几十年基本上是学术准备阶段。那时，精力充沛，常年笔耕不辍，但没有留下多少经得起时间考验的东西。改革开放迄今40余年，是出成果的阶段。在党的解放思想、实事求是路线指引下，确实发表了一些在当时起过积极作用，现在看来仍有一定参考价值的文章，也曾选编过几个本子。这次在过去选编的基础上进一步加以精选，形成了这个新的版本，加上近年来为配合现实斗争新写的几篇文章，共17篇，其中3篇实际上是3组短文，每组3～5篇。书末加一个附录——我为《中国大百科全书·军事卷》撰写的关于第一次世界大战和美国历史上几次著名战争的条目释文。

选编这样一个本子，按照我国现行的军事学术体系，似乎有些不伦不类。什么是大战略？大战略和世界战争史有什么关系？为什么把这两个主题搞在一起？在理论和实践上有什么意义？为了说明这些问题，请允许我简述一下自己从事军事学术研究的过程，作为本书的背景资料，供读者参考。

我参加军事学术研究是从1960年初调到军事科学院开始的，在那以前，虽然先后在大军区、朝鲜前线和解放军总政治部等部门工作过，但基本上是学习和锻炼。到军事科学院以后，我的任务是了解美国军事的现实情况，每天泡在大量的英文报刊和新书的海洋里，晕头转向，分不清哪些情况是早已有之的，哪些是真正的新动向。为了走出这个困境，我找到了当时看起来有些迂阔的方法，即用大量的时间去熟悉美国的军事历史，特别是战争史。为此，把一部美国军事简史（从美国建国前的殖民地时期直到侵越战争）粗线条地摸了一遍，从此工作中顿感心明眼亮，初步取得了主动权。

美国军事历史时间虽然不算太久，涉及的问题却是千头万绪，错综复杂。于是，我把主要精力放在美国军事战略上，用军事战略的研究带动整个军事史特别是战争史的研究。这样，果然收到了纲举目张之效。大约整个60年代都是坚持这样做的。

20世纪70年代初，总部有关研究部门抽人组成班子，重点研究与美苏争霸有关的战略性问题。我有幸参加了这个班子，与总部各兄弟单位的专家共事。他们对世界形势了如指掌，如数家珍，确实做到了"按住地球的脉搏"（叶剑英元帅语）。在这段工作中，我感到自己虽然对美国军事有所了解，但对苏联军事的现实和历史包括沙皇俄国的军事历史却缺乏较系统的知识。于是，我又采取60年代那个办法，用大量时间首先摸索沙皇俄国的军事历史，重点是对外战争史，而对外战争史的研究仍然以军事战略为纲，带动其他。为此，先后查阅了不少俄文资料，初步弥补了自己知识领域中的一个空白。这方面的研究成果，体现在80年代初发表的《俄国军事史略（1547—1917》）一书中。

80年代，我国进入改革开放的新时期，国内外学术交流空前活跃。1980年夏，我有幸作为中国历史学家代表团的军方成员之一，出席世界历史科学大会在布加勒斯特举行的年会，主要参加军事历史小组委员会的学术活动。通过这次会议，我看到了国外军事历史和军事战略研究方面的成果和学术动态，大开眼界，受益匪浅。其中给我印象最深的是关于比较军事史的研究。这种方法对我后来的研究工作产生了十分重要的影响。

会后，我受命参加刚刚成立的中国第二次世界大战史研究会理事会的工作，有幸与军内外数十个院校的史学家，包括二战史专家共事，从此开始比较系统地涉猎第二次世界大战史。其间，我始终坚持以战略问题为纲，初步的心得集中体现在80年代初期撰写的《第二次世界大战中的两线作战问题》等流传较广的学术论文之中。

20世纪80年代前半期，我还受命主持《中国大百科全书·军事卷》世界战争史分支学科的编审工作，并负责撰写若干重要的战争条目。这项工作要求我不但要了解第二次世界大战史，还要了解第一次世界大战史，以及在整个世界史上产生过重大影响的其他战争。在力所能及的范围内，我这样做了，并且坚持以军事战略研究带动战史研究的工作，这也为后来主编《世界战争通鉴》一书做了必要的学术准备。

稍后，我越来越明确意识到在军事战略之上还有一个大战略。军事战略必须服从大战略。历史反复证明，大战略错了，军事战略上即使取得辉煌胜利也是徒劳无益，甚至有害。基于这种认识，我开始比较系统地研究西方大战略，把它作为一门独立的学科来对待，为此先后发表了评介20世纪20年代至80年代（后来延伸至90年代前半期）西方大战略研究的系列文章，为当时国内正在兴起的"战略热"添了一把火，也为进一步从事大战略研究打下了初步的基础。但是，直到这时，我的一切研究都局限于认识外国，总结它们的经验教训，而对于中国自己的战争史和战略问题（包括军事战略和大战略）则缺乏系统的知识。中国人研究外国本身不是目的，这种研究最终应该为中国的国防建设服务。不了解中国自己的情况，研究外国就会陷于盲目性。为了弥补这个缺陷，我从头学习（谈不上研究）中国历代战争史和中国军事战略（后来扩展到中国历代大战略）的演变。人们嘲笑我这是"八十岁学吹鼓手",而我自己觉得"亡羊补牢,犹未为晚",并且从我们祖先惊人的战略智慧中汲取了丰富的营养。论文《中国古典大战略思想发凡》就是在这个领域里迈出的第一步。

1987年至1996年这段时间,我三次应邀访问美国堪萨斯州立大学历史系。该系的军事历史教学研究较为著名。我主要为研究生讲授中国战争史(累计约200多个学时),同时多次为该系师生以及其他几个美国军内外院校或研究机构作公开学术演讲,主要介绍改革开放以来中国史学界特别是军事历史研究方面的新成果,为增进美国人对中国文化的了解做工作。这几次访问,为我自己进行大战略和世界战争史研究也提供了非常有利的条件。我的一些学术论文,如《世界军事革命与我国国防现代化》等,大都是在国外调查研究的基础上写成的。

大约从20世纪90年代初开始,随着东西方冷战的结束,世界战略形势发生了重大的变化,同时西方大战略研究也出现了新动向,集中体现在对国家安全概念的认识上。一般认为对国家安全的军事威胁正在下降,非军事威胁正在上升,因此大战略不仅要研究国家的军事安全问题(国防),而且要研究非军事安全问题。这是一个很有价值的思想苗头,但不够完善。

作为一家之说,我提出"狭义大战略"和"广义大战略"两个概念:前者指以军事安全(国防)为中心的大战略,后者指包括军事安全和非军事(经济社会发展)安全两大领域并使之有机结合的大战略。广义大战略特别适合于像中国这样的发展中的社会主义大国。在这个思想指导下,我侧重探索广义大战略的基础理论和原则。《大战略的真谛》《大战略与综合国力》等论文,即代表了初步认识。这些论文曾收集在一本名为《广义大战略》的小册子里。由于大战略问题牵涉甚广,我至今仍在继续探索之中。

以上的回顾，说明几十年来我走过了一条不断学习和探索新领域的道路：美国战争史和美国军事战略→俄国战争史和俄国军事战略→两次世界大战史和军事战略→世界战争史和军事战略→中国战争史和中国军事战略→狭义大战略→广义大战略。

尽管在以上各个领域耕耘的深度和广度都非常有限，有的只是蜻蜓点水，浅尝辄止，但毕竟走过了这样一条脱出常轨但事出有因的特殊道路。正因为如此，国内外学术界的朋友们有时问我到底是研究什么的，我就搬出大战略和世界战争史两个领域，他们觉得有点奇怪。其实道理很简单：我认为研究战争史应以战略为纲，研究战略要以战争史为依托，二者相辅相成，相得益彰。不过，从根本上说，我愿意把大战略放在首位，因为我研究战争史归根到底是为了研究战略，更确切地说，是为研究中国自己的大战略服务。

本书选编的这些文章，可以说是一个探索者在一条崎岖道路上艰难挪步的足迹。其中的若干篇重点文章，特别是关于古今中外大战略、世界军事革命、俄国对外战争以及二战中的两线作战等问题的初步总结，曾经被学术界朋友们认为在某些方面具有"开拓"或"奠基"的性质。这无疑对笔者是鼓励。但正因为是"初步总结"，它们虽经多次修订，仍不免带着种种缺陷，所谓初生之物必丑是也。

这里需要说明的是，"大战略"这个西方的学术概念是否适用于中国。有人说，我们有马克思主义的战略理论，有丰富多彩的古典战略思想，有党的路线、方针和政策，有国家发展的总体战略，还要西方的大战略干什么？我认为这是一种误解。本书所讲的大战略不是指西方国家实际执行的大战略，而是指作为一门综合性学科、一种知识体系的大战略。它是现代国家最高决策层（包括智囊参谋机构）考虑国家发展和国家安全问题的一种特殊的思维方式，是制定国家级总体战略的一套理论、原则和方法。因此它是中性的，是任何国家的研究者都可以运用的，不是西方的专利。其实，世界各国、各民族的文化（包括战略文化）都是可以互相借鉴的。最早提出大战略概念的英国军事思想家利德尔·哈特，当年就受到中国《孙子兵法》"不战而屈人之兵"思想的启迪，把它作为战略追求的最高境界。西方学者把中国的战略思想拿去为研究西方的战略服务，我们为什么不可以把西方理论有选择地拿来为我所用呢？况且我国古典战略思想中历来就有与大战略相通的概念。

与此同时，本书读者不难发现，我在本书中使用的大战略概念不是简单地照搬西方的东西，而是批判地吸收并加上了中国自己的东西，赋予了新意，在某些问题上说出了西方研究者没有说过或者说得不完善的思想，其目的是为我国战略研究的繁荣提供一个新的视角，作为"他山之石"。顺便说，这对我们更深刻地掌握美国等西方国家实际执行的大战略的制定及其发展趋势，也是有利的。

最后，我还想说明一点：大战略研究如同其他学科一样，也可以分为基础理论研究和应用研究。两者同样重要，缺一不可，贬低任何一方面都不利于这门学科的发展。美国一家著名思想库有一位战略研究者声称自己"从来不相信什么战略理论"，认为所谓战略理论是不切实际的空谈。在我国也不排除有类似的看法。其实，没有正确的大战略基础理论的启迪，大战略的应用研究（例如大战略决策建议方案的制定）往往会误入歧途。我看到世纪之交学术界关于中国未来大战略或国家战略的某些建议草案，实际上仍是各行业、各系统自身发展战略的简单拼凑，缺乏总体战略必不可少的综合集成。当然，基础理论研究者和应用研究者可以有明确的分工，各司其职或各有侧重。

笔者是搞大战略基础理论研究的，这里选编的文章都属于这种性质，其中包含着一些自认为带规律性的思想或观点。这些思想或观点，可能是正确的，也可能是错误的，还有可能引起争议。不管怎么样，它们都是一个军事科研战士长期探索的结晶，是千虑之一得。在风云变幻、太平洋上很不太平的21世纪，我希望它们对我国的进一步发展和安全多少有所裨益，因而借此机会奉献给有志于此道的同志，同时求教于专家学者，以匡不逮。

是为序。

目　录

第一章　世纪之交话战略[*]

百年战略研究的三大遗产

20世纪科学技术的突飞猛进和随之而来的社会生产力的空前提高，频繁爆发的大规模战争（特别是两次世界大战）和风起云涌、震撼世界每个角落的革命运动，再加上几十年东西方冷战对峙，这些条件为战略这门古老科学和艺术的发展提供了新的动力。100年间积累起来的战略实践和战略理论（包括经验和教训），是全人类共享的战略文化的最新成果。这里仅从战略研究的角度，试谈20世纪的三大遗产。

一、马克思主义战略观

马克思主义战略观，是博大精深的马克思主义战略策略思想体系的一个组成部分。这主要体现在马克思主义对战略本质和规律性的认识上，对于我们研究战略具有认识论和方法论的重大意义。

众所周知，马克思主义认为：一切战略（政治战略和军事战略）都是为一定阶级的政治利益服务的，无产阶级的战略更是直接为无产阶级政党的路线方针政策服务的；战略研究的对象是全局性的指导规律；战略指导是人的主观能动性的反映，凡是正确反映客观实际的战略，具有不可估量的

---

* 本文首次发表于2000年12月军事科学院《外国军事学术》杂志。现经作者改写，重新发表于此。

威力；战略的奥妙在于集中兵力，也就是说军事上要正确地选择主要打击方向（战略重点），政治上要正确区分真正的敌友；战略的重要问题之一是运用后备力量（直接同盟军和间接同盟军）；研究战略要着眼其特点和着眼其发展，反对机械论和形而上学；战略具有相对稳定性；战略上要藐视敌人，战术上要重视敌人；等等。这里不可能详加介绍，但仅此数端即可看出马克思主义战略观的某些要义。

马克思主义战略观来源于指导革命斗争和战争实践经验的总结，是辩证唯物主义和历史唯物主义在战略领域中的运用，其主要特色是高度的哲理性，可以说就是战略哲学。正因为如此，它更加具有普遍的指导意义。

今天，我们绝不可以因为苏联解体、东欧剧变、世界共产主义运动处于低潮而认为马克思主义战略观已经过时。事实上，之所以出现这种情况，正是因为某些领导人背离了马克思主义的基本原理，执行了错误的战略路线。这一事实从反面证明，马克思主义战略观是具有强大生命力的科学，是不能违反的。当然，马克思主义政党在特定的历史条件下采取的具体战略总是会过时的，但我们要继承和发扬的不是这些具体战略，而是马克思主义的战略哲学。

二、西方现代大战略

20世纪，西方一些发达国家的战略研究特别活跃，新的战略理论层出不穷，令人眼花缭乱，但大多数新理论都具有单纯技术决定论或某种新武器决胜论的明显倾向。英国军事思想家利德尔·哈特等人总结第一次世界大战经验教训时首先提出来的"大战略"概念独树一帜，其主旨是综合运用政治、外交、经济、科技和军事等手段实现国家目标。这些战略手段说穿了就是综合国力。大战略既适用于战时也适用于平时，既适用于一个国家也适用于国家联盟，其主要特色是战略手段的综合性或整体性。这比片面强调武力或强调某种武器的战略要全面得多。大战略的层次在军事战略之上，后者服从前者。西方国家在使用大战略概念的同时，还使用国家战略或国家安全战略等概念，但含义大同小异。

英国出现大战略理论的同时，德国也曾出现以鲁登道夫等人为代表的总体战思想，其精神实质在某些方面与大战略相近，但却没有为更多西方国家所接受，原因之一可能是因为德国在两次大战中都是战败国，而军事上一般都是向胜利者学习，鲜有向失败者学习的。不过，在总结西方大战略理论时，总体战思想也有参考价值。西方国家的大战略是为它们的政治服务的，我们不能照搬，但作为一种知识体系的大战略概念则是中性的，实际上是一种广泛适用的战略思维模式或框架，西方国家能用，我们也能用。总之，无论从哪个角度来说，这份遗产还是有研究价值的。

三、战略决策科学化民主化

20世纪中后期，一大批新兴学科的蓬勃兴起，给战略研究以深刻的影响。这些新兴学科中最有代表性的如"老三论"（系统论、信息论、控制论）、行为科学、未来学、预测学、运筹学、现代经济学、现代数学等等，特别是在上述学科的基础上发展起来的现代决策科学，再加上电子计算机的广泛运用，使战略研究如虎添翼，面目一新。严格说，现代决策科学也是在西方首先兴起的，但早已在中国开花结果。

决策科学对战略研究的影响是多方面的，最突出的影响在于制定战略的方法论，即把制定战略决策的过程置于科学的基础之上。换句话说，要把战略全局如实地看作一个大系统或超大系统，并且运用系统工程的方法去处理。从此，传统的经验决策开始向科学决策转变，决策科学化被提上了议事日程。科学的战略决策的主要特点之一是重视量化。不可否认，传统的战略决策也强调心里有数，但主要依靠定性分析。现代科学决策仍离不开定性分析，但定量分析的比重空前增大了。过去认为不能量化的许多因素现在可以量化了。如今，一切重大的战略决策的制定都必须运用科学手段进行可行性论证，这是和以往的战略研究截然不同的。

与决策科学化不可分割的是决策民主化。随着战略环境的空前复杂化和信息量的惊人增长，任何天才的战略家也不可能单凭个人或者少数几个智囊人物的脑袋制定战略决策，决策可行性的科学论证更不可能依靠少数人进行。于是，群体决策取代了个体或少数人决策。既然是群体决策，那就必须从法制上保证充分发扬民主，集思广益，同时造成重大战略决策失误的当事人要承担法律责任。

作为决策科学化与决策民主化的必然产物，思想库如雨后春笋般蓬勃兴起，形成空前庞杂的咨询产业。这是20世纪中后期战略研究领域的一大奇观，也可以说是大势所趋。与此相适应，文人战略家大批涌入这些思想库，打破了职业军人独占的战略王国，甚至取得主导地位。这样，在许多国家形成了军民结合、多学科交叉的战略研究队伍。这种思想库对国家最高层领导制定战略决策具有重大的影响。

战略决策科学化民主化具有无限广阔的发展前途。

广义安全观与中国总体战略

21世纪的中国面临着经济全球化大背景下综合国力竞争的挑战。这种竞争之激烈，无异于一场不流血的世界大战。弱肉强食、优胜劣汰的古老规律必将无情地继续发挥作用，因此加快社会经济发展是万全之策。同时，鉴于风云变幻的国际战略环境，国家安全也需要大力加强。

社会经济发展是指综合国力全面、协调、可持续发展。在实践中，有些单位或个人假借"发展经济"的名义不择手段拼命赚钱的做法，是违反发展的本义的。腐败成灾、假冒伪劣、"豆腐渣"工程和严重的工伤事故屡禁不止，都与此有关。从战略上看，这种现象对国家总体发展具有很大的破坏性。

至于对国家安全的认识，也是有发展的。多年来，国内外学术界都曾展开对这个问题的讨论，关键的问题是对外来威胁形势的认识。人们普遍认为，当今世界非军事威胁已上升到主要地位，对付这种威胁只能用非军事手段，国防的地位似乎降低了。依笔者浅见，非军事威胁确实上升了，但军事威胁仍然严重存在。试看冷战后唯一的超级大国美国至今仍在大搞军备建设，甚至不惜引发国际军备竞赛，就是一个危险的信号。在可以预见的将来，对于中国来说，加强国防仍是国家安全的核心问题。当然，对于非军事威胁也要给予相当的注意，尤其是在中国加入WTO以后，非军事威胁可能趋向严峻。归结起来说，笔者赞成以国防为重点的广义安全观。

国家发展和国家安全是两件大事，各有不同的内在规律。但是，两者在一定条件下也是可以结合或统一起来的。这种结合或统一不是二者简单的相加，而是使它们水乳交融，互相渗透，相得益彰。我们不妨称之为安全与发展统一观。就国家发展与国家军事安全的关系来说，这是个老问题。中外许多国家都有丰富经验。我国多年来行之有效的一整套军民兼容、平战结合的体制，就是发展与军事安全有机结合的很好形式，但在新时期，在高技术条件下，还要加以发展，使之更上一层楼。同样，国家发展与非军事安全也需要走结合之路，但这是个新问题，如何解决，值得下大力气加以探索。

这里所谓安全与发展的统一是就国家的总体而言。总体离不开局部，国家这个特大系统下的子系统原则上都有发展与安全相结合的问题。许多系统天然地结合得比较紧密，最突出的例子是信息、空间、海洋、新材料、新能源等高新技术和产业。它们本身既是发展问题，又是安全问题，而且是包括军事安全和非军事安全在内的广义安全。但即使是对这样的技术和产业，也要加以规划和调控才能实现发展与安全双丰收。与此同时，也要承认还有许多系统情况特殊，不能勉强结合。即使能结合的，具体的结合方式，结合的深度与广度，也要视情况而定，不能一概而论。

当前我国正在执行的西部大开发战略，为国家发展和国家安全有机结合提供了新的广阔空间和机遇。这是一项高瞻远瞩的伟大战略决策，其历史意义是怎么估计也不算过分的。

为了实现国家发展与国家安全的有机结合，最根本的一条是从全局上牢固树立发展与安全统一观。这就需要有国家的干预，还需要有国家体制和法制的保证。管理国家、地区和行业发展计划的机构，也要把安全计划纳入议程，同发展计划一起综合考虑。总之在新的世纪，不管我们的前程有多少惊涛骇浪和疾风暴雨，只要做好了国家发展和国家安全的统一，我们的国家就可以稳如泰山。

新世纪呼唤战略巨人

一切战略都是人制定的，也依靠人去执行。战略的正确与错误，归根到底取决于人的素质。21世纪的中国需要大量优秀的战略人才。这种人才有两种类型：一是战略决策者（指导者），二是为他们服务的智囊、参谋和研究人员。后者的重要性并不亚于前者，有时甚至更重要，而且需要的数量更大。

历史的经验教训告诉我们，对两类战略人才的共同要求是具有对祖国、对人民、对历史高度的负责精神，马克思主义的革命胆略和求实精神，高瞻远瞩的宏观思维方式以及多谋善断的特殊本领。分别来说，战略决策者更要善于发扬民主，倾听各方意见，鼓励不同的声音，当机立断，但切忌主观武断。智囊、参谋和研究人员（严格说，参谋人员作为上级意图的执行者，与其他两类人员有所不同，此处姑置勿论）则更应坚持不唯上，不唯书，一切从实际出发，刻苦地调查研究，独立思考，大胆创新，不仅要想领导之所想、急领导之所急，而且要想领导之所未想、急领导之所未急，但切忌遇事揣摩上级意图，听到一言半语就顺杆爬，投其所好。这是误国误民误领导，更是误己。

今天，从世界来说，我们正处于信息时代、知识经济时代和经济全球化时代。和平与发展两大主题至今一个也没解决。国际关系中一超独霸与多极化的斗争，十分激烈而复杂。从我们国家来说，我们正处于排除万难、力争实现21世纪中叶宏伟目标的新时期。新的战略环境对两类战略人才的要求不是降低了，而是提高了。两类战略人才都必须在掌握现代科学知识和提高战略学修养方面，攀登新的高峰。

恩格斯在《自然辩证法》导言中谈到文艺复兴时代的自然科学时，说过一段非常精彩的话："这是一次人类从来没有经历过的最伟大的、进步的变革，是一个需要巨人而且产生了巨人——在思维能力、热情和性格方面，在多才多艺和学识渊博方面的巨人——的时代……"他举了达·芬奇、丢勒、马基雅维利和路德为例，并指出，这些巨人的特征是"他们几乎全都处在时代运动中，在实际斗争中生活着和活动着，站在这一方面或那一方面进行斗争，一些人用舌和笔，一些人用剑，一些人则两者并用。因此就有了使他们成为完人的那种性格上的完整和坚强"。这就是时势造英雄的道理。

在中外历史上，凡是战略环境特别复杂、斗争异常激烈的时代，必然涌现大批叱咤风云的战略思想家和实践家。我们今天正处于比文艺复兴更伟大、更进步的变革时代，祖国需要各方面的巨人，当然也包括战略巨人。祝愿新时代年轻的战略巨人脱颖而出。且为他们鼓与呼！

第二章　大战略的真谛[*]

为大战略正名

"大战略的领域基本上是一块未被认识的处女地。"①20世纪20年代末英国研究大战略的先驱利德尔·哈特如是说。从那时以来，不知多少人在这块处女地上耕耘，写下了不知多少大块文章和皇皇巨著，但对大战略的认识至今仍是众说纷纭。同一国家内部也有多种不同说法。大战略作为一个现代学术概念就像一条变色龙，它在每一位作者笔下都呈现出不同的颜色。

使事情复杂化的是，大约自20世纪50年代以来，美国和其他某些国家和地区的学术界在使用大战略概念的同时，还使用"国家战略"这一术语，而且，见之于官方文件和工具书。于是人们很自然地要提出问题：什么是大战略？什么是国家战略？二者是一回事还是两回事？

对于以上问题，笔者不想从字义学的角度详加论证，以免陷入烦琐哲学。这里只需要指出，在大战略和国家战略概念的使用上大致有如下两派观点。

一派认为大战略和国家战略基本上是同义词。例如，1964年版《美利坚百科全书》说，大战略"在一般意义上指在平时与战时，为获得对国家政策的最大限度支持，发展并运用国家的政治、经济、精神以及军事力量

---

* 本文最早以《大战略之我见》为题公开发表于1993年第1期《中国军事科学》，后经作者多次修改重新发表。此次选自吴春秋《大战略论》(军事科学出版社1998年版)。

① 利德尔·哈特：《历史上的决定性战争》，1929年英文版，第151页。

的艺术和科学"。而1963年版美国国防部颁布的《美国军语词典》则说，"国家战略是平时和战时在使用武装力量的同时，发展和运用国家的政治、经济和心理力量以实现国家目标的艺术和科学"。试看这两种都有一定权威性而且差不多同一时间出版的工具书，对两个战略概念的定义何其相似乃尔！事实上，这两个学术概念在某些西方学者的著作中本来是互相通用的。

另一派认为，大战略和国家战略是有原则区别的不同学术概念，不能互相通用。这里至少又分为以下三种观点。

第一种认为，国家战略是国家的总体战略，而大战略则是这个总体战略中有关国家安全的部分，也就是国家安全战略。例如，美国研究者约翰·柯林斯说，国家战略可分为应付国际和国内问题的全面政治战略；对外和对内的经济战略以及国家军事战略；等等。每一种战略都直接或间接地关系着国家的安全。有直接关系的各种国家安全战略汇集起来便构成大战略，"即在各种情况下运用国家力量的一门艺术和科学，以便通过威胁、武力、间接压力、外交、诡计以及其他可以想到的手段，对敌方实施所需要的各种程度和各种样式的控制，以实现国家安全的利益和目标"①。这个定义在美国学术界颇为流行。英国也有类似的解释。按照这个观点，大战略主要是以对敌斗争为中心的战略，而国家战略的含义则更为广泛。大战略的层次在国家战略之下，军事战略之上。

第二种认为，大战略是国家集团或联盟的战略，而国家战略是一国本身的战略。我国台湾地区的一些研究者即持此种观点。按他们的说法，大战略，"系指与同盟国间所运筹的战略政策阶层而言"，而国家战略"系指国家政策阶层对于统合国力之建立与国家战略之运筹而言"②。这种区分，据

---

① 约翰·柯林斯的《大战略：原则与实践》1973年英文版和道格拉斯·默里、保罗·维奥蒂的《各国防务政策之比较研究》1982年英文版两书附名词解释均引此定义。
② 台湾《中华战略学刊》1985年春季号。

称是蒋介石"裁定"的。按此观点，大战略比国家战略层次更高。

第三种认为，国家战略和大战略是处于同一层次的两大部分，前者"对内"，后者"对外"。例如，日本研究者伊藤宪一就明确表示，"唯有对外国家战略，我才称之为'大战略'"[①]。美国有些研究者心目中的大战略，其矛头实际上也主要是针对外部世界的。

除上述几种观点外，国际学术界还有一种既否定大战略又不承认国家战略的意见。例如，苏联学术界就认为只有军事战略才是严格意义上的战略。另外，法国著名战略理论家安·博弗尔则认为大战略或国家战略均不适当，他主张以"全面战略"（有人译为"总体战略"）取而代之。

总体看来，以上种种不同的说法各有各的道理。之所以出现分歧，似乎与各人所处的国内国际战略环境、各国战略传统以及各人从事战略研究的目的不同有关。

笔者的看法如何呢？首先，做学问头脑不妨开放一些，对于国内外战略研究者一切言之有理的说法都可以有选择地吸收，为我所用，为丰富我国现代战略研究服务。前提必须是言之有理。按此原则，大战略、国家战略乃至总体战略等学术概念都有存在的价值，对这些提法不应采取绝对排斥的态度。但笔者更倾向于采用"大战略"一词，并对它做广义的解释。大战略既适用于一个国家，也适用于国内的政治集团和超国家的联盟。对于一个国家来说，大战略既适用于战时，又适用于平时；既管国家安全，又管国家发展；既有对外的一面，又有对内的一面。由此引出如下的定义：

大战略是政治集团、国家或国家联盟发展和运用综合国力以实现其政治目标的总体战略。

---

① 伊藤宪一：《国家与战略》，军事科学出版社1988年版，第3页。

这个定义包含着四个基本要素：一是大战略的行为主体——政治集团、国家或国家联盟；二是政治目标；三是综合国力；四是总体战略。这里仅就第一个要素酌加解释，其余三个要素将结合大战略的基本原则加以论述。

大战略的行为主体在这里泛指政治集团、国家和国家联盟三级。这三级中以国家为最基本、最稳定的行为主体。国家级的大战略当然也就是最典型的大战略，但它不能取代政治集团和国家联盟的大战略，因为后两者有其自身的特殊性。所谓政治集团，是指一个国家内部并不掌握全国政权但准备掌握全国政权的那些集团。严格说来，政治集团的大战略（例如中国共产党争取全国解放的大战略）与国家战略是有区别的。国家联盟具有超国家的性质，联盟的大战略虽然通常是以各成员国或占主导地位的成员国的国家战略为基础的，但毕竟不等同于成员国的国家战略。如果把光圈扩大到古今中外，那么可以清楚地看到这三级大战略都是客观存在的。如果统统称之为国家战略也有不妥之处。

总之，笔者赞成使用"大战略"一词，但对其他有用的学术概念也并不排斥，主张根据具体情况灵活处理：当泛指不同层次的总体战略时，最好使用"大战略"一词；当专指一国的总体战略时，既可称大战略，也可称国家战略，即国家的大战略。同样，国家联盟的总体战略可称大战略，亦可称联盟战略，即联盟的大战略。但政治集团的总体战略不宜称集团战略，只宜称大战略。最后，当强调某一层次大战略的总体性时（如同方才所列举的这一连串用法），不妨使用"总体战略"一词。采取这种既有主要倾向性又有一定灵活性的态度，或许有助于一方面减少学术概念的混乱，另一方面避免不必要的名词术语之争，以便把主要精力用于探讨大战略的学术内容。

广义大战略

国家级的大战略，是发展和运用综合国力以实现国家目标的总体战略。对于这个基本观念，各国大战略研究者是有共识的，但在实现什么样的目标上，则有明显区别。大体上有两种意见：一种认为国家目标是指国家安全目标，特别是国防目标，说穿了就是发展和运用综合国力去准备战争、防止战争，并在必要时打赢战争，总之离不开战争和军事这个重心。有时人们把这种大战略称为国家安全战略。笔者称之为狭义大战略。另一种认为国家目标的内涵更广泛，实质上包括国家安全和国家的经济社会发展双重目标，并将二者有机地结合起来。笔者称这种大战略为广义大战略。

上述两种大战略各有短长。狭义大战略由于专注于国防或国家安全，因而便于操作和管理，但如果处理不好，容易脱离国家经济社会发展而自行其是，造成二者的对立和国力的浪费。广义大战略恰好弥补了这种局限性，但由于它的对象是无所不包的整个国家超大系统，因而操作和管理的难度极大，甚至使人感到无从着手。一个国家究竟采用狭义大战略概念还是广义大战略概念，取决于该国的国情，特别是政治体制、历史传统和时代要求等多方面的条件，不能一概而论。

长期以来，某些西方国家实际执行的基本上是狭义大战略。这并不是说西方国家只有安全战略，没有发展战略。事实上，它们是有各种名目的发展战略的。问题是它们的安全战略同发展战略尽管在某些方面是统一的，但在总体上往往是脱节的，至少是结合得不紧密。在和平与发展成为时代主题的当今世界，广义大战略概念越来越引起人们的重视。20世纪90年代以来，有的西方战略研究者强调指出：真正的大战略既管战时，又管平时，更多的是管平时；威胁国家安全的因素应包括危及一国人民的健康、经济福利、社会安定和政治和平的一切因素。还有的西方学者认为，全球人口压力、生态恶化和新技术革命的消极影响，改变了分析国际安全的方式，扩大了战略研究的范畴，力主在大战略领域内把发展问题同安全问题结合起来，并把这种思想提高到"战略革命"的高度。1994年，美国克林顿政府第一个国家安全报告定名为《国家参与和扩展安全战略》，强调美国国家安全的中心目标就是通过在国内和国外的努力，促进美国的繁荣昌盛；声称美国的经济利益和安全利益日益不可分割。近年来，俄罗斯有关部门发表的国家总体战略文件或研究报告，也反映出同样的趋势。这一切表明国家安全同国家发展的界限不那么泾渭分明了，也可以说狭义大战略概念正在向广义大战略概念靠拢。由此看来，广义大战略概念比较符合世界潮流，代表着大战略研究的新趋势。

我国作为发展中的社会主义大国，实际执行的总体战略属于广义大战略范畴。在这方面我们走在世界前列。这是符合我国国情的。我国幅员辽阔，国境线长，周边情况复杂，统一祖国的历史使命尚未完成，又面临国际霸权主义和强权政治的压力，因此维护国家安全的任务很重。同时，为了从根本上改变贫穷落后的状态，实现我国现代化的宏伟目标，经济社会发展任务十分艰巨。为了避免时间和国力的浪费，必须把安全与发展紧密结合起来，而我国的社会主义制度也有利于这样做。因此，广义大战略概念比较适合我国的需要。

广义大战略思想源远流长。我国古代富国强兵、兵农结合的思想，就是一种原始的、朴素的广义大战略思想。直到民国时期，著名军事理论家蒋百里倡言的一个民族生活条件与战斗条件一致则强，国防建设必须与国民经济配合一致，等等，是这一古老思想在新条件下的发挥，但当时的政府未能做到。时至今日，这一思想又有了新的意义。富国强兵变成了全面发展以经济和科技为基础的综合国力；兵农结合变成了军民兼容、平战结合，寓国防力于综合国力之中的大国防。

作为中国研究者，笔者偏爱广义大战略这个概念，但绝不因此而否定狭义大战略概念。因为狭义大战略概念是客观存在，它在国际斗争中曾起过重要作用，至今仍然在起作用，因而是值得认真研究的。

如果说狭义大战略研究的是国家安全领域里带全局性的指导规律，那么广义大战略不仅要研究国家安全领域带全局性的指导规律，而且要研究国家发展领域带全局性的指导规律，更重要的是要研究对国家安全与国家发展统筹兼顾的带全局性的指导规律。这种统筹兼顾不是对国家安全与国家发展等量齐观，也不是二者简单地相加，而是从总体上摆正国家安全与国家发展的辩证关系，使二者相辅相成，相得益彰。这好比一个人的左右手在大脑的统一指挥下协调一致；又好比一座高层建筑，从设计到施工全过程，既要满足住户生活和工作的需要，又要具有抗震防火防盗的安全设施，集两方面的功能于一体。归根到底，就是从国家这个超大系统的内部结构上寻求把安全同发展统一起来的机制，充分体现国家系统整体功能的优化，这是一条节约和高效的道路。

将安全与发展熔于一炉的广义大战略概念，为我们展现了新的安全观和新的发展观，笔者称之为"安全与发展统一观"。这种概念不仅具有理论上的意义，在实践中也是可行的。我国古代史和现代史上的成功经验可以为证。战后的日本、以色列、瑞士和新加坡等国各具特色的经验也可以为证。不过，现代条件下的广义大战略，仍然是一门尚未完全定型的新学科，还有许多理论和实践问题尚待进一步探索。可以肯定的是，这是一门利国、利民、利子孙后代的值得探索的学科。

大战略与军事战略

　　大战略（无论广义还是狭义）都是凌驾于军事战略之上或包括军事战略在内的总体战略。因此，大战略应该指导军事战略，而军事战略则必须服从大战略；同时，大战略也必须考虑军事战略可能完成的任务，不能要求军事战略去做根本做不到的事情。当然，军事战略受领了大战略赋予的任务之后，也要调动一切潜力，更好地完成任务。从这个意义来说，军事战略在一定程度上也对大战略具有反作用。总之，在大战略与军事战略这一对矛盾中，大战略是矛盾的主要方面。在正确的大战略指导下的军事战略，往往可打开新局面，使形势好上加好。反之，在错误的大战略指导下，即使军事上取得胜利，也往往得不偿失。历史上的经验教训很多，突出地表现在战争中。

　　首先请看我国三国时代吴蜀争夺荆州的战争。众所周知，从大战略角度看，当时曹魏最强，吴蜀均弱，因此吴蜀联合抗曹是有利于两国的根本政策。在著名的赤壁之战中曹军惨败，正是吴蜀坚持联合抗曹而取得的军事上的辉煌胜利。但是后来，吴蜀两个盟友之间为了争夺荆州而相继爆发了江陵和夷陵之战。从军事战略指导上看，吴国在这两战中均取得夺地歼敌的重大胜利，但破坏了吴蜀联盟，使主要敌人曹魏得以坐大并从中渔利，在大战略上是很失策的。蜀主刘备在江陵之战后，为了替镇守荆州的主帅关羽报杀身失地之仇，拒绝东吴的和平建议，并且不顾部属的再三反对，执意伐吴，导致夷陵惨败，从此元气大伤。刘备伐吴的决策，不仅在大战略上是失策的，而且在军事战略上也是错误的。两国共同的教训是：军事战略违背了原先制定的正确的大战略。

西方近代战争史上颇有启迪的一例，是1886年普鲁士对奥地利的战争。当时普鲁士正在积极推行以它为中心统一整个德国的大战略，为此必须打败两个主要敌人：在德国内部，是与普鲁士争当盟主的奥地利；在德国外部，则为阻挠德国统一的法国。法奥相比，前者更为强大。按照普鲁士首相、大战略家俾斯麦制定的方针，普鲁士必须首先拉拢意大利，一举打败奥地利，但不应彻底打败它，而应以宽大的条件结束战争。这样既可以确保普鲁士在德国的盟主地位，又可以保存奥地利的实力，以便在随后与法国的决战中借助奥地利。如果追求对奥地利的彻底胜利，必然激起后者的拼死反抗，战争很可能旷日持久，甚至两败俱伤，这恰好是法国皇帝拿破仑三世所求之不得的，并会对德国的统一大业带来严重后果。这里关键是对奥战争适可而止。这是一个老谋深算的大战略计划。普鲁士挑起对奥战争之后，普军在总参谋长老毛奇的统率下，取得萨多瓦大捷，为实现俾斯麦的谋划创造了极为有利的形势。但此时国王威廉一世及其周围的将军们，为军事上的胜利所陶醉，力主乘胜进军奥都维也纳，彻底打败奥地利。俾斯麦则独排众议，坚决反对，并且以辞职相要挟。普王不得已而勉强放弃了进军维也纳的企图。发生在普鲁士宫廷的这一场斗争，实质上是军事战略与大战略的矛盾。后来普法战争的历史证明俾斯麦坚持的大战略方针是最有利于以普鲁士为中心统一德国的。

第二次世界大战时期，希特勒德国一举灭亡波兰，在军事战略上是无可争辩的胜利，但在大战略上挑起了欧洲大战。稍后，在对英战争相持不下的情况下，悍然发动侵苏战争，头几个月在军事战略上也是颇为得手的，但大战略上陷入了东西两线作战。同样，日本偷袭珍珠港，从军事战略上看何尝不是成功的，但从大战略上挑起了太平洋战争，把美国卷了进来。德日两国上述军事战略上的重大决策，最终都导致了它们的覆灭。

由此可见，正确处理大战略和军事战略的关系是了不起的大事。这里最重要的是首先要有一个正确的大战略，同时要求军事家摆脱狭隘军事观点，具有大战略眼光。

大战略的基本原则

大战略同其他学科一样，是包含着一系列带有规律性的基本原则的。然而大战略的基本原则至今没有，看来也不可能有统一的提法。这是不足为奇的。试看最古老、最成熟的军事战略所包含的作战原则在当今各国军事条令中尚且众说纷纭，何况大战略这门新兴的尚未定型的学科！大战略到底有哪些基本原则，其答案在很大程度上取决于研究者的立场、观点和方法。作为中国研究者，笔者认为大战略的基本原则，是从保证在既定的客观条件之基础上最好地发挥主观能动性这一总的要求引申出来的。认识这些原则是大战略基础理论研究的重要组成部分，结合具体情况灵活运用这些原则是大战略实践活动的核心内容。在制定、执行或评价一项大战略时，头脑里有没有这些原则，原则本身是否明确，运用原则是否自觉，其结果是不同的。还应当指出，大战略的基本原则同军事战略或其他战略的基本原则有不少共性，但也有其独特的个性，不能简单地相互取代。具体地说，笔者试图将大战略的基本原则分为如下七条。

一、全局性原则

大战略指导者所依据的客观条件（国家、世界）是超大系统，是由无数个部分组成的整体。因此，大战略指导者主观能动性的发挥必须反映和适应这种整体性。整体性也就是全局性。一切战略都强调全局性，而大战略的全局性层次更高，因为它是凌驾于一切其他战略之上的总体战略。为了认识客体的全局性，只有跳出寻常的思维习惯，遵循整体思维的三原则：一是连续性即时间原则，指思维主体从纵的方面去反映客体；二是立体性即空间原则，指思维主体从横的方面多维地反映客体；三是系统性即结构—功能原则，要求从结构（系统内部关系）和功能（系统外部联系）的统一上去认识客体。具体地说，按时间原则，大战略指导者必须观照过去、现在和未来这个全局。如果未来是个较长远的概念，还应观照未来各个阶段（近期、中期、远期）的全局。按照空间原则，大战略指导者必须观照各部分（问题、地区、部门、方面、战线等）这个全局。按照系统原则，大战略指导者要把国家同世界这两个不同层次的大系统联系起来，研究它们的相互影响，同时要力争实现整体功能的优化，即追求人们常说的一加一大于二那种效应。系统原则是研究大战略最吃力的关键所在。

全局性原则必须贯穿于大战略的制定和执行的全过程，渗透到各个方面。为了落实全局性原则，首先要占有足以反映全局的大量信息，并在此基础上进行科学的预测。同时，一切重大战略决策都要经过总体论证（不能满足于单项论证），并形成总体设计。大战略指导者必须把注意力首先放在总体设计上，而不应包揽一切细节。显然，如果背离全局性原则，那就会出现只顾眼前利益不顾长远利益的短期行为，就会出现只顾局部不顾整体的局面，就会出现资源投入很大而效益很小这样一种得不偿失的结局。这些都是大战略指导者应当竭力避免的。

二、目标为政治服务原则

大战略指导者的主观能动性是有特定目标的自觉的奋斗。因此大战略同其他战略一样必须有一个明确的、经过努力可以达到的战略目标。大战略目标直接依据行为主体的政治目标制定并为之服务，以确保其实现。如果行为主体的政治目标本身足够明确，也可以直接转化为大战略目标。政治是大战略的灵魂，离开政治的大战略是毫无意义的，甚至是根本不存在的。

国家级大战略行为主体的政治目标，归根到底是一定历史时期国家的根本利益和奋斗方向的集中体现。在西方，它通常反映在"国家目标"和"国家政策"之中；在我国，一般反映在党的总路线或基本路线之中。

政治有正义与非正义之分。大战略行为主体的政治目标是正义的或非正义的，直接决定大战略目标的正义性或非正义性。不同时代、不同阶级对大战略目标的正义性与非正义性有不同的看法，但毕竟是有客观标准的。一般来说，当代的大战略目标，凡是对内有助于维护国家生存、独立和主权，解放生产力，促进社会进步，符合国内大多数人民群众（不是少数人，更不是小集团）的利益和要求，对外维护公正的国际秩序，维护和平，反对侵略战争，反对霸权主义和强权政治，符合国外大多数人民的利益和要求的，就是正义的，否则就是非正义的。

坚持正义的目标虽不能完全保证大战略的成功（因为大战略的成败取决于多种因素），但有助于获得国内人民的支持和国际社会的理解与同情，为大战略的胜利创造有利的内外条件。

三、综合国力原则

建设和运用综合国力以实现大战略目标，这是大战略最核心的内容，也是大战略不同于其他战略的基本特色之一。不论行为主体是政治集团、国家或国家联盟，其大战略都必须依靠综合国力。

综合国力既包括军事力量，也包括非军事力量；既包括自然力量（土地、自然资源等），又包括社会（人为）力量；既包括物质力量（硬国力），又包括精神力量（软国力）；既包括实力，又包括潜力以及由潜力转化为实力的机制。但是，为了使综合国力具有可操作性和可比性，人们通常抓住若干最具有代表性的国力要素，形成国力指标体系。一般来说，国土、人口、政治、经济、国防、科技、国际援助等都是基本要素。综合国力的对比、建设和运用都离不开这些基本要素。

综合国力是大系统，国力诸因素互为依存，彼此制约又相得益彰。任何国家的国力诸因素都有长有短，有强有弱，但是只要巧妙运筹，就可以扬长避短，发挥综合国力的整体威力。这是综合国力原则的意义所在。

在激烈的国际竞争和斗争中，综合国力是主要的砝码。为了运用综合国力以实现大战略目标，必须增强综合国力，这是需要进行长期艰苦努力的。综合国力的增强只能立足于国力诸因素整体威力的增强。为此要正确处理国力系统的结构，做到诸因素协调发展。这也是可持续发展战略的重要根据之一。片面地、孤立地发展某一因素，其结果要么是发展不起来，要么是破坏整个国力系统。例如畸形发展军事力量就是这样。在大规模战争中，军事力量具有特殊的重要性，但也必须植根于强大的综合国力土壤之中，否则是虚弱的。即使是经济和科技这样重大的国力因素，也不可能孤立地、片面地发展。国力诸因素的协调发展与优先保证重点是一致的。从当今世界上一些发达国家处理国力结构的做法看，一般都是以经济为基础（重点），以科技特别是高科技为先导，以教育为先导的先导，以国防为后盾，政治则发挥统一和协调作用。通过这样一个连环套，把所有的国力因素都带动起来。国民经济和社会发展领域中一切带有全局性的战略决策的可行性论证，除了考虑其他因素之外，要特别重视其是否有助于增强综合国力的整体威力，带动面越大越好。我国现行的科教兴国战略就是最好的一例。

四、战略重点原则

大战略的全局由局部构成，而各个局部是不平衡的。凡是对全局成败具有决定性影响的要害部位、方向、关键或问题就是战略重点。战略重点是客观存在，要从整体结构中去找，也就是从局部与整体的关系上、从眼前利益与长远利益的结合上去发现牵一发而动全身的中心环节。

指导战争的大战略，其重点往往是斗争一方或双方根本利害所在，而且必须固守或必须争夺之地。确定这种战略重点必须科学地分析敌情、我情，联系政治、经济、军事、自然、地理等各方面的情况综合判断。特别是当同时存在两个或两个以上的敌人或受威胁方向时，更要分清敌人和威胁的主次，从而确定战略方向的主次。第二次世界大战时美国确定的"先欧后亚"大战略方针即为一例。军事上战略重点选择得当，往往可使全局皆活，甚至形成破竹之势。指导和平建设的大战略，其重点可能是国家发展中的薄弱环节，也可能是优势所在。抓住这样的战略重点，往往可以带动一大片，使经济社会发展出现新局面。我国当前以经济建设为中心，"中心"就是最高层次的战略重点。在经济建设中，又以农业、能源、交通、教育和科学技术为重点，这是和平建设的战略重点的范例。

战略重点决定战略部署，包括战略阶段的划分和人力、物力、财力等各种资源的配置。重点不明，整个战略部署即失去依据；重点一错，全局就陷入混乱。因此，大战略指导者应当始终关注战略重点，相对地集中力量，优先保证战略重点的需要，万万不可丢掉重点而忙于无关紧要的枝节问题。但是也不应该把重点孤立起来。对重点和非重点要从宏观上通盘考虑，统筹兼顾，正确处理点与面的关系。还必须强调说明，重点与非重点是相对的，有可能在一定条件下相互转化。

五、不战而胜原则

实现大战略目标通常会遇到来自国内和国际的阻力。这种阻力是不同行为主体之间利害冲突的反映，在一定条件下可能触发流血战争。不经过流血战争而实现大战略目标当然是上策。这是大战略指导者应当力争做到的。

不战而胜的思想来源于我国古代《孙子兵法》中的"不战而屈人之兵，善之善者也"这一命题。原意是指，在一定的军事压力下，配合以政治、外交攻势，从心理上瓦解敌军，使之屈服。孙子的这一命题既适用于战役战术指导，也适用于战略包括大战略指导。后来在《荀子》等其他著作中演变为"不战而胜"或"兵胜于朝廷"的思想，于是完全成为大战略的命题。20世纪以来，西方一些大战略研究者把不战而屈人之兵或不战而胜思想作为大战略的最高准则，其源盖出于此。核武器出现后，这一古老思想更加显出强大的生命力。大战略指导者运用不战而胜原则，要求对"胜利"做广义的解释。强迫敌国屈服是胜利；促使敌国同意和谈也是胜利；作为防御型国家如能促使敌国放弃原拟对我发动的战争甚至放弃对我的敌对态度，化干戈为玉帛，更是胜利；在核条件下，遏制敌国对我使用核武器同样是胜利。总之，凡是不通过流血战争而实现大战略目标都是胜利。在处理国际利害冲突方面，运筹学中的非零和博弈（双赢）理论大有可为。它与不战而胜思想有某种相通之处。

不战而胜并不是"不战"，而是打政治战、经济战、科技战、外交战，一言以蔽之，就是打综合国力战。军事力量不是不重要，它在和平时期通常是作为后盾而发挥无形的威力。在某种情况下，为了适应政治的需要，即使在和平时期，军事力量也可能上升到主要地位，但仍然是为了不战而胜。

必须强调说明的是，不战而胜是在一系列有利条件下才能实现的。争取不战而胜必须创造条件，其中最重要的条件之一是准备战而胜之。通常政治领导人应更多地考虑不战而胜，军事领导人则应更多地考虑战而胜之。战争准备越是充分，不战而胜的可能性也就越大。对于防御型国家来说，万一战争来了，由于早有准备，也可望立于不败之地。这就是我们常说的两手准备。过去如此，现在如此，今后也必将如此。

六、目标与手段一致原则

大战略如同其他战略一样，必须做到目标和手段一致。这也是决定大战略成败的关键所在。核心问题是正确处理目标与手段的相互关系。

大战略手段是复合概念，由两大部分构成：一是力量，即综合国力；二是运用和建设综合国力的方针、方式、方法或途径等等，这里概括地称之为政策和策略，其地位大体上相当于军事上与战略相对应的战役法和战术。

综合国力前面已做阐述，这里只需强调一点：它是大战略目标赖以实现的基础。不难设想，没有力量做基础，任何目标都是一句空话。与此同时，政策和策略也是保证大战略目标的实现必不可少的条件。如果说综合国力本身是"死"的，那么政策和策略则是"活"的——这又是大战略指导者充分发挥主观能动性的广阔天地。就层次而言，政策高于策略。但是这种区分是相对的，不像军事上战役法和战术的层次区分那么严格。大战略中的某些策略在较低层次的其他战略中有可能被视为政策。高明的政策和策略，可以发挥出意想不到的巨大威力，在一定程度上弥补国力的不足，对于大战略目标的实现具有极为重大的作用。

为保持大战略目标与手段的一致，有以下三点值得注意。

第一，大战略的目标不能超过国力的可能。古今中外有不少大战略计划正是由于目标超过国力的可能而招致灾难性的后果。指导战争的大战略往往暴露得最充分、最及时、最令人惊心动魄。指导和平建设的大战略因目标超过国力的可能而失败的例子也屡见不鲜。当然也不排除大战略目标定得过低、过于保守的情况，但这种情况造成的损失一般较小，而且比较容易弥补。

第二，大战略目标必须有相应的政策和策略与之配套，以确保目标的实现。例如，毛泽东提出的中国抗日战争的大战略——持久战，为了夺取最后胜利，除了政治、外交等方面的政策和策略之外，特别在军事方面把战略上"内线的持久的防御战"同战役战斗上"外线的速决的进攻战"巧妙地结合起来，为转变敌强我弱的形势作出了特殊的贡献，也提供了军事上相反相成的原则互相配套的典范。当前指导我国国家发展的总体战略，为了实现20世纪末和21世纪中叶的宏伟目标采取了一整套对内对外的政策和策略，包括一系列具有创新精神的改革开放的政策和策略，以及为统一祖国服务的"一国两制"的政策，这都是很好的例证。

第三，各种手段必须协调一致，形成合力。这就是综合集成。为了做到这一点，全国各系统、各部门及各方面在制定或执行各项政策和策略时，都要在符合战略目标总的要求的原则下，力争有效地增强和发挥综合国力的整体威力，并且要围绕这个基本点配合默契。政策和策略上互相矛盾、彼此抵消的局面，乃是大战略之大忌。

七、相对稳定性原则

任何战略都具有稳定性。朝令夕改的战略是不可思议的。大战略较之其他战略，其稳定性更明显一些，尤其是指导和平建设的大战略通常要持续一个完整的历史时期——少则十几年，多则几十年。但是，一成不变的战略是不存在的。大战略在执行过程中总是不断发展变化，也就是说，在稳定中有不稳定，因此说它具有相对稳定性。大战略的相对稳定性，源于大战略计划赖以制定的客观实际的相对稳定性。客观实际（战略环境）总是处于从量变到质变的不断运动之中。当它处于量变状态时，稳定性是主要的；当它处于质变状态时，原有的稳定性被彻底打破。然而，从量变到质变的过程一般情况下是旷日持久的。因此，作为主观能动性之产物的大战略计划必须适应客观实际的相对稳定性，在既定的大战略目标未达到之前基本上保持不变。但是，在客观实际本身已经有所改变，甚至发生部分质变时，战略计划也应进行相应的局部调整，这是完全正常而且必要的。如果客观实际发生了根本的质变，那就意味着原定的大战略计划已经完成了历史使命，应当用适应新的历史时期的新的战略计划去取代它。

就大战略的内部结构而言，各个组成部分的稳定性是有差别的。首先，战略目标的稳定性最强。目标是管全局（包括时间和空间的全局）的，目标的改变，意味着整个战略的改变。因此，制定目标应特别慎重，力争避免由于制定目标不当而不得不在执行过程中对整个战略进行重大调整或修订。其次，战略重点的稳定性也比较强。战略重点也是管全局的，至少是管一个战略阶段的全局。重点的改变，也必然产生全局性的影响，因此也要特别慎重。再次，政策特别是全局性的重大政策也具有较强的稳定性，不宜轻易改变，否则会失信于人，造成严重后果。在大战略的各个组成部分中，策略可能是最不稳定的，因为策略通常是针对特定情况下的特定问题制定的，事过境迁，策略即失去作用。策略的灵活性大于稳定性。也正因为如此，个别策略的改变并不影响战略全局。

总之，对于一项经过深思熟虑制定的大战略不可随意加以改变，但是需要改变的时候也应果断地改变。关键是掌握变与不变的艺术。为此，明智的大战略指导者必须具有强烈的信息反馈观念和战略机遇观念。前者是验证客观实际是否已发生变化以及发生何种变化的唯一途径；后者是大战略家的一种特殊修养，源于他们与众不同的高瞻远瞩的慧眼。大战略指导者最可贵的品质之一是善于发现并全力抓住历史转变的契机去开拓新局面。错过历史机遇，必将受到历史的惩罚。

大战略作为最高决策者的思维方式

把上述几节联系起来，可以这样说，国家级的大战略是国家最高决策者及其智囊和参谋机构制定战略的特有思维方式。

这种思维方式和治国之道有相通之处，但不等于治国之道。因为治国之道巨细无遗，大战略则主要涉及治国之道中的大政方针和宏观决策那一部分。

这种思维方式和领导科学有相通之处，但不等于领导科学。因为领导科学适用于从基层到最高层的各级领导，大战略则主要适用于最高层领导。无疑，大战略的基本原则对较低层次的领导也有参考价值，但那不是大战略的本来意义，而是它的本来意义的延伸。

这种思维方式和党的总路线有相通之处，但不等于总路线。因为总路线通常指国家、政党在一定历史时期制定的指导各方面工作的基本准则。大战略受总路线的制约并为之服务，因此它比总路线更为具体，其执行的进程也更加便于检验。

这种思维方式的原理原则就那么几条，乍看起来很简单，但做起来妙用无穷。它们好比语言学中基本的语法规则，但知道这些规则不一定能写出好文章来。它们好比体育竞赛的基本规则，但知道这些规则并不保证在竞技场上取得优胜。克劳塞维茨在《战争论》中指出："在战略上一切都非常简单，但是并不因此就非常容易。"这是一针见血之论。两千多年前的孙武说得更为生动，他说："声不过五,五声之变，不可胜听也；色不过五,五色之变，不可胜观也。味不过五,五味之变，不可胜尝也；战势不过奇正，奇正之变，不可胜穷也。"[1]他虽然讲的是战争，但基本精神完全适用

---

① 《孙子兵法·势篇》。

于大战略。君不见，古今多少杰出的大战略家不是在大战略指导上也犯过大错误吗？笔者在此反复申明这一点，无意宣扬"知易行难"的哲学。笔者本意是强调说明：认识大战略的原理原则并不难，但灵活运用这些原理原则去解决实际问题，或克敌制胜，或实现国家的长治久安和繁荣昌盛，或谋求世界和平与公正的国际秩序，是极其艰巨的事业，必须以科学的态度，以对人民、对历史高度负责的精神，兢兢业业，全力以赴，方能有所成就。

第三章　大战略研究在西方（20世纪 20—90年代）*

大战略的实践和理论，无论是在东方和西方都是源远流长的。但是，作为一门边缘学科或综合性学科的现代大战略概念，是第一次世界大战后，或者更确切地说，是20世纪20年代后期在西方学术界首先出现的新事物。回顾一下20世纪西方大战略研究发展的轨迹，有助于加深对这门学科的认识，同时我们也可以从中汲取某些合理的成分，为我所用。

西方学术界所谓"战略"一词，渊源于希腊语"strategus"，原意为"将军"或"将道"。这就是说，在西方人心目中，战略纯粹是军事问题。甚至到19世纪前期，尽管经历了震撼全欧洲的法国革命战争和拿破仑战争，西方所谓的战略仍然没有超出纯军事范畴。西方对战略的认识，直到第一次世界大战结束后，才发生了本质性的飞跃——比军事战略层次更高、内涵更广泛的大战略概念应运而生。在随后的年代，这个新的战略概念又在实践中不断丰富和发展。时至今日，西方世界对大战略的研究，其势头方兴未艾，显示了这门学科顽强的生命力。

---

* 本文首次发表于《广义大战略》（时事出版社1995年版），后经作者改写，收入《大战略论》一书。此次选自该书。

大战略概念的确立

从第一次世界大战结束至第二次世界大战开始的大约 20 年内，西方现代大战略理论基础基本上形成。英国军事思想家利德尔·哈特对此作出了重要贡献。他在 1929 年出版的名著《历史上的决定性战争》一书中，已有"大战略"（"grand strategy"，亦称高级战略"higher strategy"）概念，其任务就是指导军事战略，并把它同经济、政治和心理等结合起来，实际上相当于"战争政策"，只不过用语不同而已。关于大战略同传统的军事战略的关系，他说："正如战术是军事战略在较低一级的运用一样，（军事）战略是'大战略'在较低一级的运用。"[①]

按照利德尔·哈特所理解的大战略概念，它应当包括哪些内容呢？为此，他在上述同一著作中做了如下的说明：

大战略的任务是协调和指导国家的全部力量以便达到战争的政治目的，即国家政策所确定的目标。大战略既要算计又要发展国家的经济力量和人力，以便维持作战部队。对精神力量也应如此，因为培养、加强（国民）取胜和忍耐的意志，同掌握有形的实力一样重要。这还不够，因为作战力量只不过是大战略的手段之一。大战略还要估计和运用财政压力、商业压力以及并非最不重要的道义压力来削弱敌人的意志。……更有甚者，（军事）战略只看见战争本身，而大战略则越过战争看到未来的和平。大战略不仅把各种手段结合起来，而且协调其运用，以免有损于未来稳定而繁荣的和平状态。毫不奇怪，和（军事）战略不同，大战略的领域基本上是一块未被

---

① 利德尔·哈特：《历史上的决定性战争》，1929 年英文版，第 12 页。

认识的处女地。①

这一段话，是早期对大战略概念较完整的说明。

大约在同一时期，利德尔·哈特为《不列颠百科全书》第14版（1929年起陆续出书）撰写的"战略"条目释文中，发表了同样的看法。由此推断，利德尔·哈特大约是在20年代后期正式提出大战略这一概念的。必须指出，利德尔·哈特虽然在大战略理论基础方面作出了开拓性的贡献，但却没有关于这个方面的专著问世，他的主要精力仍然用于军事战略特别是他所倡导的"间接路线战略"或"迂回战略"（indirect approach）的研究。

值得注意的是，英国军方正式采纳了"大战略"这个概念，并写进军事条令。1935年英军野战条令规定大战略的定义如下：大战略"是最积极地运用国家全部力量的艺术。它包括运用外交、经济压力、与盟国缔结有利的条约、动员国家工业和分配现有的人力资源以及使用陆海空三军使之协调行动"。这一定义可代表英国官方的看法。

这样，大战略概念从个人著作进入大百科全书，再进入军事条令，表明它至少已在英国学术界确立了。利德尔·哈特可能是最早的奠基者之一。从他先后发表的一系列著作，特别是他在《历史上的决定性战争》一书的基础上改写成的《战略：间接路线》一书可以看出，他的大战略概念显然吸收了传统的军事战略和治国之道中的某些有用的成分，并且受到我国古代《孙子兵法》中"伐谋""伐交""不战而屈人之兵"等光辉思想的启迪。

这个阶段，西方大战略研究的中心应当说在英国。

---

① 利德尔·哈特：《历史上的决定性战争》，1929年英文版，第150—151页。

大战略概念在二战中的发展和运用

第二次世界大战时期，西方大战略研究进入新阶段。如果说上一阶段的特点是大战略概念的形成，那么这一阶段则是将这一概念直接运用于对战争全局的思考和宏观指导，并且成为英美两国共同的战略概念。除高层职业军人外，文人学者也开始闯入了这个研究领域。

1941年，英国剑桥大学研究员萨金特和韦斯特合著的《大战略》一书问世，作者在序言中自称"本书是论述这个主题的第一本现行出版物"。作者指出"本书所涉及的问题是战时内阁或国家领导人必须解决的问题"。这本书是第二次世界大战初期的作品，它的目的之一是试图探讨大战爆发的原因，并提醒英国当局要着眼于战后世界的格局来制定反法西斯的大战略。但这本书对大战略本身研究得并不深，影响也不甚明显。

英国的战时盟友美国对大战略的研究起步较晚。从现有的材料看，艾·厄尔教授似乎是美国研究大战略的先驱者之一。1940年11月（珍珠港事件前一年多），他在美国政治科学院年会上所做的题为《美国的国防》报告中使用了"大战略"一词，用以表示政策和军备的结合。1943年出版了他主编的名著《近现代战略制定者：从马基雅维利到希特勒的军事思想》。他在该书引言中说，大约直到18世纪末叶，所谓战略仍然是指将军们用以欺骗敌人赢得胜利的一整套战争谋略和诡计。但是，随着战争与社会的联系越来越密切，战略必须更多地考虑经济、心理、道义、政治和技术等非军事因素。因此，战略就不仅是一个战时概念，而且是无论何时治国之道（statecraft）固有的一个因素。如今，只有最狭义的用语才会把战略解释为军事指挥的艺术。在当今世界，"战略是控制和利用一个国家和国家联盟的资源（包括武装力量）的艺术"，目的在于有效地保障其生死攸关的利益，使之不受现实的、潜在的或假设的敌人的侵犯。他还指出，最高形态的战略——有时称为大战略——是指这样一种战略：它把国家的政策和军备如此巧妙地结合起来，以至没有必要诉诸战争，如必须诉诸战争则确保有最大的胜利把握。厄尔声称，他主编的这本书中所使用的战略一词就是指这种广义的战略。这部第二次世界大战中出版的战略名著先后多次重印，对二战时期和战后西方大战略的研究显然是有影响的。

如果说文人论战略对二战的影响只是间接的，那么国家最高决策者及其总参谋部就不同了。他们对大战略的认识必然直接作用于对战争的指导。英国统帅部自始至终是有明确的大战略概念的。美国统帅部也接受了这个概念。曾参与制定二战时期美国战略的阿·魏德迈将军在他的回忆录《魏德迈报告》中，回顾了他自己探索大战略概念的过程。他说，为了研究美国应采取的战略，他查遍了多种词典和著作，都没有找到"战略"一词恰当的定义。这些定义对他来说，似乎都太狭窄了。它们没有考虑到对于决定战争结局和国家命运同等重要的非军事因素。他认为，在这个复杂的现代世界，军事因素与经济、科学、技术、政治和心理因素之间的界限已经消失。因此，一个更广义的战略概念是维护生存所必需的。1943年1月，他在出发参加英美首脑卡萨布兰卡会议前夕，形成了一个战略概念，即后来他在国防学院讲话中提出的大战略定义："大战略就是运用国家力量，以实现国家政策所规定的目标的艺术和科学。"他在这里所说的国家力量包括政治、经济、心理和军事四大类。他强调说，这四大类力量实际上是国家政策的四件主要武器。如果前三者用之得当而且及时，即按统一的计划使用，那就可能不需要动用第四种力量，即不需要按传统的、赤裸裸的方式使用军队。[①]

---

① 魏德迈：《魏德迈报告》，1958年英文版，第81—82页。

魏德迈说他在1943年1月形成了大战略概念，实际上早在1941年12月31日，当时美英两国参谋部第一次华盛顿会议的备忘录就以"美英大战略"作为总标题。这是美英两国统帅部指导反法西斯战争的十分重要的文件。这个文件非常明确地肯定了两国共同遵循"德国第一"或"先欧后亚"的大战略方针。在这个总方针指导下，美英将把两国军事力量的使用、国民经济的动员、海上战略交通线的维护、对苏联的援助、对敌宣传以及反法西斯的地下抵抗运动等各条战线联系起来，形成合力，以争取首先打败德国，继而打败日本，结束战争。在大战过程中，丘吉尔与罗斯福的多次双边会晤以及他们（罗斯福去世后杜鲁门接替）与斯大林的几次会晤，从英美方面来讲，对于贯彻执行和协调其大战略具有重大的历史意义。战后英国官方出版了一套多卷集二战战略指导史，全面总结了战时英国政府的大战略实践，书名就是《大战略》。同样，战后美国军方出版的卷帙浩繁的《第二次世界大战中的美国陆军》等许多战史著作，也对战时美国的大战略指导有专门论述。总体说来，二战时期西方大战略研究的中心仍在英国，但美国战略家或战略思想家也有一定的贡献。

冷战时期西方大战略研究的新发展

从第二次世界大战结束至80年代末（即所谓东西方冷战时期），是西方大战略研究的大发展时期。由于二战后美国在西方世界的特殊地位，使它成为西方战略研究的中心，但其他西方国家战略研究者的学术活动也不可忽视。这40多年间西方大战略研究的全面情况非本篇所能详述，这里仅就下列几个最突出的特点略加介绍。

第一，战略概念复杂多样。战后以美国为首的西方国家学术界，不仅广泛使用"大战略"这个术语，而且同样广泛使用"国家战略"这个新的战略概念。有人说大战略与国家战略是一回事，也有人说两者是有区别的。还有人则使用"国家安全战略"一词来取代大战略。有的西方国家研究者倾向于使用"全面战略"或"总体战略"概念。另有不少研究者干脆只用"战略"二字，不带任何附加语。这个时期，西方学术界还出现了"战略研究"这个特定的学术概念，也可以说是一门新兴学科。它侧重于战略理论和方法论的研究，也可以包括这种理论和方法论的实际运用。它大体上相当于或接近我国和苏联学术界所谓的战略学。总之，这个时期西方战略概念极其复杂多样，几乎每一本战略著作的作者都开宗明义地提出自己对战略的解释，因此有人不无夸张地说，有多少战略著作就有多少战略定义。这种情况一方面给人以学术概念混乱的印象，但另一方面也反映了西方战略研究者思想活跃，不受条条框框的约束，敢于标新立异，而这一点对于战略研究是有积极意义的。

第二，战后西方战略研究领域压倒一切的问题是东西方冲突和与之相联系的核战争问题。美国等西方国家的战略研究者们绞尽脑汁，探索对付苏联和其他社会主义国家以及民族解放运动的战略策略，研究成果甚多。尤其是50—60年代，被认为是美国战略研究的"黄金时代"。当时，美国继总结第二次世界大战的经验教训之后，又总结了朝鲜式的局部战争的经验教训，眼前还面临着另一场越南式的新的局部战争。与此同时，美国丧失了核武器的垄断地位，技术的突破性发展导致氢弹、导弹和人造地球卫星的出现，再加上国际关系的重大变化特别是中苏关系的逐步恶化，等等。所有这一切提出了美国战略向何处去的问题，而围绕这个问题先后发生了一次又一次的战略大辩论。一大批为美国最高决策层出谋献策的战略著作破门而出。形形色色的战略主张，诸如威慑战略、大规模报复战略、灵活反应战略、有限战争战略、逐步升级战略以及军备控制战略等，都是这个时期的产物。70—80年代，西方国家的大战略研究继续发展，矛头更集中地对准苏联。如果说二战时期英美两国大战略研究谋求的是对敌人战而胜之，那么冷战时期西方的大战略研究谋求的则是对社会主义国家不战而胜，但同时也准备在必要时战而胜之。

第三，大战略研究人才辈出，专著不断涌现。冷战时期，美国和某些西方国家形成了一支军民结合、多学科结合的庞大战略研究队伍。各个阶段都有一些颇负盛名的代表人物和著作，其中某些人物和著作对于最高决策者实际采取的大战略产生过重大影响。最早的代表人物要算美国的乔治·凯南，他于1946年在《外交》季刊上发表的那篇倡议对苏联实行"遏制"战略的文章，后来变成了美国的国策。50—60年代，美国著名战略思想家及其代表作有贝纳德-布罗迪的《绝对武器》《导弹时代的战略》，亨利·基辛格的《核武器与对外政策》《选择的必要》，马克斯韦尔·泰勒的《不定的号角》，威廉·考夫曼的《麦克纳马拉战略》(作者虽是考夫曼，讲的却是罗伯特·麦克纳马拉的战略思想)，赫尔曼·康恩的《论热核战争》《论逐步升级》，等等，都是中国读者所熟知的。同期，英国的迈克尔·霍华德(英国官方二战史巨著《大战略》主编之一，并著有《两次世界大战时期英国战略的困境》)和法国的安德烈·博弗尔(著有《战略入门》)，也都是名闻遐迩的。70—80年代，又有一批在西方很有影响的大战略研究者崭露头角，例如美国的艾德华·勒特韦克和出生于英国后来移居美国的保罗·肯尼迪。前者著有《罗马帝国的大战略》《苏联大战略》；后者曾担任过利德尔·哈特的助手，他的名著《大国的兴衰》实际上是一部大战略专著。这里应该特别提到美国彼得·帕雷特主编的新版《近现代战略制定者：从马基雅维利到核时代》一书。它是在二战期间艾·厄尔主编的那部同名著作的基础上改写和增补而成的，下限延伸到"核时代"，增加了毛泽东的革命战略等新内容。以上列举的战后西方大战略研究者和代表作是极不完全的，难免挂一漏万，但从中可以看出这个时期西方大战略研究盛况之一斑。

第四，新兴科学技术在大战略研究领域的广泛运用。战后时期，科学技术的迅猛发展，特别是信息论、控制论、系统论、预测学、行为科学等一大批横向科学与综合科学的出现，以及随之产生的现代决策科学，再加上电子计算机这个现代化的逻辑手段，给战略研究增添了定性、定量、定时分析等多样性的理论、方法和工具，于是战略决策从传统的经验决策向现代化科学决策转变。这种情况在美国最为突出。1961年起担任美国国防部部长的罗伯特·麦克纳马拉在对国防管理的重大改革中大胆采用了某些新兴科学技术为战略决策服务。他提出的所谓"相互确保摧毁"的核战略就是这样搞出来的。著名的美国战略研究机构兰德公司在这方面也做了巨大努力，造就了一批颇有影响的人才。从此，运用新兴科学技术来研究战略成为一种新潮流，形成了一系列具体的定量分析方法，其中用得较广泛、影响较大的方法有系统分析、成本效益分析、运筹学和博弈论等。以博弈论为例，一些美国学者不仅用它来研究美国对苏战略（二人博弈），而且用来分析中美苏"三角斗争"（三人博弈）。

新兴科学技术广泛应用于战略研究，一方面促使战略研究（主要是方法论）的面貌为之一新，另一方面也招致猛烈的批评。批评者指出某些新兴科学技术特别是系统分析、运筹学、博弈论等，具有很大的局限性，在战略问题上不加区别地推广甚至滥用，正是企图对主观武断得出的结论赋予科学的外衣，势必造成危险的后果。尼克松政府后期曾任美国国防部部长的著名战略家詹姆斯·施莱辛格就对他的前任麦克纳马拉采用的新方法，特别是系统分析等提出过批评。有的研究博弈论的权威学者以内行人的姿态出面，列举大量证据反对把博弈论用于战略决策。还有运筹学的先驱也出面指责有些人企图使用运筹学来处理越来越大的系统，以致最后处理起全世界的政治社会系统来。尽管发生过诸如此类的争论，但有一点是有共识的：在战略研究领域，在继续重视定性分析的同时，必须充分发挥定量分析的作用。对定量分析的批评大都发生在60年代，当时定量分析的方法和手段还不够完善。但随着时间的推移，这种情况有很大的改进，因而对定量分析的价值和潜力也要有新的认识。关键是把定性分析和定量分析科学地结合起来，做到相得益彰。

第五，战略研究机构蓬勃兴起。随着传统的经验决策向现代科学决策转变，战后西方国家的大战略决策者迫切需要发挥智囊和"外脑"的作用，因而形形色色的"思想库"——战略研究机构或咨询组织应运而生。这类思想库以前并非完全没有，但战后年代思想库的数量之多、作用之大，是以往任何时候都无法比拟的。据美国咨询机构百科辞书介绍，80年代初，美国政府（官办）的各类咨询组织达3000余个，民间咨询组织为数也很多。另据美国国会统计，单是为美国国防服务的民间思想库就不下五六十个。日本从1965年建立第一个思想库以后，70年代形成席卷日本列岛的"思想库热"，大大小小的思想库数以百计，形成新兴的知识产业，最终不得不设立思想库协议会来进行协调管理。各国思想库中相当大一部分是为战略研究服务的。据伦敦国际战略研究所《世界战略研究中心调查》（1992年版）提供的数字，全世界约70个国家拥有不下300多家"战略研究中心"，不同程度地从事大战略研究。当代西方著名的战略思想库，如英国的伦敦国际战略研究所，美国的兰德公司、布鲁金斯学会等，都十分活跃，许多重要的战略主张都是它们炮制的。

20世纪90年代初西方大战略研究的转变

东欧剧变和苏联解体，标志着东西方40多年冷战的正式结束。西方战略研究者在极度兴奋之余，陷入了前所未有的困惑：大战略的手段还在，目标却没有了，一切都乱了套。他们又一次面临西方大战略研究向何处去的问题。围绕这个问题，大战略领域又一次活跃起来，谋士们争相献计献策，正在形成一个类似美国20世纪50—60年代那样的百家争鸣的局面。从美、日以及西欧各国的最高决策集团到他们的谋士，大家关注的中心是跨世纪的大战略问题。首要的事情是分析冷战后新的战略环境，探索在世界战略格局转变的形势下建立何种有利于西方的世界新秩序。这里，最关键的问题是找出对西方国家的国家利益构成的主要"威胁"所在，也就是寻找一个取代苏联的军事上的假想敌。这个问题不明确，一切均无从着手。为此，西方战略研究者扫描过一切可能的对象，形成了种种说法。

首先，有些人从西方世界内部寻找潜在的主要军事对手。例如，美国有人主张以重新崛起的日本和德国为主要敌人，可称之为"日德威胁论"。反过来，日本和西欧某些国家的一些人则认为当代唯一的超级大国美国最有资格在军事上对日欧构成威胁，可称之为"美国威胁论"。鉴于美日、美欧之间的经济战时松时紧，人们的忧虑不是没有根据的。在西欧范围内，德国被认为最有条件成为其他西欧国家的主要威胁，因为德国在西欧各国中经济和军事潜力最为强大。鉴于它的历史和新纳粹主义抬头，有些西欧国家特别是英国内部有人担心历史悲剧会重演。

与此同时，美、日、欧等西方国家还有一种共同的观点，即认为俄罗斯可能成为西方国家的主要敌人，可称之为"俄罗斯威胁论"。尽管今天的俄罗斯有别于苏联，但它仍然拥有强大的军事力量，正如美国前任参谋长联席会议主席鲍威尔所说，俄罗斯仍然能够在不到30分钟内摧毁美国。关键是俄罗斯会不会走上民族主义道路，推行对内专制、对外扩张的政策。

西方国家也有人不顾中国永远不称霸的国策和渴望和平环境的真诚愿望，利用种种借口散布"中国威胁论"，图谋离间中国与邻国的友好关系，孤立中国，迫其就范。随着中国经济实力和整个综合国力迅速发展，"中国威胁论"有愈演愈烈之势。这是值得我们高度重视的新动向。

在西方国家，还有一种普遍的观点，即认为当前和今后对西方国家的主要威胁来自中东等地区的伊斯兰国家，特别是原教旨主义，不妨称之为"伊斯兰威胁论"。持有这种观点的人并不担心伊斯兰国家联合进攻西欧（他们知道这是不可能发生的），而是担心个别地区强国在某种情况下对西欧发动导弹袭击，尤其是装载有核生化武器的导弹袭击。导弹核技术的扩散更增加了他们的戒心。即使不是对西欧发动导弹袭击，而是袭击西方经济赖以生存和发展的石油产地或运输线，也足以使西方国家不寒而栗。至于恐怖活动，更是经常困扰西方国家的问题。对伊斯兰国家的这种担心，是当代世界南北矛盾的一种反映。

与上述"中国威胁论"和"伊斯兰威胁论"相联系的，还有一种论调，可称之为"文明冲突威胁论"。这是美国哈佛大学政治学教授塞缪尔·亨廷顿在《各种文明的冲突》[①]中提出的。他断言，未来世界冲突的根源，既不是意识形态的分歧，也不是经济利益的矛盾，而是不同文明的碰撞，归根到底是西方文明与非西方文明的碰撞。非西方文明主要是指伊斯兰文明和儒教文明（后者以中国为主要代表），而这两者的"结合"已经形成对西方的挑战。这就是说，西方国家今后要对付的重点是伊斯兰国家和中国。亨廷顿此论一出，据理驳斥者有之，拍手叫好者亦有之。这种论调将在何种程度上影响西方特别是美国的大战略决策，是值得注意的。

西方战略研究者在寻找主要军事对手的同时，发现了另一种现象，即非军事的威胁大量存在。如果说上述种种军事威胁在西方战略家心目中只是潜在的或者说是理论上的假设，那么非军事威胁则是现实的。这些问题

---

① ［美］《外交》季刊，1993年夏季号。

基本上是多年的老问题，但被东西方冲突所掩盖，现在凸显了出来。把各种非军事威胁集中起来，可以名之曰"全球问题威胁论"。

所谓全球问题，首先是人口爆炸。有人预测，到2025年，全球人口可达76亿～94亿，增长部分的95%是在发展中国家。届时非洲人口可达欧洲的3倍（15.8亿对5.12亿），印度可能取代中国成为世界上人口最多的国家。人口爆炸导致资源减少，大量移民和难民冲击富国，有可能使某些富国原有居民变为"少数民族"，并且引发各种政治、经济和社会危机。全球问题中的另一个大问题是环境恶化，单是温室效应引起的海平面升高，不仅会使许多低地国家局部或全部遭受灭顶之灾，而且对整个世界都会产生破坏性后果。全球问题还包括汹涌澎湃的新技术革命的影响。包括信息、生物工程、新能源、新材料、自动化、航天以及海洋等各个领域的高技术群的迅猛发展，无疑将空前地提高人类社会生产力，但由于发达国家和发展中国家的资金、人才和技术水平等方面情况不同，因而获益程度也大不相同，有些穷国将付出沉重代价，承受难以估量的民族牺牲。与此同时，区域性经济集团的蓬勃兴起，促使国与国之间的经济竞争发展为区域集团之间的竞争，再加上数以万计的跨国公司以其雄厚的实力在国际经济技术竞争中角逐，给世界经济秩序带来许多新问题。此外，国际恐怖活动以及艾滋病、毒品走私、难民潮等等，也是西方战略研究者关注的全球问题。归根到底，全球问题如果按现在的趋势发展下去，最严重的消极后果是进一步拉大南北贫富差距，从而引发各种冲突、动乱和危机。这是西方大战略制定者不能等闲视之的。

总而言之，把上述西方研究者提出的形形色色的"威胁论"集中起来，促使西方的安全观正在发生重大变化：传统的对国家安全的军事威胁虽没有完全否定，但已变为潜在的，而非军事的全球问题的威胁却是现实的，而且越来越严重；武装力量对付不了全球的挑战；"国家安全"在许多情况下变成了"国际安全"。

这个时期（冷战后），西方出版的大战略著作甚多，这里仅举影响较大的几本书为例。

美国著名经济学家、麻省理工学院的斯隆学院院长莱斯特·瑟罗出版了《对撞——正在到来的日本、欧洲、美国经济战》一书。作者指出，冷战时期美苏两个超级大国之间的军事对抗，已被日本、欧洲、美国三个超级经济力量之间的经济争夺战所取代。东方虎日本、欧洲巨人（以德国为中心的欧共体）与美国虽同属资本主义经济，却采取迥然不同的战略。美国实行个人资本主义，遵循消费者经济学；日、德实行社团资本主义，遵循生产者经济学。20世纪后半期是争夺席位的年代，名次虽有先后，但都是优胜者；21世纪前半期将变为对撞竞争年代，其结果是有的胜利，有的失败。瑟罗的观点，显然是西方世界内部（主要指美、日、德之间）矛盾的反映。

保罗·肯尼迪继《大国的兴衰》之后，又出版了两本新著：一是他主编并参与写作的《战争与和平的大战略》。这本书是总结历史经验的学术著作，从古罗马的大战略、18世纪欧洲列强的大战略、两次世界大战的大战略直到苏美争霸的大战略。学术上值得注意的一点是，作者根据利德尔·哈特关于大战略的原始定义，特别强调"真正的大战略"既管战时又管平时，甚至更多地管平时。他倡导这样一种"更广义的（大战略）定义"。这个观点是值得称道的，但他的大战略概念实际上仍然落脚到国家安全，对国家发展则不予重视，表明他仍未完全摆脱狭义的大战略概念。在肯尼迪撰写的另一本新著《为21世纪做准备》中，侧重论述人口爆炸、环境危机和技术革命三大挑战对世界发展特别是国际事务的重大影响，提出了对"国家安全"（制定大战略的主要依据）的新看法：威胁国家安全的因素，应包括"世界上危及一国人民的健康、经济福利、社会安定和政治和平的一切因素"①。

英国伯明翰大学教授内维尔·布朗所著的《战略革命：为21世纪设想》，颇为引人注目。作者考察了全球人口压力、生态恶化以及新技术革命等对富国和穷国的消极影响，认为冷战时期专注于北半球大国军事和外交战略的那种分析国际安全的方式，必须让位于真正的多学科研究。发展经济学和与之相邻的社会科学、政治学，以及气象学、生态学等学科，都应成为"战略研究的组成部分"②。他力主"在大战略领域内把发展问题同安全问题结合起来"③，这是一种富有时代气息的重要观点。

以上是90年代前半期西方大战略研究领域若干新的学术动向。这些动向将在多大程度上影响西方统治集团的大战略决策，目前尚难估计，且让我们拭目以待。

几点看法

1. 西方大战略概念的提出有战争实践的客观基础

这里所谓战争实践的客观基础，主要是指第一次世界大战期间政治、外交、经济、科学和精神因素与军事的密切交织，并对大战的爆发、进程和结局所产生的空前巨大的影响。

第一次世界大战的爆发，是当时帝国主义各种矛盾不断激化的结果。一些帝国主义列强在经济危机和政治危机的冲击下，迫切需要从战争中寻找出路。仅以沙皇俄国为例，从1910年到1914年大战爆发前夕，工人罢工

---

① 保罗·肯尼迪：《为21世纪做准备》，1993年英文版，第130页。
② 内维尔·布朗：《战略革命：为21世纪设想》，1992年英文版，第10页。
③ 内维尔·布朗：《战略革命：为21世纪设想》，1992年英文版，第18页。

总次数从222次猛增到3534次，其中政治罢工从8次猛增至2565次。沙皇政府预感到一场比1905年俄国革命更大的革命风暴即将来临，指望通过对外战争的胜利来巩固沙皇专制，扑灭国内革命，同时争夺世界霸权。由于战争目的的非正义性质，各国军队士气日益低落，甚至发展到敌对两军士兵自发举行"火线联欢"，共同表示对非正义战争的不满和反抗。1917年俄国爆发了二月革命，推翻了沙皇政府，随后又爆发了震撼世界的十月社会主义革命，苏维埃政府宣布退出帝国主义大战。这些惊心动魄的事件，最生动地体现了政治和精神因素对战争的影响是何等深刻！

同样，经济和科技对战争的影响也十分突出。各国战前储备的武器装备，在大战头几个月就打光了。法国头一个月就消耗原有炮弹的60%，不得不紧急实施史无前例的国民经济总动员，大幅度提高军工生产。英德等国也是如此。经济落后的俄国情况最严重：新兵中半数没有步枪，有时一个军几千人赤手空拳等着从死者手中接管武器。到大战后期，英法（加上美国）的雄厚经济力量充分发动起来，而德国工农业生产下降到战时最低点，约相当于战前的50%，居民发生严重粮荒，死亡率比战前增长109.7%（1918年）。这种情况成为协约国战胜德国的重要经济原因。与此同时，飞机、坦克、潜水艇和毒气等新武器装备的出现和大量使用，对双方的作战方法都产生了深刻的影响。

凡此种种，不能不促使各国统治集团重新思索战争和战略问题，从根本上打破了"战略就是为达到战争目的而对战斗的运用"这一类传统观念，不得不更多地从军事与政治、经济、科技和精神等非军事因素的结合上来考察战略。第一次世界大战时期，法国著名的"老虎总理"克列孟梭曾说，战争太重要了，不能只交给将军们去干。他的意思是说战争绝非单纯的军事问题。必须指出，战争历来不是单纯的军事问题，而是同政治、经济、科技、精神等因素相联系的。问题是人类社会进入帝国主义时代以后，这些非军事因素对战争影响之深，可以说发生了质的飞跃。正是在这种背景下，更确切地说，在总结第一次世界大战经验教训的基础上，产生了西方的大战略概念。也正因为如此，它不但没有成为过眼烟云，反而成为许多国家所乐于接受的学术概念。

2. 大战略概念的产生和发展符合现代科学发展的两种相反相成的趋势：一是继续分化，即对世界各方面的研究不断深入和精细；二是整体化

一方面，大战略概念的提出，标志着从传统军事战略中分化出了一个更高的战略层次。这种分化有助于对现代战略的各个层次和各个方面分别进行更深入、更精细的探索。本来，西方军事理论在古希腊时代就是从哲学和历史中分化出来的。介于二者之间的战役学（西方称之为"大战术"）的独立更是晚近的事。美国直到1982年才在其新版《作战纲要》中正式开辟战役学这个领域。这种分化结果就形成了西方多层次、多方面的战略学术体系。

另一方面，大战略本身作为一门交叉学科，具有很大的整体性、综合性和系统性，它有助于从更高更广阔的视角来研究战略问题。大战略不仅从军事与非军事的结合上来研究一国的战略问题，而且从整个地球的全局来研究世界战略问题，即西方所谓的全球战略。大战略概念从一开始就具有这种宏观性。20世纪中后期以来，相关学科的交叉渗透性越来越强，自然科学与社会科学汇流，这两大类科学内部的各学科趋向综合，文化、科技、经济、国防与社会发展高度协调，加上大科学的系统规划和管理，导致了以系统综合为标志的科学发展新时期的到来，"大科学"概念应运而生。与此同时，还出现了"大系统""大经济""大国防"等新概念。在这种背景下，大战略概念无疑更加具有合理性和生命力。

3. 西方大战略研究有某些值得我们重视和借鉴的特色

这里主要是指方法论领域，而不涉及西方国家实际采用的大战略决策本身。后者包括许多我们所不能同意的东西，但那是另外一个范畴的问题，不在本篇评论之列。

首先，西方大战略研究的突出特色之一是思想活跃，既勇于引进，也勇于创新。大战略概念以及与之相提并论的国家战略或国家安全战略等形形色色战略概念的提出，大战略概念从英国向其他西方国家的传播，美国人首创的国家战略概念向其他西方国家的扩散，许多西方战略研究者在现代条件下对我国《孙子兵法》中"伐谋""伐交""不战而屈人之兵"思想的继承和发展，等等，都反映了思想上兼收并蓄、择其善者而从之的风格。西方许多战略研究者在吸收前人和外人研究成果的同时，总想发现"新大陆"，标新立异，一鸣惊人。因此学派林立，新的观点层出不穷。还有一种常见的现象，即每逢关键时刻，往往展开公开的"战略大辩论"，各种不同意见进行激烈的交锋。对这种现象，我们惯于说它是西方国家统治集团内部矛盾的反映。这样说未尝不可，但还应该看到，这种大辩论也是对某种战略主张的理论探讨和可行性的论证。有关国家的大战略决策者可以从中充分了解各方面的意见，权衡利弊得失，做到心里有数，为最后的拍板定案打下良好基础。

其次，西方大战略的制定形成了一套较为成熟的方法论，包括基本原则和程序。当然，在实践中由于各国具体情况不同，大战略的制定不可能有一成不变的通用模式，但某些基本原则，甚至某些程序却有一定的共性。例如，大战略必须为实现国家目标和政策服务，而国家目标和政策又是根据国家利益确定的。因此，明确国家利益是制定大战略的前提和基础。利益和目标决定战略要求；政策提供满足这些战略要求的准则；现有的人力、物力、财力提供达成战略要求的手段。总之，不管制定大战略时要考虑的国际国内因素如何错综复杂，利益—目标—政策—力量这几个环节都是基本点，缺一不可。

什么是国家利益？按美国一般的说法，它是"对于构成一个国家必不可少的需要，包括生存、独立、国家完整、军事安全和经济福利等诸因素的高度概括"①。国家目标则为"一个国家政策所指向的，并且运用国家力量去实现的目的或企图"②，它与实现这些目的的方法是互相对应的。国家目标的性质可有短期、中期和长期之别。至于国家政策，它是"一国政府为实现国家目标而采取的广泛行动方针或指导性声明"③。这三个概念是一环套一环，密切而不可分割的，其中最根本的是国家利益。

如果说国家利益、目标和政策代表国家对大战略的"需要"，那么国家力量则代表"可能"。显然只有把需要和可能结合起来，大战略才是切实可行的。什么是国家力量？在美国至少有两种流行的说法。一说是"构成一个国家的能力或潜力的综合力量（包括政治、经济、技术、社会、科学、军事和地理力量）"④。另一说是"任何国家从政治、经济、军事、地理、社会、科学和技术财富转化而来的能力或潜力的总和。领导和国家意志是起统一作用的因素"⑤。这也就是我国学术界常说的综合国力，是实现大战略目标的手段。关于这个问题，笔者在本书其他有关篇章中有进一步的阐述，这里从简。但这里有必要强调说明，大战略目标和手段的统一是一条公认的原则，也可以说是大战略计划的核心和精髓。说来容易，做起来很难。西方大战略家们都把这个问题作为重点来研究，这是必要的。

再次，西方大战略研究非常重视智力开发，发挥智囊作用，强调定性与定量分析相结合（特别重视定量分析），同时在充分利用现代科学技术提供的新方法、新手段等方面，也取得了显著成就。

---

① 道格拉斯·默里、保罗·维奥蒂编：《各国防务政策之比较研究》附名词解释，1982年英文版。
② 道格拉斯·默里、保罗·维奥蒂编：《各国防务政策之比较研究》附名词解释，1982年英文版。
③ 道格拉斯·默里、保罗·维奥蒂编：《各国防务政策之比较研究》附名词解释，1982年英文版。
④ 道格拉斯·默里、保罗·维奥蒂编：《各国防务政策之比较研究》附名词解释，1982年英文版。
⑤ 约翰·柯林斯：《美国国防计划之批判》附名词解释，1982年英文版。

以上说的主要是美国等西方发达国家大战略研究领域中的一些特色，也是优势。说到这里，有两点必须明确。

第一，笔者并不认为西方大战略研究完美无缺。事实上，美国等西方国家在大战略研究方面是有缺点的。其中之一是在某些情况下宏观研究相对逊色于微观研究，这就不合乎大战略研究的基本要求。对此，这里不拟详加论述，只是引用一段美国前总统尼克松的评论为例。尼克松首先说，"治国的权术"是指"能力"，即"把我们所有的能力——军事力量、经济影响、秘密活动、宣传和外交综合成为一项服务于我们的整体战略的政策"。这里显然是指大战略。接着他指出："没有任何一届美国政府，包括我在内，曾经明确在文件上制定一项美国的全面战略，把我们全部的军事、经济和政治手段综合在一起。每当我们发表一项国家战略时，它总是倾向于运用军事力量条件，很少谈到或者忽视我们的经济和政治能力。在实际执行中，有些总统在形成较为全面的战略方面比另一些总统做得好些。然而，我们需要创立一个系统地发展美国的治国权术（应为大战略——引者注）的过程。"这位前总统还批评美国军事和外交方面的教育机构培养出来的"尽是对具体小事十分了解，而对全局一无所知的毕业生"，外交政策机构里"狭窄的专业分析专家很多，全面综合分析专家很缺"[1]。尼克松的这些话显然是有所指的，表明美国官方坚持的是狭义大战略概念。

第二，西方大战略研究领域比较发达的方法论和先进的研究手段，并不能保证西方国家制定的大战略决策一定正确或成功。美国的一些大战略决策虽经过专家们充分的论证，但实践证明是错误的、失败的。最具讽刺意味的一例，是20世纪60年代初肯尼迪政府入侵越南的大战略决策。那是经过现代化科学决策的权威——以国防部部长麦克纳马拉及其"神童"（精

---

① 尼克松：《1999：不战而胜》第五章，长征出版社1988年版。

英）们为代表的专家科学论证的，其灾难性后果是尽人皆知的。麦克纳马拉晚年在他的回忆录中大讲美国侵越战争的错误，以致在美国引起轩然大波。人们责备他为何不早说，有的越战老兵扬言要对他起诉。然而，话又说回来，我们也不能因此否定西方大战略研究的上述优势。可以这样说，如果没有这些优势，他们的大战略失误可能更多、更严重。

第四章　大战略与综合国力[*]

大战略与综合国力是两个独立的学术概念，甚至可以看作两门独立的学科。同时，大战略与综合国力又有着不可分割的内在联系。这种联系可从两方面来说明。第一，综合国力是实现大战略目标的手段。西方研究者关于大战略或国家战略的定义表明，他们确信实现大战略目标，即使仅仅是国家安全目标，也不能单纯依靠军事力量，而必须依靠军事力量与其他多种非军事力量的结合使用。他们通常至少列举政治、经济、军事、心理等四种最具代表性的因素。实际上这就是综合国力。这种看法当然是正确的，但还不够全面。第二，应当补充说明，综合国力不仅是实现大战略目标的手段，而且也可以成为大战略目标体系的组成部分。例如，指导我国长远发展的总体战略就包含着增强我国综合国力的内容。从这个意义上来说，增强综合国力就成了奋斗目标。这并不矛盾。在实践中，为了实现大战略目标必须运用综合国力；为了有足够的综合国力可资运用，必须开发和增强综合国力。承认综合国力在与大战略关系上的这种双重性，有利于更好地思考大战略问题。因此，研究大战略，不能不研究综合国力。

---

* 本文首次正式发表于《广义大战略》一书，此次选自《大战略论》（1998年版）的修订稿。

综合国力概念及其意义

"综合国力"这一概念，在美国等某些西方国家学术界简称国力。日本人称之为综合国力。笔者认为，在"国力"之前加上"综合"二字，可以更好地体现国力诸因素的综合性，促使人们从整体上来思考国力问题。

国力研究在西方学术界主要属于政治学范畴。由于各国的国情不同和研究者个人的目的各异，因而对国力概念的解释也是众说纷纭。最广义地说，一个国家的力量既包括自然因素，又包括社会（人为）因素；既包括物质因素（硬国力），又包括精神因素（软国力）；既包括实力，又包括潜力和由潜力转化为实力的机制——可以说无所不包。不过，这样来理解国力，理论上虽说得通，但实际操作（增强和运用国力）是很困难的，简直是无从下手。因此，需要把光圈缩小一些。其中，美国学术界关于国力的两个定义，可供参考。其一说，国力是"构成一个国家的能力或潜力的综合力量，包括政治、经济、技术、社会、科学、军事和地理力量"。另一说认为，国力是"任何国家从政治、军事、地理、社会、科学和技术财富转化而来的能力和潜力的总和。领导和国家意志是起统一作用的因素"。这两种说法都强调了国力的总体性或综合性，同时也列举了几种具有代表性的国力因素，作为一种基本定义还是有参考价值的，但实际操作起来，则需要加以发挥。

1987年，日本经济企划厅综合计划局委托日本综合研究所进行日、美、欧、苏等各国综合国力调查，发表调查报告《日本综合国力》一书，曾引起日本国内外广泛重视。这个报告总结了前人的研究成果，从当时日本的国内条件和它所处的国际环境出发，提出测定各国综合国力的三大要素：国际贡献能力、生存能力和强制能力。这就把国力诸因素高度地综合起来了。但是，这种高度综合是在分析具体的国力因素之基础上形成的。具体来说，该书主要包括以下内容。

（一）国际贡献能力的因素构成

1. 基础实力
   - （1）经济实力
   - （2）金融实力
   - （3）科学技术实力

2. 政策实力
   - （1）财政实力
   - （2）对外活动的积极性
   - （3）在国际活动中的活动能力

（二）生存能力的因素构成

1. 地理

2. 人口

3. 资源

4. 经济实力

5. 防卫实力

6. 国民意志

7. 友好同盟关系

（三）强制力的因素构成

1. 军事实力

2. 战略物资和技术

3. 经济实力

4. 外交能力

日本研究者这样来理解综合国力的结构，较好地体现了国力的综合性和有代表性的国力因素，把综合国力研究推进了一步。但是，它不可能成为一种普遍适用的模式，中国研究者不应照搬照套。据笔者所知，我国学术界有人已经提出或者正在设计自己的国力结构。我确信，我们在这方面迟早会作出新的贡献。

无论人们对综合国力概念如何认识，有两点是明确的：第一，综合国力是大战略中具有决定意义的组成部分，离开了综合国力的建设和运用就没有大战略；第二，综合国力作为一门学科，它本身是中性的，任何国家的统治集团都可以运用，但目的是有差别的。它可以为强权政治即霸权主义服务，也可以为反对强权政治、谋求民族生存和国家繁荣富强的正义目的服务。一切取决于国家的性质和统治集团的立场和政策。我国研究者要和强权政治国力论划清界限。

综合国力思想源远流长

作为一门新兴学科的综合国力研究，主要是第二次世界大战后在西方发展起来的。但国力思想无论是在西方还是在东方，都可以说源远流长。一般来说，古代国力思想往往是（或者首先是）同战争问题密切联系的。战争是力量的竞赛。所谓力量当然离不开军事力量，但绝不仅仅是军事力量，更不单纯指常备军，而是包括与进行战争有关的其他力量在内。仅就我国来说，古代文献中关于战争的论述，就在不同程度上体现了原始的、古朴的国力思想。我国古代明智的军事家从来不主张单纯地依靠军事力量克敌制胜，而是强调军事力量和与战争有关的非军事力量结合制胜。孙武就提出决定战争胜负的"五事""七计"，包括政治、军事、经济、自然地理以及主观指导等基本因素，只要对比这些条件，就可预知胜负。孙武把政治（"道"）摆在第一位，这比某些片面强调军事力量的黩武主义者要高明得多。稍后的吴起也提出了"有不占而避之者六"，即是说有六种情况不用占卜就知道应该避免同敌国开战。这六种情况讲的是敌国国力超过己方："一曰土地广大，人民富众；二曰上爱其下，惠施流布；三曰赏信刑察，发必得时；四曰陈功居列，任贤使能；五曰师徒之众，兵甲之精；六曰四邻之助，大国之援。"吴起总结说："凡此不如敌人，避之勿疑。"[1]这六点，包括国土、人口、内部凝聚力、法制、用人、军队数量和质量，以及国际援助等因素。即使按现代观点来评价，这些因素也是相当完整的，简直就是综合国力的缩影。值得注意的是，在六大因素之中，军事是列在第五位的。还应当指出，吴起的这段话也是古代综合国力对比的极好的一例。另外，《管子》一书提出的所谓"八观"，指的是从八个方面对一个国家进行实地考察，就可以确定其国力的盛衰虚实强弱大小。这对于总结古代朴素的国力思想也是有意义的。

如果把光圈从战争胜负或交战双方综合国力对比扩大到治国之道，还可以看到我国古代极为丰富多彩的增强和运用综合国力以实现大战略目标的实践活动。秦统一六国，汉唐盛世，以及一切兴旺发达的朝代，都可以说是文武并重、富国强兵，刷新政治、上下同欲，物质力量和精神力量双管齐下，从多方面增强国力和巧妙地运用国力的结果。

尽管我国古代朴素的国力思想和实践具有阶级和时代的局限性，但仍应批判地加以继承。

时至当代，毛泽东指导中国革命战争和社会主义建设的某些论述，结合现代中国的国情，充分体现并且进一步发展了马克思主义的国力思想。马克思主义经典作家关于暴力的论述，关于战争是对每个民族全部物质力量和精神力量的考验的论述，等等，都是众所周知的。毛泽东在他不朽的名著《论持久战》一书中，从中日双方国力的全面对比（军力、经济力、

---

[1]《吴子·料敌》。

政治组织力、人力、物力、财力、战争性质以及国际援助等）入手，综合分析，科学地解决了中国抗日战争的大战略问题。他的论证是那样周密而深刻，具有惊人的说服力和科学的预见性。1956年，他经过充分调查研究，发表《论十大关系》的著名讲话，辩证地阐述了处理当时国家建设诸矛盾的方针政策，落脚到调动国内外一切积极因素为社会主义建设服务。那是一篇全面增强综合国力的讲话，虽然后来没有完全落实，但其思想是很可贵的。以上列举的毛泽东的两篇著作，对于我们今天研究综合国力的建设和运用，仍富有启发性。

西方古代的国力思想暂且留待专家们去研究，这里仅就近代和现代西方国力思想试举几例说明之。

1513年，意大利文艺复兴时期的政治思想家马基雅维利撰写的名著《君主论》中，有一章题为"对每个公国的力量应如何衡量"。这不仅提出国力概念，而且试图探索衡量和对比的途径。马基雅维利最为关注的是军事人员、资源、领导、战略、民心和士气等因素。18世纪70年代，据说在西方出现了一种搜集和发表各"民族国家"的特点和能力统计数字的行业，它开始时只注重军事力量的对比，后来扩大到包括其他非军事因素的对比。①

到19世纪末，美国海军理论家艾尔弗雷德·马汉把控制海洋作为世界强国的前提，从这个角度提出将地理位置、国土形状、国土面积、人口、国民性格、政府制度等因素作为发展海上力量的条件。他说的虽然是海上力量，但实际上是把海上力量作为综合国力的集中体现。正因为如此，有的日本研究者确认马汉为西方现代综合国力思想的先驱。

在西方，真正的现代国力思想，应该说是第一次世界大战以后逐步形

---

① R. 斯托尔、M. 沃德编：《世界政治中的实力》，1989年英文版，第11页。

成的，与大战略概念同步。利德尔·哈特等人率先使用的大战略概念，其精神实质就是综合建设和综合运用国家的各种力量，以实现国家政策所规定的目标。第二次世界大战后，西方国力思想进一步发展。德国出生、后来移居美国的政治学家汉斯·摩根索于1948年发表了《国家间政治》一书，对国力的本质、要素和评价做了系统的论述，成为研究国际关系的教科书。日本学术界称摩根索为西方现代国力研究的集大成者。摩根索认为，"国力要素"应包括地理、自然资源（粮食、原料）、工业能力、军事准备（技术、领导、武装部队的数量和质量）、人口（分布、趋势）、国民性格、民心（以社会和政府性质为决定性因素），再加上外交性质。1954年，摩根索特地增加"政府性质"一条，其内容包括资源与政策平衡、各种资源之间的平衡以及人民大众的支持等相关问题。摩根索强调国力是国家推行对外政策的基石。如果说国力研究在西方成为一门新兴学科，大概就在这个时期。继摩根索之后，研究者和专著越来越多，简直不可胜计，理论和方法论花样繁多，使人眼花缭乱。

归结起来说，西方现代国力研究最突出的特色有如下两点。

第一，带有浓厚的强权政治色彩。西方研究者把国力看作对别国施加影响和压力的筹码或后盾。有些研究者把最有代表性的西方国力思想家的国力概念集中表述为：X国在g问题上，针对Y国可以施加d量影响的能力。[①]这就不难理解，这种国力观是为什么人和为什么目的服务的理论。

第二，西方现代国力研究方面定量分析特别发达。这是和上述第一点分不开的。既然要对别国施加影响和压力，那首先就必须对彼此的国力作出评价和对比。要评价和对比，就必须确定统一的指数，于是各式各样的指数体系出现了，与之相适应的各式各样的国力方程也出现了。到20世纪

---

① R.斯托尔、M.沃德编：《世界政治中的实力》，1989年英文版，第12页。

80年代末，学术界经常引用的国力方程至少有十余种，其中比较简明的有阿尔柯克和纽科姆方程、戴维·辛格方程等，比较复杂的有威廉·福克斯方程，雷·克来因方程、克利福德·杰曼方程等等。每一种方程均有一定的道理，同时也有很大的局限性，弄得不好就成了数学游戏。由于各国国情不同，研究者的目的不同，因此想设计一个超时空的普遍适用的国力方程，至少在目前是难以做到的。但是，从方法论的角度说，对国力进行定量分析和对比的努力本身是有价值的。

综合国力研究的几个理论和实践问题

作为一门新兴学科的综合国力研究，尽管在基础理论和方法论方面都还有许多问题尚待深入探讨，但有一点应该说是明确的，那就是它提供了一种富有时代精神的思路。这种思路有助于我们观察复杂多变的国际风云，也有助于我们思考自己的国家安全和国家发展问题。具体说，从综合国力研究中，至少可以获得如下几点启迪。

一、综合国力研究贵在综合，它要求把国力诸因素如实地看作一个大系统

组成国力系统的因素无论多复杂，它们都共同处于一个大系统之中，存在着不可分割的有机联系。国力系统好比人体系统一样，每一个组成部分（包括生理和心理两方面）都是必不可少的，而且互相依存、互相影响，往往牵一发而动全身。为了认识和掌握国力运动发展的规律，最重要的是研究国力诸因素之间的关系，也就是研究国力结构，力争实现国力结构整体功能的优化。

国力诸因素的地位和作用是有主次轻重的，不能等量齐观，但同时诸因素又要求大体上平衡协调发展，不能顾此失彼。综合国力研究的奥秘就在于按系统科学的观点正确处理这种主次轻重关系，通过重点带动一般。

国力结构并没有放之四海而皆准的固定模式。时代不同、国情不同，对国力结构的认识也有所不同。但在大体近似的条件下，也不排除有某种大体相同的规律。在和平与发展成为时代主题的当代，许多国家都在不同程度上承认国民经济是基础，科学技术特别是高技术是先导，教育是先导的先导，国防是后盾，政治则是起统一和协调作用的关键因素。这样一个连环套可以把其他一切国力因素串联起来，形成一个整体。从理论上说，任何一环脱节，都必然影响整个链条。例如，教育落后于经济和科学发展的需要，国防不足以保证国家的安全，或者政治领导软弱无力，等等，其后果是可想而知的。甚至某些这里没有提到的因素，例如环境保护，如果不及时给予足够的重视，必然会导致灾难性的后果。同样，任何一环孤立地、片面地畸形发展，例如不顾一切地发展军事力量，大搞军备竞赛，也会破坏整个国力。而且，如果没有强大的经济基础、雄厚的科技力量，以及政治领导等其他国力因素的支持，军事力量归根到底是脆弱的。同样在整个国力系统中具有决定意义的因素也不能孤立地发展。这里用得着一句老话：一马当先，万马奔腾。如果没有万马奔腾，那即使是千里驹，也无济于事。本书在好几处不厌其烦地反复强调综合国力协调发展的意义，实在是因为这个问题太重要了。违背了这条规律，迟早要付出沉重的代价。

二、综合国力研究包含国力对比、运用和建设三个方面

首先是国力对比。任何国家的综合国力系统本身是独立的，但绝不是孤立的。与之并列的还有世界上其他国家的综合国力系统。系统之间的关系实际上是系统与外部环境的关系。不论国与国之间的关系是敌对、中立

还是友好，各国国力的强弱大小都有可比性。拿自己的今天同自己的昨天比，固然可以看出发展和进步，从而增强自信心，但是也可能越比越觉得形势大好，从而导致自满和停滞，看不清差距和努力方向，丧失紧迫感。这在闭关锁国的时代是可以理解的。在当今这个开放的、激烈竞争的世界上，综合国力的强弱大小以及发展快慢，必须同其他国家相比，这样才能保持清醒的头脑，为制定大战略或国家战略提供可靠的依据，保证在国际竞争中处于有利地位。

国力运用主要是发挥综合国力整体威力，或至少是发挥某些国力因素的整体威力，用以实现某种对外政策目标。这里所谓的对外政策目标既包括强权政治目标，也包括反对强权政治目标。美国为了追求对苏联不战而胜，动员了它一切可以动员的国力因素。东西方冷战结束后，美国政府仍在运用其综合国力继续推进其对外政策目标。志在反对强权政治、维护主权和独立的国家，也同样需要运用自己的综合国力来达到这一目标。综合国力的运用最重要的是"综合"运用，即将国力诸因素（即使是部分因素）针对一定的目标巧妙搭配，形成合力，也就是综合集成。好比中医针对某种疾病开处方，不论开列多少种不同的药物，都是为了作用于特定的疾病。任何国家的国力诸因素，都有强有弱，有大有小，只要巧妙运筹，扬长避短，以长制短，就可以发挥综合国力的整体威力，稳操胜券，至少立于不败之地。这里好有一比：假如我们把人手的五个指头当作五种不同的国力因素，孤立地使用任何一个指头，其力量是很小的；如果五个指头捏成拳头，那么威力就大得多了。历史上有些小国打败大国，弱国打败强国，除了其他条件之外，小国、弱国一方善于发挥己方国力的整体威力，包括借用强大的国际援助以增强自己的国力，恐怕也是值得重视的制胜条件。国力的运用还有一个问题，就是要注意"节约"，无论国力多么强大，也不可滥用，否则会带来负效应。例如美国统治集团把手伸得很长很长，世界上什么事他们都要管，结果往往浪费国力，背上沉重包袱，陷于被动。

综合国力的建设和增强同样是要下大力气研究的。这个问题甚至可以说比上述国力对比和运用更为重要，因为对比和运用都只能在建设和增强综合国力的基础上进行。值得注意的是，美国等西方强国学术界更多地重视国力的对比和运用，较少研究国力的建设。这种现象同它们的国情以及研究国力的目的性可能有一定的关系。我们中国研究者固然要重视国力的对比和运用，但我们更应重视国力的建设。综合国力的建设如同综合国力的运用一样，也不可能指望每一项国力因素都成为世界第一流的，因此也必须着眼于整体国力的增强。

三、各国综合国力一方面具有竞争性，另一方面也具有互补性

现在人们普遍认识到，当今世界是综合国力竞争的世界。国与国之间的竞争十分激烈，特别是利害关系比较直接的国家之间，更是如此。过去美苏之间的较量，今天美日之间和美欧之间的经济战就是最突出的事例。发达国家与发展中国家之间也存在激烈的竞争。一些国家争夺技术优势的"战争"也是六亲不认、你死我活的。经济和科技领域的竞争，绝不是孤立的经济或科技问题，而是整个综合国力竞争的一种反映、一种表现形式。谁要在综合国力国际竞争中失败，其后果是可悲的。苏联的崩溃就是前车之鉴。

与此同时，我们也应当看到另外一种现象：由于各国综合国力互有短长，在一定条件下是可以互相取长补短的。在当今世界，地球"缩小"了，国家间的相互依存性进一步扩大了，国力互补的可能性也相应增长。甚至可以这样说，为了提高国际竞争能力，必须主动利用国力互补性。我国对外开放就是实现国力互补的必由之路。通过开放，引进国外的资金、技术和管理经验以及其他一切有益的东西，为我所用。政治、军事、经济性的国家集团是一种国力互补形式，非集团的国际经贸、文化、科技合作与交

流也是国力互补的一种形式，人们所说的"国际大循环"也可以理解为国力互补的一种形式。冷战后，国际军事集团（以军事力量为主的国力互补）的观念不那么流行了，而国际经济集团（以经济力量为主的国力互补）的观念却空前强化。现在，区域性经济集团蓬勃兴起。这类集团内部的各成员国之间存在着明显的互补关系，但集团外部，即各集团之间则为尖锐的竞争关系，是一种集团竞争。综合国力互补已经成为大势所趋，是促进国家发展的一种捷径。当今世界经济全球化和中国加入WTO，就其积极的一面而言，为综合国力的互补创造了新的机遇和可能性，应充分加以利用。当然，综合国力互补是建立在各自国力的基础上的，同时要清醒地看到，互补之中也有竞争，二者互相交织，因此必须防止片面依赖外来的补充而忽视本国国力的发展，否则不仅不会全面增强国力，反而有可能变为外国的附庸。那样的"互补"无异于骑马的人和马的互补。

四、GNP与综合国力

GNP（国民生产总值）是国际通用的经济指标，具有很大的综合性，因此它在综合国力研究中是有重要意义的。国外许多研究者在对比各国的综合国力时，都把GNP作为主要依据之一。这样做不是没有道理的。但人们也注意到GNP的局限性，即使仅仅作为经济指标也往往不能准确反映实际的经济水平。因为它包含着某些虚假和重复统计的因素，例如有的国家把色情行业的收入也列入GNP。如果把GNP作为整个国家发展的目标则会产生严重的副作用。中东地区有的盛产石油的国家，小国寡民，基本上依靠石油收入，人均GNP高达一两万美元，居世界前列，但经济单一，工农业产品大量依赖进口，文教、科技、医疗卫生等方面落后，文盲比重大，婴儿死亡率高，至于国防更是不堪一击。总之，从综合国力的角度看是不足挂齿的。即使是条件比较好的国家在国家发展方面片面强调GNP的增长，也会导致单纯追求经济发展的高速度，忽视国民经济与整个社会的协调发展，反过来又会破坏经济本身的健康发展，形成所谓的"泡沫经济"，虚假繁荣。更严重的是为了经济的高速增长，对自然资源实行竭泽而渔的政策，不计后果地破坏生态平衡和污染环境。近年来，有人正在研究所谓"绿色GNP"问题，即把GNP的增长与环境保护统一起来。这无疑是很好的思想。还有一些外国研究机构和经济学家曾先后提出种种取代GNP的方案，但至今尚未得到普遍认可。笔者认为，GNP概念对于综合国力研究仍有参考价值，同时相信随着综合国力研究的进一步深入，有可能找到一套比较科学的方案最终取代GNP。

五、软国力在综合国力中的地位和作用

软国力，也就是精神力量，可以包括政治领导能力，政治社会制度的稳定性、民族凝聚力和民心士气等许多方面。同硬国力（物质力）相比，软国力看不见摸不着，难以量化，通常依靠专家评估，难免有很大的随意性。许多研究者设计的国力方程，或者将软国力弃之不顾，或者作为变量处理。从理论上说，离开了硬国力这个物质基础，软国力难以发挥作用。同时也要承认，软国力对硬国力也可以产生巨大的反作用。总之，在一定的物质基础之上的软国力，其威力之大是难以估量的。综合国力思想既应发展和运用硬国力，又应发展和运用软国力。两者相互促进，不可偏废。

通常硬国力建设（如钢铁、粮食、能源、交通运输、现代化军备等）需要庞大的投资和长期经营，方可见成效。软国力建设则不完全相同。这是因为软国力在特定条件下具有"爆发性"这样一个特色。第二次世界大战前期的美国，在参战前，其硬国力基础是比较强大的，但由于国内孤立主义思潮的泛滥，主张各人自扫门前雪，反对参加反法西斯战争，国内不团结，罗斯福政府举步艰难，无能为力。这就是说软国力是很不振作的。然

而，日军偷袭珍珠港的爆炸声，一夜之间使美国人民同仇敌忾，团结在政府周围，民族精神极大地振奋起来。罗斯福政府抓住这个机遇，全力以赴投入反法西斯战争。这是软国力具有爆发性的证明。

软国力的爆发也并不一定总是与战争有关。和平时期，通过实施符合人民意愿的全局性大政策，也可以在极短时间内调动人民群众的积极性，振奋国民精神。中国共产党十一届三中全会关于从以阶级斗争为纲转为以经济建设为中心，实行改革开放的战略决策，就是典型的一例。

说软国力的建设较之硬国力投资少，见效快，只是问题的一方面。软国力中全民族素质的提高，就需要大力兴办教育，发展文化和科技。这就需要投资，而且非一朝一夕可能成功。当前我国正在努力从事"两个文明"建设，体现了硬国力和软国力并重的思想。问题是如何落到实处，特别是如何促使精神文明的步伐跟上经济发展的高速度，全面提高我国综合国力。这方面仍然是任重而道远。

六、大国防是实现综合国力整体功能优化的一种重要形式

国防力是综合国力的主要组成部分之一。即使是在和平时期，国防力也只能加强，不能削弱。这是因为，纵然世界大战打不起来，局部战争（包括高技术局部战争）的危险却仍然存在。当今唯一的超级大国美国，在和平时期仍在大搞军备建设，把它放在综合国力发展的突出地位。这不能不引起人们警惕。一部世界战争史雄辩地证明，在产生战争的社会根源没有消除以前，所谓"和平时期"实质上不过是两次战争之间的过渡阶段。这个过渡阶段可能很长，也可能很短。居安思危，有备无患，对于防御型国家来说，仍是具有现实意义的真理，也是推迟和遏制外敌入侵、争取不战而胜的必要条件之一。

任何国家和平时期的国防建设总会受到国家财力的限制，因此要求少

花钱多办事。一种合理的选择是采取"小军队、大国防"的方针。所谓"小军队",是指现役正规军的数量要少,质量要高,使之成为"精兵";在提高官兵素质的同时,大力加强武器装备的现代化建设。所谓"大国防"则指军民兼容、平战结合的体制,在一切有条件的领域尽可能做到寓军于民,分别说来就是寓兵于民,寓干部于民,寓军事技术于民,寓国防教育于国民教育,寓国防建设于国民经济建设和社会发展之中。例如在进行大规模经济建设时,在某些重大工程项目的战略布局和质量规格等方面,只要适当照顾国防上的要求,即可体现大国防思想。这样,花一笔钱就可收到经济和国防两方面的效益。经济建设可以如此,科技、文教等其他方面亦可如此,特别是全民国防观念的培养,花钱不多,其效果则等于建立一座无形的万里长城,是任何敌人也推不倒、攻不破的。这里说的是"寓军于民"。反过来,某些方面也可"寓民于军"。例如某些高新技术的开发优先满足军事要求,然后尽快向民用领域转移或辐射,以军带民。总之,把国防力的建设同经济和社会发展有机地结合起来,实现一举多得是可能的,也是综合国力整体功能优化的一个重要方面。事实上,世界上不少国家都是这样做的,我国也有成功经验,问题是要随着形势的发展,探索新思路,把国家发展同国家安全的有机联系处理得好上加好。在我国,大国防是全党、全军、全民共同的事业,不是军队一方所能实现的,有赖于中央和国务院的统筹兼顾。

七、综合国力思想要求强化国家机器的宏观指导

无论是综合国力的建设或运用,都不是自发进行的,都离不开国家机器的宏观指导。这是因为:第一,国力这个大系统包含着难以计数的分系统和子系统,如果不加强宏观调控,就会各行其是,在无穷的内耗中把国力消耗殆尽;第二,国力这个大系统是动态的,需要经常不断地调控,否

则系统的运动就会偏离目标。显然，只有国家机器，特别是中央政府才有条件实施这种宏观指导。可以说，综合国力发展的健康与否，综合国力的运用是否有效，都直接取决于中央政府宏观调控能力的强弱。这种调控同计划经济有什么不同呢？计划经济主要是管国民经济建设，不是管整个综合国力的建设和运用，同时计划经济不仅在宏观上统死，连微观上也统死。综合国力的宏观指导或调控是和计划经济截然不同的。它不仅管国民经济，而且管整个综合国力；不仅管建设，而且管运用。再者，它在宏观上只限于指导和调控，而不是统死，微观上则千方百计使之活跃起来。这样的宏观调控或指导有百利而无一弊，是永远不可缺少的，是综合国力健康发展和有效运用的基本保证，要理直气壮地坚持下去。

第五章　美国人看中国大战略
——读兰德公司研究报告[*]

引 子

多年来，美国出版的关于中国政治、经济、外交、军事等各方面的著作可谓多矣，唯独没有出版大战略的学术专著。现在终于有著名思想库兰德公司的研究报告《释中国大战略：过去、现在和未来》（以下简称《中国大战略》）。该报告由迈克尔·斯温和阿什利·特利斯两名作者撰写。前者据了解是一名"资深政治学家"、兰德公司亚太政策中心主任。作者开宗明义，认为中国领导人虽然从未明确使用"大战略"一词，但毫无疑问，中国如同其他任何国家一样都在执行一项"受中国的历史经验、政治利益和地缘战略环境决定的大战略"。应当指出的是，该报告作者在这里所说的大战略基本上属于狭义大战略，也就是国家安全战略。报告分析了中国自西汉以来的大战略实践，并展望至21世纪中期中国可能采取的大战略，重点研究中国的强大将对美国世界霸权构成的挑战，从而引出美国对华政策的建议。

兰德公司发表这份研究报告的时机选在公元2000年，恰值世纪之交和

---

[*] 本文写于2001年7月。报告书英文原名为 *Interpreting China's Grnd Strategy: Past, Present and Future*, by Michael D. Swaine and Ashley J. Tellis, Published 2000 by RAND。

美国的大选年，显然是为了影响新世纪美国政府对华长远政策，仅此一点，该报告就值得予以关注。我介绍这个报告还有一个附带的考虑：从战略研究角度看美国人如何运用他们的大战略概念思考国际问题，特别是中国问题，以便更好地了解他们的战略思维方式的某些特色。

至于该报告对2001年新上台的布什政府的对华政策究竟有无影响，迄今没有直接的证据，仅知布什政府评估亚太战略的班子中吸收了兰德公司的人马。有趣的是，如果把布什头半年（2001年2—7月）对待中国的言行同这份报告的建议做简单的对照，可以看出：中美撞机事件解决以前，布什政府对华态度比报告建议的要强硬得多，但撞机事件解决以后，其态度与报告中的建议至少可说是不谋而合。从这个意义来说，该报告对中国的态度还不算是最极端的。不管中美关系今后如何发展，了解一下这一报告的某些基本观点和结论，是有意义的。

关于中国历史上的大战略

《中国大战略》从历史的、宏观的角度认为，中国的安全战略受其安全环境四大基本特征的重大制约，这四大基本特征是：

1. 漫长的国境线，而且许多地段地理上易受攻击。

2. 存在着来自近邻和远方的诸多潜在威胁。

3. 国内政治体制以高层统治集团内部冲突和调停、解决此种冲突的机制软弱无力为显著标志。

4. 大国的自我形象。

在上述安全环境下，中国大战略历来谋求实现互相联系的三大目标：首屈一指的是维护国内秩序和福利；其二是抵御对国家主权和领土的外来威胁；其三是确立和保持作为大国甚至头等大国的地缘政治影响。

在中国历史的大部分时期，为了实现这三大目标而形成了一整套安全战略，其最优先的考虑是保持内部的稳定和繁荣，同时确立中国在其绵长而且易受攻击的地理边疆的优势地位。

为了推行这项大战略，中国依靠的主要战略手段是一个"强大的专制政府"，它运用铁板一块的、等级分明的价值体系，频繁地、有时激烈地使用武力，加上广泛的外交手腕，以及由于千百年来在中亚和东亚占统治地位的文化和经济制度所造成的种种优势。

报告指出，随着中国国力的盛衰，上述战略在执行中有不同的情况。一般来说，强盛而统一的中国总是极力控制其战略周边，并维护中国的优势地位，最佳的做法是以优势军力为后盾，建立明确的宗主权关系，以此博取边境各族人民的敬意。当此种做法受到内部或外部的阻挠（包括国内反对长期而激烈地使用武力），那么，强盛的中国往往退而求其次，依靠各种非强制性的手段，例如绥靖、结盟、以中国文化为基础的各种互动、统治者之间各种形式的个人谅解，加上军事上的"固定防御"（static defense）。当中国陷于衰落时，则主要依赖非强制性手段对付外来攻击，或保持边境稳定，避免进攻性地使用武力。但是，如果此种策略无法奏效，即使是弱势的中国政府有时也会不顾一切地诉诸武力，以顺应国内占支配地位的保守派领导人的要求，而这种抵抗通常无济于事。一个严重削弱甚至完全崩溃的中国政权，必然大幅度地降低对边疆的控制，有时导致中国领土沦入外敌之手。直到有朝一日，一个强大而统一的中国政权重新出现，并且力图收复失地，重整河山。中国历史上这种兴衰盈缩的局面形成了一种循环往复的模式。

关于中国现行的大战略

时至近现代（报告作者指的是从1850年迄今），中国安全战略的基本特点一如既往，当然也有某些变化。如果说清朝末年中国处于弱国状态，那么在共产党统治时期，中国则进入"弱强国"（weak strong state）状态。近20年来，中国制定了一项与弱强国相适应的"审慎"战略（calculative strategy），这就是中国现行的大战略。作者解释说，这里"审慎"一词不是指当今世界各国（不论大小）在处理战略问题时一般都需要的审慎态度，而是特指一种务实的态度，具体表现为优先重视国内经济增长和稳定，培植友好的国际关系，在使用武力问题上保持相对克制，同时加强军队现代化建设，在国际上谋求"非对称的利益"（asymmetric gains）。

更具体地说，中国在80年代制定的占主导地位的"审慎"战略由下列三部分组成：

1. 高度务实的、非意识形态的政策与市场导向的经济增长相结合，与所有的国家特别是与大国维持友好的国际政治关系。

2. 无论对周边或其他更远的国家，在使用武力的问题上保持克制，同时以适度的步伐整顿中国军队，使之现代化。

3. 扩大参与地区性和全球性国际政治活动，包括各种国际的或多边的论坛，重在通过这类互动，尽可能谋求"非对称的利益"。

这些因素集中起来，是对中国此前"弱国"战略的修正，其目的是为建设一个更强大、更现代化的中国奠定基础。

当今中国推行"审慎"战略获得了巨大的实惠。由于经济的持续高速增长和许多中国人生活水平的大幅度提高，国内秩序和福利得到极大的改善。中国在本地区和国际上的地位特别是在周边的影响力大为提高，扩大了中国在国外的经济存在，增强了中国在亚洲以及更远地区的政治参与和影响，建立了巨额的外汇储备，使中国有钱从外国采购先进的武器和紧缺技术。最大的成就也许要算维持着相当良好的外部环境。

总之，作者认为，"审慎"战略使中国走上了这样一条道路——如果坚持下去，中国将在21世纪前半期的某个时候，成为世界上最大的经济强国。鉴于中国GDP（国内生产总值）在20年内翻了两番，有人估计，今后GDP年增长率如大体保持8%～9%，那么在10～15年内，中国GDP就可能超过美国。即使增速稍低一点，这件事情迟早也会发生。

那么，中国现行的"审慎"大战略会继续到何时为止呢？这是作者非常关心的问题。他们认为："起码在（中国）谋求的综合国力尚未完全达到时，它会继续坚持这项战略。"换句话说，产生"审慎"大战略的前提是国力的相对弱势和依赖外国技术与资金以便发展经济，为此需要和平的国际环境。只要这个前提仍然存在，中国就不会放弃"审慎"大战略。作者根据大量事实与数据做了分析之后，提出了一个时间概念："如果目前的趋势持续下去，那么，早则在2015—2020年，更可能的是在2020—2025年，中国会开始一个向新安全战略过渡的漫长阶段，这个过渡阶段可能持续10～20年……"这就是说，大致到21世纪40年代，中国将推行一项与现行大战略不同的新战略。

关于中国未来的大战略

到底是什么样的新战略？这是《中国大战略》一书研究的焦点。为了回答这个问题，作者分析了今后若干年中国发展的三种可能。

一个"混乱的中国"。有些西方观察家预言中国可能出现"混乱"，甚至陷于"崩溃"。早在1995年，就有人大谈"10～15年内（中国）的致命危机"。这些预言家的根据主要是当前中国经济、社会和政治等方面比较突出的矛盾。值得注意的是，兰德公司的这两位作者认为这种前景可能性不大。更重要的是，作者强调指出，经历几十年高速经济发展的中国一旦陷于混乱，必然对地区和世界引发"毁灭性"的（catastrophic）后果，其严重性将远远超过被伊斯兰革命推翻的巴列维国王的伊朗，因为中国比伊朗大得多，而且拥有核武器，陷于混乱的中国领导人有可能更为好战。总之，这样一个中国对于美国而言未必是好事。美国也远未对此做好准备。

一个"合作的中国"。这是美国所求之不得的。报告认为，这样一个中国，一般地会接受美国主宰的现行国际秩序，融入美国领导下的西方"民主国家"体系。那时它会强调互相依存，避免追求单方面的利益。既然多年来中国受惠于经济互相依存，那么今后几十年即使中国真正强大了，也仍然会这样做。核时代使用暴力得不偿失，不如通过经贸发展自己的国力，这是一条定律。战后的德国和日本是这样，中国也不会例外。中国国内自1978年开始的民主化进程，也是促使中国走向"合作"的重要因素。如果这一进程不被打断，则大约到2020年时，中国有可能逐渐具备一切"民主国家"的表征，把强大的国力同基本上（不一定是充分）的民主政体相结合。然而，作者认为出现这一前景的可能性虽然存在，但也不是很大的。

一个"武断的中国"（assertive China）。这样一个中国将会采取"武断"的大战略。这是美国最担心同时也是可能性最大的前景。为了论证中国可能推行的"武断"战略，报告书作者实际上借助形式逻辑的"三段论"：世界历史上一切新兴大国是怎么做的（大前提），中国正是这样一个新兴大国（小前提），于是中国也会这样做（结论）。

首先，作者从近500年来西方列强争霸的事实中找到根据：新兴大国随着自己经济军事力量的膨胀，向外扩张的野心必然相应增大，总是力图打破原有的国际秩序，挑战原先处于霸主地位的大国，取而代之。这种世界霸权地位的转移，大约每100年发生一次，并且总是引发大规模的战争（最后这一点只有核时代美苏争霸算是例外）。联系到未来的中国，作者推断它会增强与其经济力量相适应的军事实力；通过争取盟国和承担保护其他国家的义务来建立势力范围；攫取新的土地或收复原先的土地，必要时惩罚敢于抗拒的对手；准备洗雪它"自认为曾经受到过的屈辱"；企图改写现行的国际"游戏规则"以便更好地反映它自己的利益；作为可以想象的最极端的政策选择，它甚至会"准备发动预防性战争或对敌人实施掠夺性攻击"。鉴于中国的地缘战略重要性和日益增长的国力，加上它根深蒂固的大国意识和近代史上受西方列强的欺负，特别是它对大陆和沿海某些地区强烈的主权要求（最重要的是台湾和南沙），更加强了上述的推断。

报告断言，一个"武断"的中国，一个不接受美国主宰的现行国际政治秩序并且和平地融入其中的中国，必将对美国的利益，首先是对它在亚太地区的利益构成挑战，把美国势力挤出这一地区。为此有可能引发一系列政治、经济和军事冲突，甚至触发可能"把现在的盟主美国卷进去的大规模战争"。美国代表其他"受中国威胁的"当地国家或同它们一起参与这种冲突，起初或许仅限于小规模的交战，但最终可能变成"争夺国际体系控制权的斗争"。

美国的对策

《中国大战略》通篇流露出美国霸权主义者最大的担心：在21世纪中

期某个时候，中国会取代美国世界霸主的地位。为了防止这种情况的发生，作者认为，在目前中国战略走向尚不十分明朗（走向"武断"的可能性虽然较大，但也不能完全肯定）的情况下对中国实行"过早的遏制和过早的绥靖"（preemptive containment and preemptive appeasement）都不合时宜，最佳的对策是"现实接触"（realistic engagement）。这种"现实接触"战略应包括三项彼此联系的政策。

第一，尽可能寻求与中国合作的可能性，旨在鼓励中国在更大程度上融入国际体系，并且向民主政治前进。

第二，制止中国取得足以威胁美国在亚洲及其他地区"最基本的核心安全利益"的能力。

第三，做好准备，在必要时"以外交、经济关系和军事手段"对付一个更为武断和好斗的中国。

总之，"接触"不是为了帮助中国的发展，而是鼓励一个"合作的中国"，而不管它是强是弱，同时保持美国在地缘政治方面的优势。"接触"还应当使中国认识到，"挑战美国的领导地位是徒劳的，而且不符合中国长远的利益"。

掩卷而思

作为中国读者，浏览《中国大战略》之余，一则以喜，一则以忧。

喜的是，美国人的强烈反映，最有说服力地说明我国现行以经济建设为中心的总体发展战略的正确性。中国人在20多年里做到了前人在100多年里想做而没有做到的事情，创造了历史的奇迹。这是每个炎黄子孙无不感到自豪的。

忧的是，我们在国家发展和国家安全两大领域还存在不少问题和薄弱环节，许多事情的发展不像局外人想象得那么顺利。历史经验昭示我们，越是胜利的时候，越要保持清醒的头脑，正视这些负面的东西。宁可让外人对我们估计不足，不愿他们对我们估计过高。后者对我们很不利。

《中国大战略》揭示了美国人战略思维的某些基本特点，可以概括为"两论两手"。

所谓"两论"，是指"天定命运论"和"世界霸权转移百年周期论"。前者是100多年前美国开始海外扩张时出现的理论，认为美国是世界上最优秀的民族，奉上帝的意志统治整个世界。美国今天唯我独尊、一超独霸的思想是"天定命运论"在新条件下的恶性膨胀，是它考虑全球战略的指导思想。后者是它把正在崛起的中国树立为潜在主要对手的重要理论。出于维护世界霸权地位的战略需要，美国必须树立这样一个对手。为此，《中国大战略》着力勾画了一个"武断"的中国的形象，把一些莫须有的推断强加到中国头上。

所谓"两手"，是指对中国的"接触"和"遏制"政策，也就是人们常说的软硬两手。报告的作者虽不赞成对中国简单地使用"遏制"一词，而主张"现实接触"，但其接触的内容实际上也包括遏制，总之是软硬兼施，迫使中国屈从于美国的意志。

《中国大战略》一书总是念念不忘21世纪中期这个时间概念，更具体说，就是2040年前后。那是美国称霸世界（从二战结束算起）一百周年，它最担心的就是新兴的中国会取而代之。对中国来说，那是鸦片战争二百周年、中华人民共和国成立一百周年，也是预计实现现代化的宏伟目标之年。种种迹象表明，从现在起到2040年前后这段征程，将不会是一帆风顺的。

面对险恶的环境，中国只需要一个"备"字——居安思危、有备无患的"备"，也就是"争取最好前途、准备最坏情况"的"备"。这个"备"

字的内容最关键的一点就是：在继续坚持以经济建设为中心全面发展的同时，加强国家安全——以国防为重点的广义安全，把国家发展同国家安全有机结合起来，寓国家安全于国家发展之中，使二者相得益彰，水涨船高。这是一条节约和高效的途径。果能如此，天就塌不下来。

第六章　我看美国大战略

美国大战略与军事—工业复合体[*]

美国历届政府推行的大战略，不可避免地受到一系列极端错综复杂的国内外因素的制约。就国内因素而言，盘踞在美国各个领域的利益集团，通常发挥着无形的作用。

利益集团在美国又称为权势集团或压力集团。美国传统的"多元化"立国原则鼓励各种不同的利益集团自由竞争，以便最终达到某种妥协和平衡。这也是一种"制衡"机制，人们称之为集团政治。研究美国大战略不能不涉及这个问题。20世纪50—60年代，我们说洛克菲勒、摩根等大垄断财团主宰当时美国的内外政策，是美国"真正的统治者"，这就是从本质上认识当时的美国。今天，随着跨国公司和经济全球化趋势的发展，美国国内情况已发生重大变化，对垄断财团的概念也要重新认识。这个问题，国内外研究者的看法有许多分歧，不能套用几十年前的思路。但有一点是清楚的，那就是都承认各种利益集团的存在。它们依其实力的大小，不同程度地影响着美国政府的内外政策。

当今美国社会的利益集团数量之多，情况之复杂，很难精确统计，实力之大小更难以界定。美国20世纪90年代前期的资料显示，有几万个利益

---

* 初稿完成于2001年5月，即中美撞机事件后一个月。文中对美国新政府"强硬"政策的社会基础和后果的分析，已为后来的事实所证实。

集团在活动，其成员总数达数百万。除劳工组织的成员外，其他各种集团的成员大多来自富裕阶层，特别是那些名声煊赫的企业王国。他们所维护的利益正是统治阶级的利益，这些集团之间的利害冲突属于统治集团内部矛盾。一个值得注意的现象是，若干年来，美国广大的下层群众从事政治活动大多依附政党，上层富豪则参与利益集团。前者的影响有所下降，后者的影响则呈上升趋势。

利益集团施加影响的全国性对象主要是白宫和国会，有时也对司法部门。施加影响的主要方式一般是为总统和国会议员提供竞选经费，操纵传媒实行舆论导向，再加上强大的院外活动集团（说客）。这种院外活动已形成一种特殊的产业。20世纪90年代前期，单是常驻华盛顿的院外活动组织至少有1800个，雇用专职和兼职说客近40000人；正式注册的有2000余人，实际上多达15000人。每逢四年一度的总统大选和两年一度的国会中期选举，这些利益集团就表现得特别活跃。历次关于美国重大战略问题的大辩论，背后都有利益集团的影子。

在为数众多的利益集团中，有一些对联邦政府的对外政策影响较大且比较著名的集团，例如坚持制造国际紧张局势和扩军备战的军事—工业复合体（Irulitary-industrial complex）；在某种程度上掌握着华尔街金融大权，对美国的中东政策特别是亲以色列政策影响极大的"犹太帮"；支持"台独"势力，经常干扰中美正常关系的"台湾帮"；主要依靠农产品出口致富的中西部大农场主集团；以生产民用消费品为主，对军费依赖性较小的大企业集团。此外，还有退伍军人、劳工、宗教等全国性组织构成的形形色色的利益集团。美国的各大传媒系统既是各种利益集团争取的对象或工具，本身也是利益集团。

从大战略研究的角度看，上述利益集团中值得特别注意的恐怕要数军事—工业复合体，通常简称军工集团。这是1961年艾森豪威尔总统离职告别演说中提出的概念。它指的是国防部系统和那些依靠军费大发横财的企业包括高新技术产业大亨的联盟，实际上还应加上为它们效劳的国会议员、大学内外的研究机构（思想库）和退伍军人团等右翼外围组织。从五角大楼离职的高级文武官员不少转任军工大企业的高级职务，同时军工大企业的高级管理人员也往往被任命为五角大楼的高级官员。这两类人员成了国防系统与军工系统之间的组织纽带，本质上是军工大企业的代理人。这个集团目前的实力难以估计。单是国防部系统拥有的海内外军事设施、部队装备、几百万军人和文职人员，再加上每年庞大的军费（几十年来军费从每年几百亿美元到现在的几千亿美元），其总资产达到天文数字，是美国其他任何一个大财团都无法望其项背的。有人估计，在近40年的冷战时期，军工企业分享的国防开支总数（主要是采购费）可能高达10万亿美元，成为冷战期间美国国内获利最大的权势集团。同时，这也决定了这个集团在政治上必然强烈主张制造国际紧张局势，疯狂鼓吹军备竞赛和战争，包括冷战和热战，以保证它们财源滚滚。

由于共同的保守派或强硬派意识形态等因素，早在共和党人里根和老布什执政时期（冷战时期），军事—工业复合体就对共和党情有独钟，双方一拍即合。民主党人克林顿入主白宫之后，由于冷战结束，企图削减军费，平衡预算，以便腾出资金发展国内经济，从而一度使军事—工业复合体面临危机，但它的实力并未削弱，克林顿政府后期发动科索沃战争反而给这个集团打了一针兴奋剂。

2001年上台的共和党新政府与军事—工业复合体有何关系？针对这个问题，美国和国际许多评论根据新总统的竞选言论、内阁组成，特别是头三个月执行的战略路线，一致指出：这届政府在很大程度上代表着军事—工业复合体和石油集团的利益。石油集团本来与五角大楼有特殊关系，甚至可以说它就是军事—工业复合体的组成部分，至少是它的亲密同盟军。顺便说一句，布什两代总统依靠得克萨斯州石油产业起家也是众所周知的事实。

试看，新政府上台伊始，就轰炸伊拉克；敌视朝鲜，中断朝鲜半岛业已出现的缓和进程；不顾中俄甚至盟国的反对，变本加厉地推进国家导弹防御系统（NMD）计划，为此准备开支巨额军费；驱逐大批俄罗斯外交官，接见车臣叛乱分子的所谓外交代表，干涉俄内政，恶化美俄关系；冒天下之大不韪，拒绝执行国际公认的抑制全球变暖的《京都议定书》，为美国能源大企业肆意排放有害气体大开绿灯；把中国定位为"战略竞争对手"，实际上把中国作为取代苏联的头号潜在敌人，同时决定向中国台湾出售新式武器，并且加强西太平洋地区军事部署，频繁对中国进行空中侦察，以致不久前发生撞毁中国战机事件。这几把火，烧出了一个"强硬"的形象。很短时间内，世界局势骤然紧张，新的冷战气氛笼罩全球，国际舆论哗然。在和平时期这样干到底符合谁的利益，不是昭然若揭吗？

现在的问题是：美国新政府的"强硬"政策是否会一成不变？

为了回答这个问题，我们还必须回到上述关于利益集团的探讨，强调指出一个非常重要的基本事实：美国是真正的多元化社会。这个社会绝不是军事—工业复合体一家独霸的天下，与之并存的还有其他各种社会势力，它们也拥有雄厚的经济实力和强有力的政治代言人，也可以操纵或影响部分舆论。这些势力的切身利害，固然在某些方面或某个时候与军事—工业复合体基本一致，但也不尽然。比如，那些在庞大中国市场上获得丰厚利润的美国大企业和中西部某些大农场主，必然反对政府跟中国搞紧张。这些社会势力并不一定事事跟着政府走。它们至少是潜在的反对派。上次大选的投票结果戏剧性地表明：不支持共和党强硬路线的大有人在。

可以预计，正因为新政府过分偏袒了军事—工业复合体及其同盟军的利益，相对忽视了其他派别的利益，从而埋伏了一个危机：物极必反，迟早会遭到其他社会势力或利益集团的猛烈抨击。国内外的压力将使这种违背世界

— 78 —

潮流的战略和政策到处碰壁。美国社会特有的制衡机制必然发挥作用，以致现行的强硬政策撑不下去。事实上，美国国内现在就有不同的声音，只不过声势还不够浩大。如果美国当局一意孤行，反对的声浪必然增高，那时它将不得不降低调门，有所收敛，甚至不排除调整人事班子的可能性。

这样的估计并非无稽之谈，因为任何一届美国政府都必须适当照顾美国社会各种不同权势集团的利益。如果总是片面照顾某一两种势力的利益，势必翻船。当年尼克松第二届政府就因为过多偏向西部和南部的新兴军事工业集团（他的主要社会基础），而怠慢了东北部洛克菲勒、摩根等老财团的利益，最终闹出个"水门事件"来。

说到这里，请允许引述一段笔者1996年初在美国堪萨斯某地一次公开演讲中评论美国大选的话：

美国总统是各个利益集团出钱选出的，代表这些集团的利益。由于不同集团的利益有时互相冲突，因而总统必须照顾各派的意见，有时较多倾向这边，有时较多倾向那边，基本上保持平衡。这也说明了为什么美国领导人常常说话不算数、政策多变，就像堪萨斯的天气。（该地天气，有时一日数变。讲至此，全场笑声。——笔者注）我看，美国最好的总统大多是踩钢丝的优秀杂技演员。

我想，这些话今天也适用。

从上面的简单分析可以看出，军事—工业复合体及其同盟军是美国对外推行霸权主义和强权政治的社会基础，也是恶化中美关系的幕后势力。这个集团虽然强大，但美国国内反对它的力量也不小。进一步观察美国国内这两大势力的斗争，对于研究美国大战略是有意义的。

美国大战略与世界霸权转移周期论*

多年来，在西方政治学研究中，有一种广为流传的"国际政治长波理论"，断言大约每100年国际体系中的大国霸权地位就发生一次根本性的转移，原先处于顶峰地位的大国渐趋衰落，最终被另一个新兴的大国所取代，直至下一个百年周期。近500年世界历史上发生的每一次权力大转移都伴随着"全球性战争"（global wars），只有核时代美苏争霸是例外。美国学者乔治·莫德尔斯基和威廉·汤普森等人是这一理论的先驱和代表人物，同时他们也吸收了俄国著名经济学家康德拉季耶夫的长波理论。

根据各国政治经济发展不平衡的规律，上述理论有其正确的一面，但是否百年一遇则不一定，是否普遍适用于一切国家更要做具体分析。

现在，美国著名思想库兰德公司的两名研究人员（迈克尔·斯温和阿什利·特利斯）把这个理论搬到了中美关系上来。他们在一份题为《释中国大战略：过去、现在和未来》的研究报告中断言，20世纪中期上升到世界霸主地位的美国，现在正面临着一个新兴的中国的挑战。弄不好，到21世纪中期，美国的霸权地位将被中国所取代。因此，美国的大战略从现在起，就要千方百计防止这种情况的发生。

我们有根据认为，兰德公司研究者的观点不是个别现象，可以说代表了相当一部分美国人特别是共和党极右派和一切反华派的心态。这种观点是20世纪90年代以来甚嚣尘上的"中国威胁论"的核心理论依据，也是某些美国人胸中的块垒甚至挥之不去的噩梦。

事情真的是这样吗？21世纪中期的中国果真要取代美国的霸主地位

---

* 本篇是首次发表，请参阅本书《美国人看中国大战略——读兰德公司研究报告》。

吗？这里有如下三个问题值得探讨。

对兰德公司这个报告（还有美国其他同类材料）稍加研究，就不难发现，美国人对中国经济的增长有意无意地做了过高的估计。例如，该书引证的一个主要论据说，既然中国经济在近20年内翻了两番，那么在今后若干年内如保持8%～9%的年增长率，则中国的GDP将在10～15年内超过美国而居世界第一。姑且不谈这种估计是否完全可靠，起码美国人忘记了一个最具有决定意义的常识：中国现在就有近13亿人口，为美国人口的4倍多。据预测，21世纪中国人口最高可达15.5亿。即使出现了GDP总量超美的情况，按人口平均计算仍然远远落后于美国和某些西方发达国家。中国国家总体发展战略设想的到21世纪中期的目标，也只是争取达到当时中等发达国家的水平。中国的现代化任重道远。

兰德公司的研究者断言，所有的新兴大国都必然具有狂妄野心，都要称霸世界。这个论断套在包括美国在内的历史上许多大国头上都是合适的，但套在中国头上那就太武断了。中国人民饱受帝国主义和霸权主义之害，中国永远不称霸。一个繁荣富强的中国肯定不是对世界和平的威胁，而是维护地区和世界和平与稳定的因素。中国加入WTO进一步强化了这种信念。历史将会证明，中国永不称霸的保证，将如同中国政府庄严宣布的不首先使用核武器、不对无核国家使用核武器的承诺一样说话算数。不错，中国反对霸权主义的旗帜是不会丢的。但是反霸与争霸是截然不同的两件事，世界人民（包括美国人民）是会看得清楚的。

世界历史表明，霸权主义大国从顶峰衰落甚至覆灭，决定性的原因在国内，通常是由于统治集团腐败，穷兵黩武，肆意征伐，扩张过度，浪费国力，激化国内阶级矛盾、民族矛盾和统治集团内部矛盾，内乱频仍，以致给外敌以可乘之隙。古罗马帝国、近代争夺海外霸权的欧洲列强，以及不久前解体的苏联，它们的衰败，情况固然各有不同，但总有上述这种或那种内部因素起主要作用。对于今天的美国，最大的威胁不是来自中国，而正是在于美国自己充当世界警察，到处承担义务，到处树敌，在和平时期狂热地扩充军备，形成了一种典型的过度扩张。如不改弦易辙，长此下去，以美国之富强，也会力不从心，埋下无穷后患，为自己的衰落创造条件。

其实，美国人是世界上极具求实精神的民族。他们不是不明白上述的道理。有些明智的美国学者或战略家早就提出过类似的看法。然而，在美国总是有那么一些人硬要把中国树为美国的头号潜在敌人，不仅口头说说，而且正在据此调整美国的全球战略部署。这到底是为什么？简单说来，他们有国内外迫切的需要。在国内，拿中国来吓唬美国人民，以便保持庞大的军事机器，一则满足军工企业的订货要求，再则带动科技和经济进一步发展。在国外，拿中国来吓唬欧亚两洲的盟国，使它们继续听命于美国的指挥棒，分担美国的国际义务。但是，主要敌人和与之密切联系的战略重点问题，是一个国家安危存亡攸关的大战略问题。这个问题一错，全局都错，会带来灾难性的后果。美国现代史上有处理这个问题的丰富经验。二战期间，在日本悍然发动珍珠港事件之后，美国当局仍坚持以德国为主要敌人、以欧洲大西洋方向为战略重点的"先欧后亚"大战略，就是成功的典型案例。假如按当时美国国内"亚洲派"的主张，置欧洲于不顾，先集中兵力打日本，那么，万一希特勒征服孤立无援的苏联，然后与日本联手进攻美国本土，二战的结局很可能改写。可见确定主要敌人和战略重点是非常严肃的问题，来不得半点主观随意性。

以中国为敌的美国大战略是一把双刃剑，它固然会给中国造成重大损失，同样也会给美国造成损失。具体说，假如美国国内的反华派得逞，真的把本来不是敌人的中国硬当成主要敌人，那会造成什么后果呢？至少有三点是美国人必须考虑的。

一是美国将失去中国这样一个世界上最大、最有发展前途的新兴市场，美国消费者将得不到物美价廉的中国商品，以致引起通货膨胀。美国国内那些与中国有巨大经贸利益的企业集团、对华友好人士和明智的政治家势必起而反对政府的对华政策，统治集团内部和全国舆论界都会爆发没完没了的争论。

二是欧亚盟国，至少是某些重要盟国，将同美国离心离德，不但不支持美国的政策，反而乘机大举进军中国市场，发展与中国的经济关系，捞取巨大实惠。对此，美国企业家只能望洋兴叹。

三是正如美国有人说的，"如果你坚持把另一个国家当敌人对待，那它就真的会成为敌人"。美国这样做，必将激怒十几亿中国人民，促使他们同仇敌忾，更紧密地团结在党和政府周围。失去中国的合作，美国在联合国，在其他国际舞台，在解决一系列重大国际问题方面，将遇到重重困难。总之，一切后果都会同美国反华派的愿望背道而驰。

也许正因为如此，刚上台时以对华强硬名噪一时的布什政府，以解决撞机事件为转机，重新定位中美关系，一再声称不把中国当敌人。看来，理性又占了上风，美国人再一次显示了他们民族的求实精神。但是，我们还必须清醒地看到，反华派的势力仍然存在，一有机会又会兴风作浪。在他们的干扰下，美国的大战略特别是对华政策还会发生摇摆，这也是不可避免的。

从科索沃战争看美国大战略上的弱点[*]

在人类将要进入21世纪的时候，科索沃战争和美机轰炸我驻南联盟大使馆像一声惊雷，给全世界人民，特别是给12亿中国人民敲响了警钟。这

---

* 本篇根据作者1999年科索沃战争后在某国际问题研究所一次座谈会上的发言整理。

是美国霸权主义者狰狞面目的一次大暴露。我们必须从大战略的高度思考这个问题。

研究大战略，必须遵循两条基本原则：一条是客观地、实事求是地评估战略环境；另一条是充分发挥研究者的主观能动性，制定出扬长避短、切实可行的战略对策，去影响客观战略环境，使之朝着有利于我的方向发展。前者是认识客观世界，后者是改造客观世界，两方面结合起来构成战略研究的完整过程。通常，我们分析国际问题时往往说"今后形势如何发展有待观察"。这样说无疑是正确的，但这只是问题的一方面。今天，我们分析21世纪的战略格局是美国单极独霸还是多极抗衡这个问题，与其说有待观察，不如说有待斗争，通过斗争促使矛盾朝着有利于多极化的方向转化。斗得好，美国一极可能收敛些；不敢斗或者斗得不好，那就难说了。当然斗争要有理有利有节，不能凭一时气愤乱斗一气。为此，就要科学地认识我们所处的战略环境，其中十分重要的一点是研究美国霸权主义者的优势和难以克服的弱点或不利条件，为思考我们的对策服务。

当今世界唯一的超级大国美国有许多优势，集中到一点，就是它拥有世界上最高、最新的技术优势，反映在军事上就是以高技术武器为支撑的最强大的军事力量，这是它的撒手锏。而这个军事力量不是孤立存在的，它植根于最雄厚的经济实力基础之中，再加上有效的政治组织能力和众多的盟国，可以说美国比历史上任何帝国主义或霸权主义都更强大、更难对付。

通过科索沃战争，人们看到了以美国为首的北约在军事上简直是无所顾忌。战争历来是讲究突然性的，尤其是帝国主义或霸权主义发动的侵略战争，总是千方百计发挥突然性的作用。这一次到了美国手里，战争没有什么突然性了。美国事先就告诉南联盟：我要空袭你。就科索沃战争本身而言，美国简直做到了想打什么目标就打什么目标，想什么时候打就什么时候打，而且给对方造成生命财产严重损失，而己方却是"零伤亡"。为什

— 84 —

么会出现这种现象？就因为以美国为首的北约在军事上拥有对南联盟的绝对优势。

对于美国的这种军事优势，特别是高技术武器的强大威力，我们应有清醒的估计，绝不能漠然视之。但是，如果我们光看到这一面，而忽视了美国的种种弱点，首要的是大战略上的种种弱点，那就很容易被它的气势汹汹所吓倒，从而导致悲观主义和失败主义。事实上，美国同历史上任何盛极一时的帝国主义一样，战略上也有难以克服的弱点。它想实现独霸世界的野心，必定受到许多条件的制约，不可能为所欲为。

但是，美国大战略上的弱点是潜在的，不是任何时候都暴露出来，必须把问题放到特定的战略环境下来考察。因为某些因素在某种条件下是弱点，而在另外的条件下则不一定是弱点，甚至可能是强项。例如同样是民心士气，在正义战争和非正义战争中表现就完全不同。因此，这里所说的美国的弱点是就科索沃战争而言的。

首先从北约谈起。这次战争暴露了美国与北约并不是铁板一块，这中间至少存在两种互相交叉的矛盾：一是美欧矛盾，二是北约成员国内部的矛盾。科索沃战争中，在出不出动地面部队的问题上，在轰炸是停止还是继续的问题上，北约内部都有不同的声音。例如，意大利和德国就同美国有分歧。还有，在其他某些问题上，北约各成员国也并不都是一致的。这种矛盾，随着战争形势的进一步发展而逐步暴露和激化。包括美国在内的北约现在有19个国家，可以说没有哪一个国家没有自己独特的利益和打算。在某些问题上，它们的利益有一致的方面，但在另外一些问题上则同床异梦。美国的根本利益在于利用北约和控制北约，让北约做它的打手。形象一点说，美国把北约当马，自己则是骑马人。这种关系能没有矛盾吗？随着欧洲独立性的加强，双方在一些问题上的分歧还会有进一步的发展。

既然我们认识到这种矛盾，那么对北约各成员国在政策和策略上就要区别对待。一般来说，"以美国为首的北约"这个概念是准确的，具体分析科索沃战争时要心中有数。这场战争并不是北约国家都参加了，主力是美国。英国这次充当了美国的忠实打手。有些参战的北约成员国并不是很情愿的。所以我认为要对北约国家加以区别，不要把所有北约国家都推到美国那边去。按同样的逻辑，对于美国的非北约盟国，例如东方的日本，既要看到它与美国利益的一致性，也要看到不一致的方面，具体分析，区别对待。

讲到区别对待，这里有必要特别突出强调一点：一定要把以美国为首的北约成员国的人民同这些国家的统治集团中推行强权政治的势力，完全区别开来。试看科索沃战争期间美国和某些北约成员国内部人民群众频繁举行的反战示威，就知道人民群众是热爱和平、反对侵略扩张战争的。当美机轰炸我驻南大使馆之后不久，笔者本人就曾收到一位美国朋友发来的电子邮件，代表她个人向中国人民表示歉意，对空袭南联盟表示不满，同时谴责美国当局浪费纳税人的钱去养肥军火商。她特别担心美国政府的愚蠢行为会激起全中国人民的反美情绪。这位善良的美国朋友属于"沉默的大多数"，她一个人的声音是很微弱的，但是，"于无声处听惊雷"，不可小看。从长远的观点看问题，人民的反对是美国霸权主义的心腹之患，也是制约霸权主义的决定性因素之一。

与此同时，美国国内各种权势集团之间的利害冲突，也对美国推行霸权主义有所牵制。这个问题，上面已做论述，在此从略。

此外，美国霸权主义还有一个弱点，是从它的优势转化而来的，那就是它片面地依靠高新技术制胜。它以为手里有一大批信息时代的尖端武器，如隐形飞机、精确制导武器之类，就可以横行天下。这使我想起第二次世界大战末期美国在日本扔下两颗原子弹以后，不少人把原子弹的威力吹上了天。其实，从战略上看，任何强大的新式武器都是有局限性的。我不久前看到1999年冬季号《战略评论》刊登的美国陆军大学校长罗·斯凯尔斯的长文，严厉批评美军过分依赖精确制导武器的思想。作者认为，这种武器虽有优势，但很容易被未来的敌人的智慧所抵消。以史为鉴，他说朝鲜战争中毛泽东的战法和越南战争中武元甲的战法，就大大削弱了美国对火力的迷信。精确制导武器也是这样。再说，对手也会拥有这种武器。作者进而强调指出，"信息革命是中立的"，意思是敌对双方都可加以利用，甚至较多地有利于美国的潜在敌人，因为它们可以把新技术同它们"并不过分地依赖信息的特殊战法"结合起来，由于它们的战争目的有限，只需要较少的信息就能实施有效的打击。而过分依赖信息的美军，则导致指挥官、参谋和情报组织都淹没在越来越多的信息之中，不仅不能简化决策程序，反而使之更复杂化了，这是美军"迄今尚未解决的难题"。因此文章说，一个有头脑的敌人将很快发现，美军"对信息时代技术的过分依赖正在变成一个弱点，使之成为一个非对称的目标（asymmetric target）"。我看，这位美国将军的观点虽然只能代表陆军的观点（美国海空军不一定同意他的看法），但他也是一个颇有头脑的人。

最后，应该提到美国霸权主义一个特殊的弱点——动不动就发动战争，可是最害怕死人。当然，这并不是说美国士兵没有牺牲精神，问题在于战争的性质。为正义的目的牺牲，美军士兵是勇敢的，人民是理解的。为非正义战争流血那就是另一回事了。历史表明在这类战争中美军一出现伤亡，国内就起哄，死人越多，闹得越凶。因此，它千方百计地争取"零伤亡"。办法是：主要依靠海空军，尽可能避免或推迟投入地面部队；依靠前面说的高技术武器制胜；依靠远程打击；速战速决。但这些办法只有在以绝对优势对付绝对劣势的弱小之敌时有用，当面对强大的对手，要想实现"零伤亡"就难了。这是病，也许就是它的"阿喀琉斯之踵"。

霸权主义在战略上有很多弱点（其中有些笔者没有提到）。这些因素在一定的条件下迟早会发挥作用，从而对美国的霸权行为有所制约。现在全世界有近200个国家，美国及其盟国再富再强也是极少数，美国霸权主义违背历史潮流，倒行逆施，必将受到包括美国人民在内的世界大多数人民的抵制。基于此，我们在思考每项大战略对策时，都要着眼于争取大多数美国人民和世界人民的同情和理解。这是一条长期起作用的原则。

第七章　大战略散论

广义大战略概念在中国[*]

中国古典文献中有许多类似广义大战略的朴素概念，诸如《尚书》中的"洪范九畴"，《汉书·武帝纪赞》颂扬武帝之"雄才大略"，还有笔者在《中国古典大战略思想发凡》一文中所引证的"大数""远数""大谋""经国之谋""立国规模"等等，不一而足。特别有意思的是，明末清初的王余佑（五公山人）写了一本书命名为《乾坤大略》。"乾"为天，"坤"为地，可以泛指世界，这样的"略"实在大得不能再大了。可惜它的多数篇章讲的仍是军事战略，只有卷八"立国在有规模"应该说属于大战略范畴。时至近现代，孙中山的《建国方略》，毛泽东领导革命战争时期制定的革命战略和我国现行的国家总体发展战略，更是不折不扣的大战略。

由于种种原因，西方现代大战略概念虽然早已广泛使用了几十年，但直到20世纪70年代才传到我国来。当时我国学术界有人介绍了一本西方学者写的大战略著作。严格地说，这本著作学术价值并不高，但出人意料的是，它引起了我国一些研究者的浓厚兴趣，不少人加以引证，并且上了工具书。这种现象说明大战略这个概念本身在中国还是人们所乐于接受的。80年代中期，笔者连续发表系列文章，比较系统地评介西方大战略研究的情况，为当

时我国正在兴起的"战略热"添了一把火，但仍然停留在介绍阶段。

如何将西方现代大战略概念拿过来为研究中国的大战略服务，这是一项具有重大意义的新课题。在我国，有一位备受尊敬的老科学家在这方面进行了开拓性的工作，他就是钱学森。在1984年中央有关部门联合举办的新技术革命知识讲座上，钱老讲了"关于新技术革命的若干基本认识问题"，明确提出了大战略这个概念。他说："我们考虑对策，不能够根据哪一项技术革命搞一个对策，根据另外一项技术革命又来搞一个对策，再根据另外一个再搞一个对策。这些对策最后怎么加在一起呀？所以，要考虑大战略。这个词是外国词，就是整体的战略，国家的战略。"①实际上在此前后，钱老多次提及大战略问题，只是这一次讲得比较集中。他在这篇讲话中强调指出国家功能的十个方面，包括物质财富的生产、精神财富的创造、为上述两项服务的社会服务工作(如交通运输)、整个国家的行政体系、社会主义法制、国际交往、国防、环境保护，再加上人口和思想政治教育等有关问题。他指出，这十个方面是不能单独考虑的，把它们加在一起，是一个总的大战略。与此同时，他还根据自己多年从事导弹研制工作的体会，建议成立国家的总体规划设计机构，并且倡导运用系统工程的方法，来处理我国的大战略问题。以上所说的无疑都是广义大战略概念在我国的实际运用。作为杰出科学家，钱老在许多领域都有精辟的见解。他在大战略这个领域的见解也是值得大书特书的。

总之，大战略这个概念是中性的，西方能用，我们也能用，而且我国古代本来有类似概念。我们要从古今中外的角度加以融会贯通，在外人和前人认识的基础上进一步充实和发展，使之成为一个有助于综合思考我国未来发展和安全的学术概念。

---

① 《迎接新的技术革命——新技术革命知识讲座》上册，湖南科学技术出版社1984年版，第17页。

大战略与小国[*]

西方有的研究者断言，小国在"理论上"可以有大战略，但实际上没有什么大战略，引申而言，大战略只是少数大国的"专利"。这种看法是不够客观的。笔者认为，大战略作为最高层次的总体战略，对大国小国都是适用的。小国也是国家，麻雀虽小，五脏俱全，一般都有自己的总体战略（不管叫什么名称）。当今世界有不少小国的大战略非常成功，甚至比某些大国的大战略更有参考价值。例如以色列、新加坡，以及宣布中立但居安思危的瑞士、瑞典等国的大战略就值得研究。

新加坡是上述诸国中最小的，被称为"微型国家"，其国土只有620平方公里，人口约320万，是一个小岛国，不仅主要工农业产品依靠进口，连淡水和沙子也依靠进口。国家发展的不利条件甚多，但是，它经过20多年的艰苦奋斗，已经从一个不发达国家变成所谓的"新兴工业化国家"，继争取在20世纪末达到瑞士的人均国民生产总值水平之后，进而在2030年时赶上美国。它的国际地位不断提高，不仅在东南亚，而且在整个亚太地区均具有重要影响。其所以能够如此，关键是自觉地执行了一项扬长避短的发展战略。它利用四通八达的岛国地位充分发展外向型经济（即新加坡经济的"外翼"），搞"全球化"。为此大力改善国内基础设施，大规模吸引多国公司前来投资，同时也向海外投资。这样，一个没有后方可依托的小岛国成功地把亚太地区乃至整个世界作为它的后方，从而弥补它的资源的不足。与此同时，它大力发展教育，提高全民族素质。作为补充措施，它不惜高价吸引外来人才。它极端重视科技事业特别是现代化电子技术，把

---

* 选自《广义大战略》，个别文字做了修改。

全国建成一座"智能岛"。为了保证社会发展，新加坡创造了一个相当安定的政治环境，特别突出地表现为廉洁高效的政府、良好的社会秩序与和睦相处的民族关系。

为了保卫国家的繁荣和安全，新加坡对国防事业也是非常重视的。它拥有一支装备精良的小型陆海空三军，还有一支训练有素的后备役和准军事力量。大学生和其他合乎条件的青壮年每年都有接受军训的义务。由于没有足够的空间训练作战部队，它把部队送到海外国家或地区去训练。它遵循一条适合于小国的国防战略方针。据西方资料透露，新加坡原先采取"毒虾战略"，即警告潜在敌人"你吃掉我，我死你也死"，后改为"刺猬战略"，意在使潜在敌人望而却步，不敢轻易下手，总之是以自己的常备不懈发挥威慑作用。

与社会发展和国防建设同等重要并且密切联系的是加强外交活动。新加坡已经是东盟组织的积极成员，并开展全方位外交，在各大国之间纵横捭阖，谋取实惠。

以上几个方面联系起来看，新加坡推行的是一项适合国情的大战略。新加坡的成功经验为世界上众多的小国、弱国树立了榜样。新加坡和其他小国的大战略告诉我们，研究广义大战略，研究当代国际政治，大国的经验固然重要，小国的经验亦不容忽视。

战争爆发时间可以预测吗[*]

战争爆发时间应该说是可以预测的，即使不能像预报台风那样准确，

---

* 摘自《大战略论》。

也应该大力开展对这个问题的研究，以便创造条件，争取实现相对准确的预报，特别是对关系国家安危存亡的大规模战争的预报。

首先，从理论上说，战争是可以认识的。对此，毛泽东早就有过精辟的论述。他在名著《论持久战》中指出，我们承认战争现象是较之任何别的社会现象更难捉摸，更少确实性，即更带所谓"盖然性"。但战争不是神物，仍是世间的一种必然运动。不管怎样的战争情况和战争行动，知其大略，知其要点，是可能的。他还进而指出，战争没有绝对的确实性，但不是没有某种程度的相对的确实性。我之一方是比较确实的。敌之一方很不确实，但也有朕兆可寻，有端倪可察，有前后现象可供思索。这就构成了某种程度的相对的确实性。毛泽东的这些论述，对于认识战争这个怪物，对于掌握战争爆发的规律性，是很有启发的。

有没有所谓"偶然性的战争"呢？西方材料经常提到这个问题。我们认为，按照辩证唯物主义和历史唯物主义原理，一切自然现象和社会现象都是在一定条件下必然发生的，偶然性也起作用，但它是次要的，而且归根到底，在偶然性后面隐藏着没有被人们认识的必然。对战争爆发时间，亦当作如是观。这个问题上的不可知论是违反科学的。

其次，从第二次世界大战的历史经验看，战争爆发时间确实存在着相对准确预测的可能性。如果把光圈扩大到古今中外大规模战争爆发的历史经验，那就更可以发现许多带规律性的现象，使我们深信战争爆发时间的预测是可能的。

最后，也是最重要的，是现代化的战略侦察手段的出现，新兴决策科学特别是未来学及其分支军事预测学的飞速发展，为预测战争爆发时间提供了极为有利的条件。

预测战争爆发时间的关键是研究潜在战争发动者的开战决策。预测战争爆发时间，必须全面研究敌对双方和有关第三方的政治、经济、军事、外交、科技、地理、历史等许多方面的具体情况。其中涉及的方面之多，信息量之大，各种因素的交叉效应之错综复杂，都是难以想象的。在这种情况下，势必要寻找一个焦点、枢纽或中心环节，通过它把浩如烟海的信息和错综复杂的因素理出一个头绪来。潜在战争发动者的战略决策特别是开战决策，就是这个焦点、枢纽或中心环节。

古今中外的一切战争，不论其性质和规模如何，总是矛盾双方对立和斗争的结果。就发动战争的积极性而言，一般有两种情况：①交战一方积极主动地发动战争，另一方则完全处于被动和防御地位，如第二次世界大战时日本进攻中国，德国进攻苏联。②交战双方都积极主动地发动战争。如第一次世界大战时的同盟国和协约国。如果对后一种情况再做具体分析，仍然可以看出其中一方（同盟国中的德国和奥匈帝国）发动战争的积极性、主动性更高。这是因为矛盾的诸方面，其发展是不平衡的，事物的性质，主要是由取得支配地位的矛盾的主要方面所规定的。在上述两种情况中，积极主动或者比较积极主动发动战争的一方，即是矛盾的主要方面。战争是否打起来，主要取决于这个主要方面。具体到第二次世界大战，德、意、日三个法西斯侵略国是矛盾的主要方面，其中德国是欧洲主要的战争策源地，是发动欧洲大战的罪魁祸首。矛盾的次要方面不是不起作用，而是通过矛盾主要方面的决策而发生作用。例如中国的贫弱、波兰的孤立和苏联的麻痹成为日本侵华和德国侵波侵苏决策的主要因素之一。

总之，研究潜在战争发动者的开战决策，是预测战争爆发时间的捷径。把研究重点放在战争发动者的开战决策上，不是忽视其他各方面的因素，更不是忽视对立面的因素，而是为了更集中、更系统地考虑这些因素的作用。否则，不把战争发动者的开战决策联系起来，而是孤立地分析某些因素，如政治经济危机、军事平衡的破坏等等，既可以导致战争打得起来，也可以导致打不起来的结论。因此，不管有多少因素，每一因素都必须同战争发动者的战略决策相联系，看它们对开战决策起什么作用。战略决策像一个聚光镜，它把无数的光线（相关因素）聚集到一点，使我们对未来战争爆发的可能时间看得更清晰。

此处设想的这种预测方法，实际运用时的基本程序大致是：

首先确定潜在的战争发动者，然后同时或先后研究它的决策体制，发动战争的历史规律，当前和今后一个时期的战略环境（国内、国外等等），最后落实到可能制定的战略决策（打、不打、何时打、何种情况下打）。

这个方法的基本特点是：一切调查研究都以潜在战争发动者的开战决策为出发点，同时又以它为归宿。应当承认，这种方法也会有缺点。但是，如与其他模式同时并用，或许可收殊途同归之效，至少可以作为其他模式的补充。

战争准备与不战而胜：抗美援朝战争后期准备"大打"的启示[*]

众所周知，在确实存在战争危机的情况下，做到不战而胜，或者说不战而实现某种目标，是大战略上的最佳选择。但不战而胜是要创造条件的，一切条件中最具有决定意义的是准备战而胜之。抗美援朝战争后期准备"大打"的战略决策，给我们以生动而深刻的启示。

1952年底，中国人民志愿军入朝作战已两年有余，战场形势处于僵持

---

[*] 这篇短评是根据几次会议上的发言整理的，系首次发表。

状态，停战谈判被美方片面宣布无限期休会。在美国内部，要求结束朝鲜战争的呼声高涨，取代杜鲁门成为美国新总统的艾森豪威尔亟欲兑现结束朝鲜战争的竞选诺言。到底如何结束这场不得人心的战争？美国国家安全委员会和军方酝酿了多种方案供新总统抉择。其中有一个方案是艾森豪威尔就职前后考虑最多的，基本点是对中朝军队发动一场大规模的陆海空联合攻势，在朝鲜蜂腰部实施大规模两栖登陆，以便在中朝军队后方建立一条战线，同时准备空袭中国东北境内目标，封锁中国沿海，必要时不排除使用原子弹。此外，作为配合，还准备指使台湾蒋介石军队窜犯大陆，协助缅甸境内的李弥匪军袭扰我边境。这个方案的基本精神，有点像当年麦克阿瑟扩大朝鲜战争的建议。美国战略家认为，只有这样才能造成对美国有利的态势，按它的条件胜利结束战争。

在此期间，中共中央、中央军委和志愿军总部也从各种不同的渠道，包括苏联方面向我提供的情报，得知敌人可能在1953年春进行大规模军事冒险的信息。我方认为不管敌人如何扩大战争，但战争的关键仍在朝鲜，只要粉碎了敌人在朝鲜东西两海岸的登陆（包括空降），那么我们就掌握了朝鲜战局的主动权。

毛泽东以其特有的战略慧眼，看到敌人此举对抗美援朝战争全局的重大含义，因此抓住不放。他多次指示志愿军对美军可能的登陆要做最坏的准备，应从肯定敌人登陆、肯定要从西海岸登陆、肯定敌人在清川江至汉川间登陆这一基点出发，来确定我方的行动方针。时间准备在春季，也可能更早些。我方必须火急准备对敌，粉碎其登陆计划。毛泽东的指示传达到志愿军各级部队时，为了便于指战员记忆，说法略有出入。有一种说法把他的话概括为"三个一定"：敌人一定来，一定从西海岸来，一定大量空降。这一判断真正做到了深入人心，耳熟能详。

从1952年12月下旬到1953年4月底，志愿军在祖国和朝鲜人民的大力支援下，以惊人的决心和毅力，进行了抗美援朝战争史上空前绝后的大规模反登陆作战准备，当时叫作准备打好"过关仗"，也简称为准备"大打"。几个月内，调兵遣将，补充粮弹及其他军用物资，修筑铁路公路，尤其是在东西海岸和正面战线挖掘了8000多条坑道，总长720余公里，加上原有的坑道，总长达1250余公里。整个东西海岸和正面战线形成了绵亘1130公里、纵深20～30公里的防御体系，一道道打不垮、攻不动的地下长城。年轻的志愿军空军也做好了参战准备。全军斗志昂扬，准备打大仗，打恶仗。

当我方一切准备就绪之时，严阵以待的美军大规模登陆进攻却无声无息了。这是怎么回事？难道中共中央、中央军委和志愿军总部对敌情的判断都错了？毛泽东的"三个一定"也不灵了？苏联的情报也是假的？所谓敌人准备大规模登陆之说是不是子虚乌有、空穴来风？100多个日日夜夜艰苦卓绝的备战岂不白费？

后来的大量事实充分说明，我方统帅部的判断是正确的。不是敌人不想来，而是敌人发现我们已做好充分准备，一旦打起来，他们注定要失败。敌人对我方准备情况的判断也是正确的，结果导致敌人的决心动摇，一场大规模军事冒险计划半途而废。换句话说，我们的战争准备粉碎了敌人的战略计划。"大打"虽未打成，但我们却"过了关"，一劳永逸地解除了朝鲜战场上中朝军队的后顾之忧，从根本上掌握了战争的主动权。4月上旬，美国停战谈判代表就回到了谈判桌。再过3个多月，双方签订了停战协定，抗美援朝战争以中朝人民的胜利结束。

抗美援朝战争后期准备"大打"是一个真实的故事，是抗美援朝战争史上富有戏剧性的一页，它告诉我们：要争取和平解决问题，必须做好充分的战争准备。越是准备得好，越有可能不战而胜。如果要打，也可确保必胜。总之，有了准备，就可以立于不败之地。

大战略与中医[*]

大战略与中医这个命题乍看似乎风马牛不相及，显得荒唐，实则不然，二者之间有许多微妙的相通之处，也就是说，中医理论及其方法的某些东西可供大战略研究者借鉴。

在我国某些古典文献中，医道与治国之道（大战略是治国之道中大政方针的那一部分）常常相提并论，这种现象绝非偶然。兹举几例如下。

东汉时哲学家王符所著《潜夫论》有云："上医医国，其次下医医疾。夫人治国，固治身之象。疾者身之病，乱者国之病也。身之病待医而愈，国之乱待贤而治。治身有黄帝之术，治世有孔子之经。"又说："凡治病者，必先知脉之虚实，气之所结，然后为之方，故疾可愈而寿可长也。为国者，必先知民之所苦，祸之所起，然后设之以禁，故奸可塞国可安矣。"

东晋人葛洪在《抱朴子·内篇》中更把人体同国家相比拟："故一人之身，一国之象也。胸腹之位，犹宫室也。四肢之列，犹郊境也。骨节之分，犹百官也。神犹君也，血犹臣也，气犹民也。故知治身，则能治国也。（这是一个非常重要的命题——作者注）夫爱其民所以安其国，养其气所以全其身。民散则国亡，气竭即身死，死者不可生也，亡者不可存也。是以至人消未起之患，治未病之疾，医之于无事之前，不追之于既逝之后。（请注意：这几句话大有不战而胜之意！——作者注）"

唐人李珏也说："邦国安危，亦如人之身。当四体和平之时，长宜调适，以顺寒暄之节。如恃安自忽，则疾患旋生。朝廷当无事之时，思省缺

---

* 选自《大战略论》。

失而补之，则祸难不作矣。"①

唐代文学家韩愈也有精辟的发挥。他说："善医者，不视人之肥瘠，察其脉之病否而已矣；善计天下者，不视天下之安危，察其纪纲（这里颇有大战略的意味——作者注）之理乱而已矣。天下者，人也；安危者，肥瘠也；纪纲者，脉也。脉不病，虽瘠不害，脉病而肥者，死矣。通于此说者，其知所以为天下乎！"②

那么，大战略家或大战略研究者到底可以向中医借鉴一些什么呢？举例说明之。首先是"治未病"，即预防为主。引申而言之，就是采取一切有效政策和措施确保国泰民安，增强综合国力，防患于未然。

国家一旦"生病"，那就要借鉴中医"辨证施治"的思想，突出整体观点，即把国家看作如同人体一样的整体，重视生理与心理、局部与整体的密切联系，而不是简单地头痛医头，脚痛医脚，应当强调"治病求本"，探寻病症本质，不为表面现象所迷惑。与此同时要掌握"标本缓急"，即正确处理治本（主要矛盾和矛盾主要方面）和治标（次要矛盾和矛盾次要方面）的关系，也就是战略重点与非重点的关系。中医理论还特别强调"扶正祛邪"，即重视病人内在因素，特别是精神因素，所谓"治病先治心"，调动人体内部的抗病功能来战胜疾患。引申到大战略上，这就是充分发挥软国力的作用。此外，中医讲究"知常达变"，即对病症做具体分析，灵活处方，坚持因时制宜、因地制宜和因人制宜等原则，有时"同病异治"，有时则"异病同治"。处理大战略问题也同样应遵循这类原则。

总之，中医处方的一个最微妙之处是，针对某种疾病（战略目标），把为数众多且功能不同的药物（战略手段）加以优化组合，使之相辅相成、相

---

① 《旧唐书·李珏传》。
② 《韩昌黎文集》卷一《杂说二》。

得益彰，充分发挥它们的整体威力。这一点与运用和增强综合国力的理论是完全一致的。

"上医医国。"大战略家和大战略研究者应当争取成为名副其实的"上医"。

第八章 《孙子兵法》与大战略

【作者按】

1989年我在美国讲学期间，意外发现一位研究欧洲海洋史的著名美国教授不知道《孙子兵法》，一些大学生只听说过书名，而不知其内容。据此，我准备了一篇普及性的短稿，定名为《用现代观点看〈孙子兵法〉》，分别在堪萨斯州立大学历史系和明尼苏达大学军事科学系（即后备军官训练团）作过学术演讲，引起了他们的极大兴趣。1994年我在新加坡东南亚研究所工作期间，应邀对该所一些国家的访问学者和新加坡国防部参谋学院战略部的军官分别讲过同一题目。事后，新加坡英文《趋势报》（Trends）于1994年9月27日全文发表这篇讲稿，次日被新加坡英文《海峡时报》（Strait Times）全文转载。这篇小文章的故事生动地证明我们祖先的战略智慧具有多么大的魅力！现将新加坡报纸刊登的英文稿译成中文，首次在国内发表，并改用现在这个标题，对正文只做个别文字的修订。

美国研究《孙子兵法》的学者詹姆斯·克拉维尔在他的1981年版《孙子兵法》一书的序言中说："我深信，如果我们现代的军事和政治领袖们研究过这本天才的著作，那么，越南战争可能不会被弄成那个样子，我们也许不会输掉朝鲜战争……英帝国也许不会被肢解，而且两次世界大战很可能得以避免……"

克拉维尔先生的论断，可能带有过多的理想主义或浪漫主义色彩，因为作为历史现象，越南战争、朝鲜战争、英帝国的肢解，更不用说两次世界大战，都是一系列不以军事、政治领袖的意志为转移的客观因素所决定的。但是，他强调《孙子兵法》对当代战争与和平的重大意义，这一点是完全正确的。

的确，作为孔子的同时代人，《孙子兵法》的作者孙武在2400余年前写的这本书，是世界上出现最早、影响最大的军事著作。

在中国历史上，许多帝王将相和学者都曾热衷于研究《孙子兵法》。自从这本书于法国大革命前夕被率先译成法文（后来又译成其他西方文字）后，西方人破天荒地"发现"了古代中国震撼人心的兵法智慧。

当世界进入20世纪时，西方人"重新发现"了孙子。例如，第一次世界大战后，杰出的英国军事思想家利德尔·哈特就发现，"孙子的现实主义和中庸之道（moderation）"与克劳塞维茨的"绝对"战争观念截然相反，而后者曾统治西方军事思想，并且在战争中，特别是在第一次世界大战中，造成不必要的流血。利德尔·哈特这位"大战略"和"间接路线"战略的倡导者说，他在20多年中论述的战略战术原则，几乎全部体现在孙子的十三篇之中。

接着，第二次世界大战后，或者更确切地说是在所谓的"核时代"，西方某些战略家再一次"重新发现"了孙子，把他的思想看作解决核冲突的最佳出路，于是有"孙子核战略"之名，指的是核威慑，而不是所谓"克劳塞维茨核战略"所提出的打核战争。

与此同时，许多企业家，如财富500强的老总们，惊喜地发现《孙子兵法》是赢得当今激烈商战的强大武器。于是，人们看到近些年来在日本等地有关这个主题的文献如潮水般涌来，使读者眼花缭乱。随着冷战的结束和国际舞台上经济竞争的加剧，这一趋势必将越来越发展。

为什么孙子的书至今仍保持着常盛不衰的生命力和新鲜感？那是因为

他的书浓缩了中国古代最优秀的战略智慧的精华。它是战争的经典，但又不局限于战争。它涉及政治学、经济学、地理学、心理学，以及凌驾于这一切之上的哲学。它以高度概括的形式，总结了放诸四海而皆准的规律和原则。换句话说，它包含着一系列普遍适用于任何形式、任何层次的竞争和冲突的真理。简言之，《孙子兵法》是克敌制胜的艺术、创造奇迹的科学。从这个意义来说，《孙子兵法》不仅属于中国，而且属于世界。

就战争而言，《孙子兵法》可谓包罗万象，涵盖大战略、军事战略、战术和后勤等领域，虽然这些领域在孙子那个时代是不可分的。《孙子兵法》的大战略思想首先体现在作者对战争的态度上。他对战争的态度是现实主义和极端谨慎的。一方面，他非常重视军事对于国家存亡的重大意义，开宗明义地指出"兵者，国之大事，死生之地，存亡之道，不可不察也"（《计篇》），同时强调常备不懈，"故用兵之法，无恃其不来，恃吾有以待也；无恃其不攻，恃吾有所不可攻也"（《九变篇》）。[1]另一方面，孙子反复告诫对于战争绝不能抱轻率态度，"主不可以怒而兴师，将不可以愠而致战"，因为"怒可以复喜，愠可以复悦，亡国不可以复存，死者不可以复生。故明君慎之，良将警之，此安国全军之道也"（《火攻篇》）。显然，孙子明确地把战争作为最后的手段，万不得已而用之。

当一场战争有可能爆发时，孙子力主按五大基本因素综合权衡交战双方的强弱优劣。值得注意的是，他所列举的五大基本因素中，首屈一指的是"道"，它的含义是"令民与上同意也，故可以与之死，可以与之生，而不畏危"（《计篇》）。按现代意义，"道"可以释为"政治"。由此可见，孙子在克劳塞维茨说出他那句名言——"战争无非是政治通过另一种手段的继续"——的2000多年前，就发现了战争与政治的关系。

---

① 本篇引用的孙子原文，全部依据中华书局1962年版《十一家注孙子》。

为了对交战双方进行综合对比，必须占有必要的信息。因此，孙子提出了一条众所周知的原则："知彼知己者，百战不殆；不知彼而知己，一胜一负；不知彼，不知己，每战必殆。"（《谋攻篇》）

《孙子兵法》中还有一个独步天下、振聋发聩的大战略思想——不战而胜。"凡用兵之法，全国为上，破国次之……""是故百战百胜，非善之善者也。不战而屈人之兵，善之善者也。故上兵伐谋……""故善用兵者，屈人之兵，而非战也；拔人之城而非攻也；毁人之国，而非久也。必以全争于天下，故兵不顿，而利可全，此谋攻之法也。"（《谋攻篇》）这个思想的精髓是以谋略和智慧取胜，是尽可能以最小代价克敌制胜。在这个意义上，不战而胜的思想至今仍然适用，但不要把"胜利"仅仅理解为迫使敌人投降。在某种情况下，成功地阻止一场本来可能爆发的战争也是胜利。把敌人转变成朋友，化干戈为玉帛，更是胜利。孙子"不战而屈人之兵"的思想，至今在学术界仍有不同的评价。有人认为从古至今没有这种便宜事，因而这种思想是唯心的。笔者认为军事家不同意这个观点是可以理解的，但从大战略层次看，这个观点是非常宝贵的。

在作战这个层次（广义地说，也适用于大战略层次），孙子提出了一系列攻防原则，特别是进攻作战原则，仅举几例以说明之。

速决战。"故兵闻拙速，未睹巧之久也。夫兵久而国利者，未之有也。""故兵贵胜，不贵久。"（《作战篇》）

集中兵力。"故形人而我无形，则我专而敌分。我专为一，敌分为十，是以十攻其一也，则我众而敌寡；能以众击寡者，则吾之所与战者，约矣。"（《虚实篇》）

兵不厌诈。"兵者，诡道也。故能而示之不能，用而示之不用，近而示之远，远而示之近。……攻其无备，出其不意。"（《计篇》）

灵活性。"夫兵形象水……水因地而制流，兵因敌而制胜。故兵无常

势，水无常形；能因敌变化而取胜者，谓之神。""故其战胜不复，而应形于无穷。"（《虚实篇》）

我们还可以从孙子书中举出更多的精辟论断。但仅此数例，已经可见其思想之博大精深了。

在我们这个时代，这些规律和原则不仅适用于军事斗争，而且适用于军事以外的其他事业。

如同任何优秀的文化遗产一样，《孙子兵法》也是特定历史条件下的产物。它形成于春秋时代末期，当时正是中国奴隶社会向封建社会转变的时期，这个时期的基本特点是天下大乱，兼并战争频仍，而这正是导致中国大一统不可避免的历史过程。孙子作为新兴地主阶级的代表人物，认识到了当时许多基本的规律，这是十分难能可贵的。当然，他总结的所有规律和原则都必须放在适当的历史背景下来理解。他的某些思想如用现代观点加以审视，显然已经过时。例如，他总是夸大军队统帅的作用，同时贬低士兵的作用。此外还有一些论点至少在学术界是有争议的。

归结起来说，孙子的绝大部分教导，对当代的战争与和平仍有现实意义，但必须结合我们时代的条件灵活运用。机械论和绝对主义是必须避免的。

第九章　中国古典大战略思想发凡*

　　现代大战略概念是第一次世界大战后开始形成，第二次世界大战中实际运用，战后几十年间蓬勃发展起来的一门新兴学科。那么，中国古代（本文指的是从商周到清初）有大战略思想吗？回答是：不但有，而且极其丰富多彩、博大精深。西方历史上也有大战略思想，但两相比较，中国古典大战略思想更具哲理性，它是我国乃至世界战略文化宝库中的奇葩，其中许多精辟论述至今仍具有实际意义。当然，我国古典大战略思想毕竟是奴隶制和封建制社会的意识形态，是传统的经验决策时代的产物，同现代大战略以及科学决策的理论和方法相比，显然带有朴素的性质，并且同古代其他文化成果一样掺杂着应予剔除的糟粕。它好比蕴藏在地下的稀有金属矿，需要开发、提炼和加工，方能显现其特殊价值。我国古典大战略思想之所以丰富多彩、博大精深，绝不是偶然的。

　　它是在特定的历史背景下逐步形成和发展起来的。这个特定的历史背景集中到一点就是：中国始终是大国，又有几千年高度发达的文明史，为大战略思想的形成、发展和繁荣提供了优越的条件，具体说来：第一，由于我国从形成国家起就是世界上少有的几个大国之一（不像其他某些大帝国那样在历史长河中只是昙花一现），地域辽阔、人口多、民族多，围绕生产力和生产关系这一对基本社会矛盾而展开的阶级斗争、民族斗争、国际

＊ 本文首次公开发表于《中国军事科学》1994年第1期，后经多次修订。此次选自《大战略论》。

斗争以及统治集团内部斗争，情况特别错综复杂，规模宏大；武装斗争与各种形式的非武装斗争密切交织，往往高潮迭起，呈现出波澜壮阔的局面。王朝递嬗，国家兴亡，民族盛衰，天下分合与治乱，征服与被征服以及征服者反遭被征服者所征服（同化），种种惊心动魄的现象和奇观，反复出现。斗争越是激烈复杂，越是需要大战略的指导。于是大量杰出的大战略家应运而生，他们自觉或不自觉地顺应历史潮流和人民群众的意愿，呼风唤雨，建功立业，推动历史前进，演出了一幕幕惊天动地的戏剧。这一切就是大战略实践。实践出真知，大战略实践是大战略思想赖以形成和发展的基础。

第二，中国悠久的、高度发达的、从未间断过的文明史，特别有利于大战略思想的积累、总结、传播、继承和发展。我们民族不仅培育了大批叱咤风云的大战略实践家，而且诞生了众多具有真知灼见的大战略思想家。有些人则一身而二任。还有一些人本身并不是严格意义上的大战略家，但他们的某些言论闪烁着大战略的智慧。历史为我们留下了数不清的包含着甚至充满着大战略思想的古典名著。总体来说，大战略思想散见于浩瀚的经史子集，相对集中地体现在兵法和治国之道这两大类著述之中。石破天惊的论说，字字珠玑的名言，比比皆是，许多精辟论断跨越时空限制，成为放之四海而皆准的铁则。这里应当着重指出的是，我国古代高度发达的哲学思想，特别是以《周易》为代表的研究矛盾和变化的思想，以及《尚书》中"洪范九畴"之类带有朴素系统思想和整体思维特色的政治哲学，对于大战略思想的总结无形中发挥了积极的作用。直到当代，我国大战略家长于宏观思维这一特色，在世界上也是颇为突出的。

今天，总结我国古典大战略思想是一项极其宏伟艰巨的工程。古人有"皓首穷经"之说，时至今日，任何个人"皓首"也"穷"不了我国古典大战略思想这本"经"，只有依靠集体的长期努力方能有所成就。由于学识和精力的局限，笔者在此不过是从个人所能搜集到的部分基本的古典文献中摘引若干材料，初步地加以综合分析，试图从中窥见我国古典大战略思想的某些特色和要义。为了展示古典大战略思想的本来风貌，笔者尽可能引证原著。"九层之台，起于累土。"本篇算是为研究我国古典大战略思想这一宏伟工程贡献的一锹泥土吧！

顺天应人、利民为本

顺天应人、利民为本是我国古典大战略思想的第一大特色，讲的是大战略的正义性。这是一切正确的大战略决策的出发点和归宿。

我国古典大战略思想历来重视正义性。战争是大战略经常要处理的大问题，也是最能鲜明体现正义性与非正义性的大问题。《周易》认为"师贞，丈人吉，无咎"[1]，说的是为正义出兵打仗，加上有德高望重的人指挥，就无往而不胜。《左传》关于"师直为壮，曲为老"[2]的著名论断也是讲军队为正义而战，则理直气壮，反之则理屈气衰。所谓"以义诛不义，若决江河而溉爝火，临不测而挤欲堕，其克必矣"[3]，"顺道而动，天下为响；因民而虑，天下为斗"[4]，都反映了正义战争不可抗拒的威力。当然，正义之师并不能确保必胜，因为战争胜负还取决于许多其他因素，但得道多助，为正义目标而战，可以为胜利创造极为有利的条件。除战争以外的其他一切大战略决策，也同样有正义与非正义的问题。因此，明智的大战略家总是高举正义的旗帜以号召天下。当然也有这种现象，明明是非正义的大战略

---

① 《周易·师》。
② 《左传·僖公二十八年》。
③ 《三略·下略》。
④ 《淮南子·兵略训》。

决策，也标榜自己的"正义性"，借以骗人。这是不可取的，但这种现象从反面说明大战略的正义性何等重要！

历史上的大战略，其正义性或非正义性有的非常明确，有的则相当复杂，要做具体分析。由于时代、立场以及利害关系不同，人们对同一项大战略的看法也会有差异。但总的来说，正义与非正义是有客观准则的。顺天应人可以说是公认的最高准则。

古代人对"天"的认识有唯心和唯物两种不同的观点。在唯心主义观点中，一派认为天是有人格有意志的最高主宰，是至高无上的神。按此观点，顺天就是遵循天神的意旨。还有一派认为天是宇宙的某种道德原则，即所谓"义理之天"。按此观点，顺天就是遵循天理，实际上是遵循符合统治阶级利益的至高无上的道德规范。唯物主义则认为天是一种物质，一种客观存在。按此观点，顺天就是按客观世界固有的规律办事。这是符合现代科学的认识。我们今天总结古典大战略思想，当然应该继承唯物主义的天道观。但是有必要指出的是，古代有些大战略家所说的天，即使带有唯心主义的色彩，其实也无非借天的至高无上的权威来证明自己的事业的正义性，即所谓替天行道。例如，商汤灭夏声称"有夏多罪，天命殛之"[①]（夏罪恶多端，上天命令我去灭亡它），周武王伐纣也声称他是"惟共行天之罚"[②]（奉上天之命惩罚商纣），更不用说东汉末年黄巾大起义以"苍天已死，黄天当立"相号召了。我们不能要求古代大战略家都具有唯物主义观点。

至于"人"，在奴隶制和封建制国家中的具体内涵不尽相同，笼统地说，是泛指被统治的庶人或平民（奴隶是不被当作人的），这和今天作为国家主人的人民是有本质区别的。应当肯定的是，古代许多明智的统治者和思想家懂得被统治的广大群众是不可轻侮的。《尚书·夏书》假夏禹之口

---

①《尚书·汤誓》。
②《尚书·牧誓》。

说，"予临兆民，懔乎若朽索之驭六马。为人上者，奈何不敬"，生动地反映了远古最高统治者的惶恐心态。孔子说："君者舟也，庶人者水也。水所以载舟，亦所以覆舟。君以此思危，则危可知矣。"①这个千古传诵的比喻，历来令最高统治者惊心动魄。孟子则说："民为贵，社稷次之，君为轻。是故得乎丘民而为天子。"②古代这种重民思想与近现代的民主主义是不能同日而语的，但应当肯定这种思想在历史上毕竟是有积极意义的。它的产生，不是统治者的恩赐，而是广大被统治者（包括奴隶）无数次反抗显示自己力量的必然结果。所谓"应人"，是指大战略决策要考虑被统治者的意愿，因为只有这样才能维系统治者自身的地位。尽管如此，考虑被统治者的意愿总比不考虑他们的意愿要好。"应人"归根到底是得人心，诚如孟子所说："桀纣之失天下也，失其民也。失其民者，失其心也。得天下有道，得其民，斯得天下矣。得其民有道，得其心，斯得民矣。"③民心所向，历来是大战略家必须认真对待的大问题。

在我国古典大战略发展史上，以顺天应人作为大战略正义性最高准则的论述不胜枚举。《周易》说："天地革而四时成；汤武革命，顺乎天而应乎人。"④这里充分肯定了汤武革命这种大战略行动的正义性，根据就是顺天应人。《晏子春秋》卷三中关于齐景公同贤臣晏子探讨"谋事之术"的那段记载，也很说明问题。齐景公问晏子："谋必得，事必成，有术乎？"这里显然是指战略决策。晏子发出如下一段精辟的议论：

谋度于义者必得，事因于民者必成。……谋于上不违天，谋于下不违民，以此谋者必得矣。事大则利厚，事小则利薄，称事之大小，权利之轻

①《群书治要·孔子家语》。
②《孟子·尽心下》。
③《孟子·离娄上》。
④《周易·革》。

重，国有义劳，民有加利，以此举事者必成矣。夫逃义而谋，虽成不安。傲民举事，虽成不荣。故臣闻：义，谋之法也；民，事之本也。故反义而谋，倍民而动，未闻存者也。昔三代之兴也，谋必度于义，事必因于民。及其衰也，建谋反义，兴事伤民。故度义因民，谋事之术也。

不管这段话是否出自晏子之口（该书是后人伪托），其中提出"度义因民"这样一条制定战略决策的重大原则，是弥足珍贵的。鉴于同时还有"谋于上不违天，谋于下不违民"的提法，可以肯定"度义因民"与顺天应人是一致的。西汉末年推翻王莽的战争中，王常劝说起义的地方势力与刘秀联合，强调"举大事，必当下顺民心，上合天意，功乃可成"[①]，正是顺天应人思想的具体运用。明太祖朱元璋本人是乘元末农民起义夺取天下的，他登上皇帝宝座以后对人民的力量犹有余悸，说"所谓者天，所惧者民，苟所为一有不当，上违天意，下失民心，驯至其极，而天怒人怨，未有不危亡者矣"[②]。这足以从反面肯定顺天应人的思想。

顺天和应人看起来是两件事，实际上两者在我国古典大战略思想中是统一的：顺天说到底是应人。《尚书·泰誓》说"天矜于民，民之所欲，天必从之"，又说"天视自我民视，天听自我民听"，就反映了这样一种认识。东汉人王常在上述同一场合还说："民所思者，天所与也。"这种以民意为基础，把天意与民意统一起来的观点，确实是可贵的。

上面说过"应人"归根到底是得人心，而得人心不是一句空话，必须采取利民的政策和措施，一切大战略决策都要使老百姓获得实惠，正如《管子·形势解》所说：

①《资治通鉴·汉纪三十》。
②《明太祖实录·洪武元年七月诏》。

人主之所以使下尽力而亲上者，必为天下致利除害也。故德泽加于天下，惠施厚于万物，父子得以安，群生得以育，故万民欢尽其力而乐为上用，入则务本疾作以实仓廪，出则尽节死敌以安社稷，虽劳苦卑辱，而不敢告也。

民利之则来，害之则去。民之从利也，如水之走下，于四方无择也。故欲来民者，先起其利，虽不召而民自至。设其所恶，虽召之而民不来也。

这段话最关键的一点用现代语言来说就是：只有采取利民政策，老百姓平时才能积极劳动，为国家创造财富，战时才能牺牲自己，捍卫国家安全。有了这两点，统治阶级的江山就能安如磐石。《六韬·文韬》说："同天下之利者，则得天下；擅天下之利者，则失天下。"《三略·下略》也说："故泽及于民，则贤人归之；泽及昆虫，则圣人归之。贤人所归，则其国强；圣人所归，则六合同。""利一害百，民去城郭。利一害万，国乃思散。去一利百，人乃慕泽。去一利万，政乃不乱。"这些话都是对利民为本思想的发挥。

利民要有针对性。《管子·牧民》篇中的另一段话讲得好：

民恶忧劳，我佚乐之。民恶贫贱，我富贵之。民恶危坠，我存安之。民恶灭绝，我生育之。能佚乐之，则民为之忧劳。能富贵之，则民为之贫贱。能存安之，则民为之危坠。能生育之，则民为之灭绝。……故知予之为取者，政之宝也。

这真是绝妙的充满朴素辩证法的论述！妙就妙在作者懂得统治者要向老百姓索取好处，必须首先给老百姓一些好处，所谓将欲取之，必固予之。好比饲养牲口，只有让它们吃饱长肥才能更好地役使它们，正因为如此，这段论述的篇名就叫《牧民》。无疑，对待人民的这种态度今天看来是应当批判的，但在历史上却是有积极意义的。事实上许多统治者连这一点也做不到，他们只知道剥削和奴役人民而不顾人民的死活。相比之下，还是以《管子·牧民》为代表的这种思想有助于缓和阶级矛盾，争取长治久安，调动人民的积极性，从而促进社会生产力的发展。

时至今日，顺天应人、利民为本的古老思想是否还有实际意义呢？只要剔除附在"天""人""利"三者上的时代和阶级烙印，保持合理的内核，把"顺天"释为适应历史发展的规律，把"应人"释为反映人民群众的要求，把"利民"释为为大多数人、为子孙后代谋福利，那么，顺天应人、利民为本思想不但在当前，而且在今后都必将继续成为光照人间的首要的大战略原则。伟大的民主革命家孙中山说过这样的话："事顺乎天理，应乎人情，适乎世界之潮流，合乎人群之需要，而为先知先觉者决志行之，则断无不成者也。"①他的话充满了革命的豪情壮志，也是在新的历史条件下对传统的顺天应人、利民为本思想的继承和发扬。

富国强兵、兵农结合

大战略既指导国家发展，又指导国家安全。富国就是国家发展，强兵则属国家安全，两者有着不可分割的联系。在我国历史上，几乎一切有作为的大战略家都重视富国强兵，尤其是面临大敌入侵或多国竞争的局面时，往往响亮地提出富国强兵的口号。富国强兵是我国古典大战略思想宝库中极其光辉的组成部分。

---

① 转引自李锐：《庐山会议实录》（增订本），河南人民出版社1994年版，第223页。

归根结底，富国是第一位的。富国就是发展经济，发展生产力。有了这一条，其他一切都好办。据认为是战国时代的无名作者根据当时诸侯互相兼并的实际，有过这样一段论述："国富则民众，民众则兵强，兵强者土广，土广则主尊。［主尊］则令行，［令行］则敌人制，［敌人制］则诸侯宾服，［诸侯宾］服则［威］立，［威］立则王者之翘治也，不可不审也。"①按照这位作者的逻辑，富国是强兵、克敌制胜乃至国家兴旺发达的前提和基础。这是完全正确的。

　　值得注意的是，我国古代一些思想家讲富国实际上是讲富民，很早就有"百姓足，君孰与不足"②的思想。清初学者唐甄总结历史上正反两方面的经验说："立国之道无他，唯在于富。自古未有国贫而可以为国者。夫富在编户（民间），不在府库（国库）。若编户空虚，虽府库之财积如丘山，实为贫困，不可以为国矣。"③这也是强调只有平民百姓富了才是真富。这个思想是值得称道的。

　　为什么富国必先富民？《管子·治国》说得最为直截了当：

　　凡治国之道，必先富民。民富则易治也……民富则安乡重家。安乡重家，则敬上畏罪。敬上畏罪则易治也。民贫则危乡轻家。危乡轻家，则敢凌上犯禁。凌上犯禁则难治也。故曰：治国常富而乱国常贫。是以善为国者，必先富民，然后治之。

　　这里一语道破了古代国家富民的实质是便于统治，与利民思想的实质如出一辙。但不管怎么说，主张富民总是好事，因为对于被统治者也是有

<hr>

① 《银雀山汉墓竹简·守法守令第十三篇·七》。
② 《论语·颜渊》。
③ 《潜书·下篇上》。

利的。

以上是讲富国富民。在我们转谈强兵的时候，有必要强调指出，我们民族历来对于国防或国家安全有一种立于不败之地的主张，即居安思危、有备无患。这是一个极其重要的大战略思想，是我们的传国之宝。《周易》说："危者，安其位者也；亡者，保其存者也；乱者，有其治者也。是故君子安而不忘危，存而不忘亡，治而不忘乱。是以身安而国家可保也。"①这是讲安危、存亡、治乱的辩证法。同书还说"君子以除戎器，戒不虞"②，说的是加强武备以防止意外事变。这就是有备无患。《吴子·料敌》所谓"安国家之道，先戒为宝"，也是同样的意思。

在居安思危、有备无患思想的指导下，首先是对军事要有足够的重视。《左传》记载，早在崇拜上天和祖宗观念占统治地位的时代，就有"国之大事，在祀与戎"③之说，把军事提高到与祭天祭祖同样重要的地位。《左传》还说："兵之设久矣，所以威不轨而昭文德也。圣人以兴，乱人以废。废兴、存亡、昏明之术，皆兵之所由也。"④至于《孙子兵法》开宗明义提出"兵者，国之大事，死生之地，存亡之道，不可不察也"的著名论断，更是众所周知的。这种重视武备的思想是古今一脉相承的。

在重视武备的同时，我们民族历来反对两种错误倾向：一是穷兵黩武，二是息兵偃武。这两种倾向各执一端，但都是祸国殃民之道。古典文献中批判这两种倾向的论述甚多。《司马法·仁本》辩证地总结说："故国虽大，好战必亡；天下虽安，忘战必危。"《百战奇略》对这个重要论点做了很好的发挥：

---

① 《周易·系辞下》。
② 《周易·萃》。
③ 《左传·成公十三年》。
④ 《左传·襄公二十七年》。

夫兵者，凶器也；战者，逆德也，实不获已而用之。不可以国之大、民之众，尽锐征伐，争战不止，终至败亡，悔无所追。然兵犹火也，弗戢，将有自焚之患。黩武穷兵，祸不旋踵。①

又说：

凡安不忘危，治不忘乱，圣人之深诫也。天下无事，不可废武；虑有弗庭，无以捍御；必须内修文德，外严武备，怀柔远人，戒不虞也。四时讲武之礼，所以示国不忘战；不忘战者，教民不离乎习兵也。②

大量惊心动魄的历史事实反复证明以上论断的正确性。坚持居安思危，有备无患，这正是"强兵"的真谛。

在我国具体的历史条件下，历来是以农立国，有时有些地区也强调工商业，但从总体上看，压倒一切的是农业，首先要解决吃饭问题。因此富国强兵归根到底要依靠农业，从而导致农战思想。农战思想可以说是富国强兵思想的具体化。早在西周时期，统治者就一方面强调"夫民之大事在农"，另一方面提倡"三时务农而一时讲武，故征则有威，守则有财"③。这是早期的农战思想。战国时大战略家商鞅讲得最为集中，他说："国之所以兴者，农战也。""国待农战而安，主待农战而尊。"④他力主通过法制措施引导老百姓从事农战，促使"民之欲利者，非耕不得；避害（刑罚）者，非战不免。境内之民莫不先务耕战，而后得其所乐。故地少粟多，民少兵强。能行二者于境内，则霸王之道毕矣"。反之，他认为："彼民不归其力于耕，

---

① 《百战奇略·好战》。
② 《百战奇略·忘战》。
③ 《国语·周语上》。
④ 《商君书·农战》。

即食屈于内；不归其节于战，则兵弱于外。入而食屈于内，出而兵弱于外，虽有地万里，带甲百万，与独立平原一贯也。"① 商鞅这一套农战思想，为秦国的富强乃至后来统一六国奠定了理论基础。《尉缭子·制谈》也有"使民扬臂争出农战，而天下无敌矣"的说法，与《商君书》如出一辙。三国时人邓艾讲"国之所急，惟农与战"②，也是这个意思。一直到清初，皇太极还倡言"劝农讲武，国之大经"③。可见农战思想在我国古典大战略思想中是贯彻始终的。

农战思想的精髓是寓兵于农、兵农结合。古代农业的发展受到的局限性比现代大得多，农业生产力的提高极其缓慢，而维持军队总是要消耗大量国力的。为了做到既富国强兵，又减轻国家养兵备战的负担，于是找到了寓兵于农、兵农结合这样一种两全其美的途径。历代统治者中有不少人重视这个问题，并且有许多创举。屯田和徙民实边就是最重要、最有代表性的形式。

屯田是军队种地，因此又叫军屯，起先主要用于边疆，基本做法是以一部分边防部队从事农耕。实行这种制度，诚如西汉力主屯田的名将赵充国所说，"内有亡费之利，外有守御之备"④，可谓一举两得。徙民实边，是募集平民百姓到边境定居，从事耕作，不但自给，而且保障边防部队的需要，部分人员还可补充边防部队。诚如西汉力主采取这种政策的晁错所说："使远方亡屯戍之事，塞下之民父子相保，亡系虏之患。"⑤ 这是屯田的发展，进一步丰富了它的内容。

如果说屯田和徙民实边这种寓兵于农、兵农结合的制度起初是用于边

---

① 《商君书·慎法》。
② 《三国志·魏书·邓艾传》。
③ 《清太宗实录》卷十三。
④ 《汉书·赵充国传》。
⑤ 《汉书·晁错传》。

疆，那么后来则逐渐推广到内地，并有新的发展。一些朝代实行的军制，例如从西魏、北周到隋、唐时期实行的府兵制，宋代的乡兵制，以及明朝初期广泛实行的卫所制，都具有兵农结合的特点，不同程度地体现了既富国又强兵、争取经济建设与国防建设双丰收的思想。

对寓兵于农、兵农结合的大战略方针，朱元璋十分重视，早在他夺取天下的战争中就曾身体力行，而且从认识上做了极好的总结。他说："古者寓兵于农，有事则战，无事则耕，暇则讲武。……如此则民无坐食之弊，国无不练之兵，兵农兼资，进可以取，退可以守。"①这位明代开国君主用朴实无华的语言，道出了深刻的道理。民国时代的著名军事理论家蒋百里研究古今中外民族兴衰的历史，发现"生活条件与战斗条件一致则强，相离则弱，相反则亡"的"根本原则"，并指出"中国古代军制即包含于农制之中，所谓'寓兵于农'"，而这种制度正符合他所说的生活条件与战斗条件的一致。②这样，他把我国古代兵农结合的大战略思想提到了新的理论高度。

古代富国强兵、兵农结合的大战略思想至今仍可借鉴，但时代不同了，形式和内容都有了新的发展。尽管农业仍然是国民经济的基础，但富国强兵早已突破农战的局限。今天的富国强兵要依靠工业、农业、科技、国防以及教育等各方面的现代化。传统的兵农结合早已为空前广泛的军民兼容、平战结合所取代。这一切就是人们常说的"大国防"，也是综合国力诸因素整体功能优化的一种体现。但是，拨开历史的迷雾追本溯源，我们仍可看到古代富国强兵、兵农结合的大战略思想熠熠生辉。

①《明太祖实录》卷六。
② 蒋百里：《国防论》第一篇、第三篇，商务印书馆1945年版。

文武并重、不战而胜

文武并重，是我国古典大战略思想的一大特色，在这方面有丰富的实践经验和高度的理论概括。文和武都是实现大战略目标的手段。武，就是军事力量。武的意义和对待武的正确态度，上文论述"强兵"一节时已经说过了。至于文，其含义比武要丰富得多。在我国古代文献中有"文治""文德""文事""文教"等各种用法，大体上相当于今人所谓政治，如作广义的理解，可以包括政治、经济、外交、精神等一切非军事力量在内。这样，文武并重也就是军事力量与非军事力量并重，也可以说和平与战争两手并重。

我国历代的圣君贤相大都是文武兼备或至少懂得文武并重的大战略家。司马光针对唐玄宗时为武圣人姜太公立庙，与文圣人孔子并享祭祀这件事，发过如下一通议论："经纬天地之谓文，戡定祸乱之谓武，自古不兼斯二者而称圣人，未之有也。故黄帝、尧、舜、禹、汤、文、武、伊尹、周公莫不有征伐之功，孔子虽不试，犹能兵莱夷，却费人，曰：'我战则克'，岂孔子专文而太公专武乎？"[1]对此，我们还可以做如下补充。孔子还说过"以不教民战，是谓弃之"[2]，以及"有文事者必有武备，有武事者必有文备"[3]这样的格言。至于姜太公，他不单是擅长军事艺术，而且于治国之道也是颇为精通的。因此，文武并重的思想历来备受推崇。《韩非子·解老》云："国家必有文武。"《吕氏春秋》说："用武则以力胜，用文则以德胜。

---

[1]《资治通鉴·唐纪二十九》。
[2]《论语·子路》。
[3]《史记·孔子世家》。

文武尽胜，何敌之不服？"①堪称文武全才的唐太宗李世民强调指出："文武二途，舍一不可；与时优劣，各有其宜；武士儒人，焉可废也！"②这表明他对军人和知识分子同样看重。南宋力主抗金的杰出思想家、文学家陈亮身为文人，但尝以"推倒一世之智勇，开拓万古之心胸"自许，他认为"文武之道一也，后世始歧而为二……各有所长，时有所用，岂二者卒不可合耶"。③他是主张文武合一。明成祖朱棣继承前人的正确观点，指出"不可以武而废文，亦不可以文而弛武备。文武并用，久长之术"④这些都说明文武并重在我国古典大战略思想中何等明确。

在实践中，文武并重思想的具体表现形式是灵活多样的。一般来说，平时以文为主，战时当然以武为主，但不能绝对化，因为文中有武（和平时期的战备），武中也有文（战争与政治外交的配合），一切取决于特定历史时期的大战略环境——特定的政治目标、历史任务、斗争对象以及主客观条件等等。《左传》总结晋文公的辉煌成就说："一战而霸，文之教也。"⑤前一句指他同强楚争霸的战争，这是用武；后一句泛指他革新内政、大兴文教的种种措施，这是用文。秦统一六国时期，执行谋士范雎"远交近攻"的大战略方针，其中"远交"是文，"近攻"则是武。汉高祖刘邦居马上得天下，是用武；胜利后接受文人陆贾建议加强文治，"逆取而以顺守之"⑥，这是文。总之，明智的大战略家总是力图为达到既定目标而同时并用或交替使用文武两手，可能一个时期有所侧重，但从总体上说仍是文武并重。文武并重，归根到底是为了实现大战略目标——无论这种目标是克敌制胜或定国安邦。在大多数情况下，实现大战略目标总会遇到阻力，而且

---

① 《吕氏春秋·慎大览》。
② 《帝范·崇文》。
③ 《陈亮集·酌古论》。
④ 《明太宗实录》卷九十二。
⑤ 《左传·僖公二十七年》。
⑥ 《史记·陆贾列传》。

有可能触发战争。在确实存在战争可能性的条件下，如能做到不经流血战争而实现大战略目标，那当然是最佳选择——这就是不战而胜。

不战而胜是我国古典大战略思想中极可宝贵的精华，是了不起的发明创造。这一思想源于《孙子兵法·谋攻篇》中的"不战而屈人之兵，善之善者也"这一命题。原意是指通过伐谋伐交，加上军事压力，造成有利态势，迫使敌军屈服。这一思想既适用于战场上的作战行动，也适用于军事战略指挥，还适用于更高层次的大战略指导。后来在其他一些古典名著中，"不战而屈人之兵"的提法演变为"不战而胜"，于是成为不折不扣的大战略命题。《荀子》中的两段话也许具有代表性：

　　仁眇天下，义眇天下，威眇天下。仁眇天下，故天下莫不亲也。义眇天下，故天下莫不贵也。威眇天下，故天下莫敢敌也。以不敌之威，辅服人之道，故不战而胜，不攻而得，甲兵不劳而天下服，是知王道者也。知此三具者，欲王而王，欲霸而霸，欲强而强矣。①

又说：

　　故其法治，其佐贤，其民愿，其俗美，而四者齐，夫是之谓上一。如是，则不战而胜，不攻而得，甲兵不劳而天下服。②

除《荀子》外，还有一些古典名著中虽不使用"不战而胜"一词，但有与此相通的提法，例如：

《老子》："善胜敌者不与。"

---

① 《荀子·王制》。
② 《荀子·王霸》。

《六韬》："全胜不斗，大兵无创，与鬼神通，微哉！微哉！"①"故善战者，不待张军；善除患者，理于未生；善胜敌者，胜于无形；上战无与战。"②

《尉缭子》："土广而任则国富，民众而制则国治。富治者，车不发轫，甲不出橐，而威制天下矣，故曰兵胜于朝廷。"③"高之以廊庙之论，重之以受命之论，锐之以逾垠之论，则敌国可不战而服。"④

以上几例都引自春秋战国时代的著作。当时产生这样光辉的思想不是偶然的。众所周知，春秋战国时代战争频繁，规模越来越大，即使打胜了对国力的消耗也是很大的。因此，明智的战略家试图找到一种以较小代价换取胜利的途径，于是不战而屈人之兵或不战而胜的思想应运而生。《孙子兵法·谋攻篇》最先提出"百战百胜，非善之善者也"这一著名论断。《吴子·图国》做了如下的发挥："然战胜易，守胜难。故曰，天下战国，五胜者祸，四胜者弊，三胜者霸，二胜者王，一胜者帝。是以数胜得天下者稀，以亡者众。"孙、吴都是军事家，吃战争饭的，而他们却发现胜仗打多了反而是坏事这样一个看来奇怪的现象。对此，战国初期杰出政治家李克（悝）做了很好的解释。请见司马光的记述："魏文侯问李克，吴（国）之所以亡，对曰：'数战数胜。'文侯曰：'数战数胜，国之福也，何故亡？'对曰：'数战则民疲，数胜则主骄，以骄主驭疲民，未有不亡者也。'"⑤这是不战而胜思想的一种理论根据。

从不战而屈人之兵到不战而胜的古老思想，后世继续有人加以继承或发挥，也有人不以为然，当代学术界看法仍不尽相同。笔者认为如果把不战而屈人之兵或不战而胜仅仅作为军事原则和对将帅的要求，那么对这种

---

① 《六韬·武韬·发启》。
② 《六韬·龙韬·军势》。
③ 《尉缭子·兵谈》。
④ 《尉缭子·战权》。
⑤ 《资治通鉴·晋纪二八》。

思想有不同看法是可以理解的。一般认为，两军相争，作为军事家首先必须立足于战而胜之，即用战争解决问题。不战而屈人之兵或不战而胜只能是特殊有利条件下罕见的结局。但如果从大战略的高度看，不战而屈人之兵或不战而胜，理所当然地是大战略指导者实现目标的最佳途径，应当竭力争取，其意义是怎么强调也不算过分的。不过，对大战略上的胜利应做广义的解释：强迫对手屈服固然是胜利，促使对手言和，推迟甚至放弃原拟发动的战争也是胜利，化敌为友更是胜利。

大战略上不战而胜，是要发挥主观能动性去创造条件的。《孙子》讲"伐谋""伐交"就是创造条件。"苏秦约六国不事秦，而秦闭关十五年，不敢窥山东"①，就是创造了合纵抗秦这个条件。这是通过外交斗争达成不战而胜的一例。也有通过革新内政、增强国力实现不战而胜的。《战国策·齐策一》记载了齐威王采纳邹忌建议悬赏纳谏的故事，说"燕赵韩魏闻之，皆朝于齐。此所谓战胜于朝廷"。这段记载可能有片面性，因为单凭纳谏就"战胜于朝廷"，是难以理解的。但如联系齐国本来是战国七雄中条件较好的大国，加之威王重用邹忌为相，大力革新内政，同时重用田忌、孙膑为将，整顿军事，文武并重，全面增强国力等历史事实来看，说"燕赵韩魏闻之，皆朝于齐"是合情合理的。

必须强调说明的是，大战略的不战而胜虽然主要是运用政治外交等非军事力量达成目标，但军事力量不是不重要，而是作为后盾发挥无形的作用。没有一位倡导不战而胜的古代思想家主张取消武装。事实上，越是做好战而胜之的准备，不战而胜的可能性就越大。只有这样总结和继承古代不战而胜的思想，才能避免片面性。

我国古代不战而屈人之兵或不战而胜的大战略思想，在当代比以往任

---

① 《孙子兵法·谋攻篇》李筌注。

何时候都更加引人注目，真正获得了世界意义。20世纪20年代末，西方大战略研究的先驱利德尔·哈特在一定程度上正是受到《孙子兵法》"不战而屈人之兵"思想的启迪，提出以尽可能小的代价赢得胜利的所谓"间接路线"战略和大战略理论。第二次世界大战结束后，在东西方冷战中兴起的核威慑战略，正是现代条件下不战而胜思想的运用。西方一些人曾把他们的对苏战略叫作不战而胜。国际上还有人认为日本从战败国跃升为世界第二经济大国，也是不战而胜。看来，在以经济和科技力量为基础的当代综合国力竞争中，不战而胜的思想不仅没有过时，反而更富有生命力。

刚柔相济、以弱胜强

刚柔相济、以弱胜强，是我国古典大战略思想中极为精彩的一页，最能体现大战略这门古老艺术的神奇与奥妙。在这个问题上，朴素辩证法的运用使人有出神入化之感。

"刚""柔"的概念在远古就形成了，《周易》讲得相当完整，也最有代表性。在该书中，刚柔是与阴阳相对应的一对基本范畴。《周易·说卦》云："昔者圣人之作《易》也，将以顺性命之理。是以立天之道曰阴与阳，立地之道曰柔与刚。"同书《系辞下》说："刚柔者，立本者也。变通者，趣时者也。""乾，阳物也；坤，阴物也。阴阳合德而刚柔有体，以体天地之撰，以通神明之德。"又说："刚柔相推，变在其中焉。""上下无常，刚柔相易，不可为典要，唯变所适。"这些话，可以归纳为两层意思：首先是说明刚柔与阴阳的关系，实际上刚柔就是阴阳，论其气即谓之阴阳，论其体即谓之刚柔，阴阳合德而生万物。其次是说明万事万物都有刚有柔，刚柔都是变化无常的，并且可以互相转化。

引申到大战略上，力量强大为刚，力量弱小为柔；战争为刚，和平为柔；进攻（政治军事上的）为刚，防御（政治军事上的）为柔；对抗为刚，缓和为柔；以猛治国为刚，以宽治国为柔。如此等等，不一而足。刚柔与上节所说的文武有联系，武为刚，文为柔，但是两个概念并不完全等同，因为刚柔比文武的层次更高，其内容也更加广泛。例如，武（战争）虽属刚，但其中有刚也有柔（即军事上的进攻与防御等）；同样，文（政治）虽属柔，但其中有柔也有刚。

从刚柔概念引申出的第一要义，是刚柔相济，即刚柔二者各有所用，不能绝对地弃此取彼。该刚则刚，该柔则柔，刚中有柔，柔中有刚，灵活运用，不拘一格，关键是看时间、空间、对象等条件。《尚书·洪范》把刚柔概念运用于治国之道，提出"三德"："一曰正直，二曰刚克，三曰柔克。"所谓"刚克"大意是说世道不顺以刚治之，"柔克"则意味着世道和顺以柔治之。兵书《军谶》残篇有云："能柔能刚，其国弥光。能弱能强，其国弥彰。纯柔纯弱，其国必削。纯刚纯强，其国必亡。"[1]这也是讲治国之道上刚柔相济的规律。《三略》的作者在引证《军谶》的同时，也指出"柔有所设，刚有所施，弱有所用，强有所加，兼此四者而制其宜"。这是对刚柔相济思想的发挥。传为诸葛亮所著的《心书》论将道说"纯柔纯弱，其势必削；纯刚纯强，其势必亡，不柔不刚（意为刚柔适度），合道之常"，与上引两书的提法如出一辙。总之，刚柔二者不可偏废。这是对刚柔概念的一种基本认识。基于这种认识，大战略指导者争取实现目标时，要全面地、客观地审时度势，采用适宜的战略手段，或柔或刚，其中大有文章，奥妙无穷。

十分可贵的是，我国古典大战略思想中刚柔概念的发展，并没有停止

① 转引自《三略·上略》。

在刚柔相济这种认识上，而是进一步发现柔能制刚。这是从刚柔概念引出的第二要义。对于柔能制刚的意义及其适用范围，可以有不同的认识。从大战略角度看，柔能制刚意味着以弱胜强、以小胜大、以少胜多（以下统称以弱胜强），既适用于军事斗争，也适用于非军事斗争。

在以柔克刚这个问题上，要算《老子》讲得最突出。书中反复强调："柔弱胜刚强。""天下莫柔弱于水，而攻坚强者莫之能胜。""弱之胜强，柔之胜刚，天下莫不知，莫能行。""是以兵强则灭，木强则折。""天下之至柔，驰骋天下之至坚，无有入无间。""强大处下，柔弱处上。""见小曰明。守柔曰强。"对于《老子》这种贵柔思想如何评价，特别是如何运用于战争，学术界尚有不同看法，不妨留待专家们去讨论。这里，从大战略角度看，也就是从历史的、长远的观点看，柔弱胜刚强的思想确实给我们以启迪。通常，以强大胜弱小是容易理解也容易做到的，而按老子的思想，可以反其道而行之，这不能不说是一种新鲜的思想，它把人们对刚柔概念的认识深化了一大步。刚柔相济与以柔制刚这两个命题表面看是自相矛盾的，其实不然。这两个命题反映的是从不同角度对刚柔的认识：前者突出刚柔二者各自的功能，结论是不能互相取代；后者强调刚柔之间可以互相转化，结论是柔能制刚。这就不难理解，为什么上引《军谶》主张刚柔并济的同时，也提出"柔能制刚，弱能制强"，而《三略·上略》虽主张刚柔并济，但也提出"柔者，德也。刚者，贼也。弱者人之所助，强者怨之所攻"。这显然是贵柔的思想。据认为成书于晋代的《列子》中有一段话运用物极必反的道理说明柔能制刚，弱可以变强："欲刚，必以柔守之；欲强，必以弱保之。积于柔必刚，积于弱必强。观其所积，以知祸福之乡。强胜不若己，至于若己者刚；柔胜出于己者，其力不可量。"总之，不妨这样理解，以柔克刚是刚柔转化的一种形式。在大战略上以弱胜强，就是促使强弱双方互易其位，化强为弱，化弱为强。

一切矛盾的对立面相互转化，都需要一定的条件。就是说，为了以弱胜强必须发挥主观能动性去创造条件，就是要"知为之之术"。《管子·形势解》说："古者武王地方不过百里，战卒之众不过万人，然能战胜攻取，立为天子，而世谓之圣王者，知为之之术也。桀纣贵为天子，富有海内，地方甚大，战卒甚众，而身死国亡，为天下戮者，不知为之之术也。故能为之，则小可以为大……"这里所谓"术"，首先意味着要制定和执行一套合乎实际情况的、扬长避短的大战略，具体说，要从主观（我）和客观（敌、友）两个方面去努力。从主观方面说，要立足于自力更生，自强不息，使自己由弱变强。强弱本来就不是绝对不可改变的，《韩非子·有度》说："国无常强，无常弱。奉法者（指统治者）强则国强，奉法者弱则国弱。"《荀子·议兵》也指出："君贤者其国治。君不能者其国乱……治者强，乱者弱，是强弱之本也。"这就是告诉大战略指导者要修明政治，积蓄国力，争取人心。《三略·上略》说："以寡胜众者，恩也。以弱胜强者，民也。"团结人民是必须创造的最重要的条件。

与此同时，要开展外交斗争，削弱和孤立敌人，争取他国，改善态势。战国时代合纵与连横的对抗，三国时代诸葛亮联吴抗曹魏及曹魏对吴蜀各个击破，都是千古流传的外交斗争范例。《管子·霸言》说："夫善用国者，因其大国之重，以其势小之；因强国之权，以其势弱之；因重国之形，以其势轻之。强国众，合强以攻弱，以图霸；强国少，合小以攻大，以图王。"这里提出的一系列外交战略原则并非普遍适用的规律，但在《管子》成书的战国兼并战争时代是可取的。我们今天主要是继承古典大战略思想中重视外交斗争艺术的传统，而不是照搬早已过时的具体做法。

在外交斗争中，争取国际援助历来具有重大意义，有时具有决定意义。《六韬·豹韬·少众》说："以弱击强者，必得大国之与，邻国之助。"这个观点应该说是普遍适用的。一个自强不息的国家，即使是弱国、小国，加上国际援助，必然是如虎添翼，国力倍增，不可轻侮。诚如《兵法百言》指出的"胜天下者，用天下，未闻己力之独恃也"。面临强大之敌的威胁和压力，弱小者有时必须针锋相对，旗帜鲜明地进行反抗。但偶尔也有另一种情况，弱小者为了减轻压力，脱出困境，也需要麻痹强大之敌，使之丧失警惕。通常军事上麻痹敌人是比较容易做到的，而在大战略上麻痹敌人则困难得多，但也可以做到。方法之一是韬光养晦。相传姜太公与周文王讨论灭商大战略时说："鸷鸟将击，卑飞敛翼。猛兽将搏，弭耳俯伏。圣人将动，必有愚色。"①这就是韬晦之计，是以弱胜强、以小胜大的重要策略。周文王用之克商兴周，越王勾践用之灭吴兴越，后世用之而成功者亦不乏其人。每当形势要求弱小者隐蔽自己的战略企图，避免树敌过多，避免过早把国际注意力吸引到自己身上时，往往可以采用这种策略。（顺便说一下，不仅弱小者有时需要韬光养晦，即使是强大者有时也有这种必要）当然，这只是为实现大战略目标服务的一种策略手段，它有一定的作用，但不能过分夸大，更不能取代其他的手段。

在我国古代历史上，刘邦战胜项羽从而夺取全国统治权，是以弱胜强的典型案例之一，其中奥秘全在于韩信登坛拜将时分析天下大势的一席话。韩信从项羽的为人、用将，特别是他作出的一系列愚蠢的大战略决策，诸如放弃战略要地关中，违背历史潮流分封诸侯，迁诛当时政治上尚有号召力的义帝，以及"所过无不残灭"的暴虐行径，归结到项羽"名虽为霸，实失天下心，故其强易弱"。②好一个"其强易弱"！这四个字生动地说明了强可以转化为弱的规律。因此，韩信建议刘邦反其道而行，这样就可以由弱变强，争权天下。历史证明韩信的分析充满了大战略智慧。

归结起来说，刚柔相济和以弱胜强是我国古典大战略的优良传统，都

---

① 《六韬·武韬·发启》。
② 《史记·淮阴侯列传》。

应该加以继承和发扬。二者各有特色：刚柔相济是一般规律，而以弱胜强则是特殊规律。这种特殊规律值得予以特殊重视。在这方面，毛泽东作出了巨大的贡献。他领导的中国人民革命战争充分体现了以弱胜强的大战略思想，或者更准确地说，体现了以劣势装备战胜优势装备之敌的思想。20世纪70年代初，他根据越南抗美战争等国际斗争的新经验，明确提出弱国能够打败强国，小国能够打败大国的著名论断。20世纪80年代中期，日本学者伊藤宪一所著的《国家与战略》一书，把毛泽东的大战略称为"以弱胜强战略"，并说不仅适用于中国，而且在一定的条件下也适用于世界其他地区和国家。这位日本学者的看法是颇有见地的。

以弱胜强的思想适用范围，不应局限于战争。在当今各国的经济社会发展方面，发展水平较低的国家，如能选择和坚持正确的大战略，扬长避短，经过长期艰苦努力，有可能迎头赶上甚至超过发展水平较高的国家。譬如积薪，后来居上。这一思想有利于鼓舞弱国、小国和穷国的志气，明确发奋图强的方向。

破旧立新、贵在求实

大战略是依据战略环境——国内和国际条件制定的，要求做到主观和客观的统一，即主观指导与客观实际相符合，否则要犯战略性的错误。战略环境总是不断发展变化的，但在变化中有不变，即相对稳定性。因此，大战略也不可能一劳永逸，它必须随着战略环境的发展变化而发展变化，包括局部变化和全局性变化。同时，大战略也必须保持相对稳定，在一定时期内基本上是不变的。大战略指导者的主要任务之一就是善观天下大势，掌握变与不变的艺术。在这方面，可从我国古典大战略思想特别是从变法维新思想中汲取教益。

在我国历史上，每逢历史的重大转折关头，常常出现变法与反变法的斗争。变法就是今天所谓的改革。比较全面的变法通常涉及政治、经济、军事、外交以及文教等国家生活各方面的破旧立新，要求根据新的战略环境确定新的国家目标和实现目标的新的政策和策略。这是治国之道中大政方针的转变，也就是大战略的转变。实践表明，坚持按旧的轨道运行，墨守成规，通常阻力较小，但长远看损失很大。反之，除旧布新，特别是大破大立，则往往造成巨大的震动，必须克服重重阻力，但只要取得成功，必然利国利民，推动历史前进。我们民族有这样一个光荣传统：每当时代要求变革时，总会有人独排众议，力主维新。改革家是民族英雄，也是大战略家。我们应该侧重总结、继承和发扬的正是改革派的思想。

实行变法维新首先面临着保守思想的挑战。一切反对变革的主张，或出于维护既得利益，或出于思想僵化，或二者兼而有之，其共同点是无视客观形势的发展变化，死抱着古圣先贤已经过时的东西不放。"圣人不易民而教，知者不变法而治。因民而教者，不劳而功成；据法而治者，吏习而民安。""法古无过，循礼无邪。"①这就是早期颇有代表性的言论。"今有仁心仁闻而民不被其泽……不行先王之道也。""遵先王之法而过者，未之有也。""为政不因先王之道，可谓智乎？"②这些话反映了在社会大变动的春秋战国时代儒家复古的思想倾向。宋代司马光反对王安石变法时指责"今介甫（王安石）为政，尽变更祖宗……旧法……使上自朝廷，下及田野，内起京师，外周四海，士、吏、兵、农、工、商、僧、道，无一人得袭故而守常者，纷纷扰扰，莫安其居"③，并大声疾呼"祖宗之法不可变也"④。这是

①《商君书·更法》。
②《孟子·离娄上》。
③《司马温公文集》卷五六。
④《司马温公文集·司马温公行状》。

一种不加区别地迷恋旧法的心态。

积极主张变革者，不得不针锋相对地加以辩驳。他们的言论充满了势如破竹的锐气，特别富有战斗性，同时也很有说服力。试看——

劝说秦孝公变法图强的商鞅说得极好："圣人苟可以强国，不法其故；苟可以利民，不循其礼。""三代不同礼而王，五霸不同法而霸。""礼法以时而定，制令各顺其宜。""治世不一道，便国不必法古。汤、武之王也，不循古而兴；殷、夏之灭也，不易礼而亡。然则反古者未必可非，循礼者未足多是也。"[①]

身为国君而首倡作教易服的赵武灵王答复反对派说："古今不同俗，何古之法？帝王不相袭，何礼之循？""以书为御者，不尽于马之情；以古制今者，不达于事之变。故循法之功不足以高世，法古之学不足以制今。"[②]

富有改革精神的大思想家韩非子，以正面说理方式指出："不知法者，必曰不变古，毋易常。变与不变，圣人不听，正治而已。然则古之无变，常之毋易，在常古之可与不可。"[③]"法与时转则治，治与世宜则有功。……时移而治不易者乱。"[④]"是以圣人不期修古，不法常可，论世之事，因为之备。"同时，他还批评那些"今欲以先王之政治当世之民"[⑤]的复古派为守株待兔。

隋朝开国皇帝杨坚统治初期，志在革新，颇有一些建树。他下令说："国家大事，不可限以常礼。……自古哲王，因人作法；前帝后帝，沿革随时。律令格式，或有不便于事者，宜依前敕修改，务当政要。"[⑥]

宋代大改革家王安石巧妙地从保守派手中接过"法先王"的旗帜，而

---

①《商君书·更法》。
②《战国策·赵策二》。
③《韩非子·南面》。
④《韩非子·心度》。
⑤《韩非子·五蠹》。
⑥《隋书·高祖纪下》。

赋予自己的解释，为新政辩护。他说："然臣谓今之失患在不法先王之政者，以谓当法其意而已。夫二帝三王相去盖千有余载，一治一乱，其盛衰之时具矣。其所遭之变，所遇之事，亦各不同，其设施之方亦皆殊，而其为天下国家之意，本末先后，未尝不同也。是故臣曰当法其意而已。"①原来他主张的法先王是法其"意"，即先王"为天下国家之意"，而不是先王的具体做法，即下文所说的"迹"："夫天下之事，其为变岂一乎哉？固有迹同而实异者矣。今之人谡谡然求合于其迹，而不知权时之变，是则所同者古人之迹，而所异者其实也。事同于古人之迹而异于其实，则其为天下之害莫大矣。此圣人所以贵乎权时之变也。"②归根到底，他是主张变。他还喊出了"天变不足畏，祖宗不足法，人言不足恤"③的著名战斗口号。

总之，历史上的改革家，尽管受到时代和阶级的种种局限，而且他们倡导的改革也不一定都成功，更不是十全十美，但他们的思想和实践不同程度地反映了客观形势的要求。他们都有一种强烈的历史使命感。他们敢于破旧立新的弥天大勇是必须充分肯定的。

然而，仅仅看到历史上改革家敢于变革的勇气是不够的，与此同时还要看到他们的求实精神。他们并非不分青红皂白地反对一切传统的东西，也不是随心所欲地什么都改。相反，他们对待改革的态度是严肃的。韩非子力主变法，但他在解释老子"治大国若烹小鲜"一语时，借题发挥了这样的思想："事大众而数摇之，则少成功；藏大器而数徙之，则多败伤；烹小鲜而数挠之，则贼其泽；治大国而数变法，则民苦之。是以有道之君贵静，不重变法。"④用现代语言来说，治理大国如果没完没了地变法，就好比煎小鱼不断地翻来覆去，像这样穷折腾，一定会把国家搞得乱七八糟，

①《王文公集·上仁宗皇帝言事书》。
②《王文公集·非礼之礼》。
③《宋史·王安石传》。
④《韩非子·解老》。

人心惶惶，造成严重后果。

明代著名政治家、大战略家张居正关于正确对待变法的一段话，很全面，也很有代表性。他说：

> 法不可以轻变也，亦不可以苟因也。苟因，则承敝袭舛，有颓靡不振之虞，此不事事之过也。轻变，则厌故喜新，有更张无序之患，此太多事之过也。二者，法之所禁也。……去二者之过，而一求诸实，法斯行矣。……夫法制无常，近民为要，古今异势，变俗为宜。……法无古今，惟其时之所宜，与民之所安耳。时宜之，民安之，虽庸众之所建立，不可废也。戾于时，拂于民，虽圣哲之所创造，可无从也。[①]

这段话的最重要之点是明确反对苟且因循和轻率变革两种错误倾向，主张求实，同时指出无论旧法新法，只要合乎时代要求并为老百姓所乐于接受（时宜民安），那就是可行的。这是对历代改革思想的最好总结。

在变法问题上，为了做到为老百姓所接受，有一个极重要的条件，就是取信于人。古典文献中有关"信"的论述不可胜计，其中司马光的一段话颇有意思。上文说过，司马光是反对王安石变法的，但他对历史上商鞅变法之初"徙木为信"还是肯定的，并借此指出："夫信者，人君之大宝也。国保于民，民保于信；非信无以使民，非民无以守国。是故古之王者不欺四海，霸者不欺四邻，善为国者不欺其民……不善者反之，欺其邻国，欺其百姓……上不信下，下不信上，上下离心，以至于败。"[②]他对"信"的意义如此重视是有道理的。因此，立志变法者决策要慎重，说话要算数，防止朝令夕改，否则会失信于人，造成混乱。与司马光同时代并且也对王

---

①《张文忠公全集·文集·三》。
②《资治通鉴·周纪二》。

安石变法有所不满的欧阳修，针对变法中出现的一些问题指出："夫言多变则不信，令频改则难行。今出令之初，不加详审，行之未久，寻又更张。以不信之言，行难从之令……号令如此，欲威天下，其可得乎？"①尽管他对待变法的态度是有问题的，但他从取信于民和反对朝令夕改的角度提出批评，是严肃的改革者应当倾听并引以为戒的。

归结起来说，历史上的变法斗争，给我国古典大战略思想至少增添了如下几点发人深省的内容。

第一，大战略的制定和执行，必须与时代的要求和形势的变迁相适应。"通古今之变，审时势之宜"②应成为大战略指导者的座右铭。时代和形势呼唤根本的变革时，大战略指导者要敢于破旧立新，"为人所不能为，立人所不能立，变人所不能变，卓然与天下并，沛然与造化同"③。这是大战略的一条基本原则。

第二，大战略必须切实可行，行之有效。该破除的要破除，该维护的要维护。"行于古有其迹，用于今无其功者，不可不变。变而不如前，易而多败者，亦不可不复。"④既尊重历史，尊重遗产，又不唯古人，不唯圣哲，不唯祖宗，而"一求诸实"。这是大战略的又一条基本原则。

第三，重大战略决策的出台要特别慎重。大战略的目标、方针、重点以及全局性的大政策均属此类，必须防止朝令夕改，以取信于民。"众疑无定国，众惑无治民。疑定惑还，国乃可安。"⑤经过深思熟虑一旦定下来的大政方针，必须坚持到底，有时甚至需要一点以不变应万变的精神，示天下以不可动摇的决心。这是行之有效的定国安民之道。

---

① 《欧阳修文选·准诏言事上书》。
② 《戴名世集·抚盗论》。
③ 《元文类》元初谋士郝经语。
④ 《后汉书·仲长统传》。
⑤ 《三略·下略》。

志在天下、多谋善断

大战略是人制定的，它的贯彻执行也依靠人去指导。人的素质高低，直接影响大战略的成败得失。这里所谓"人"，是指大战略家，包括大战略决策者及其智囊参谋人才。前者通常是政治集团或国家的最高领导人；后者为他们服务，有时被称为"帝王师"。决策者固然十分重要，但如果没有高明的智囊参谋人才为之辅佐，也难以有所作为。有时后者发挥的作用甚至超过前者，至少与之平分秋色，如吕尚之于周文王、周武王，管仲之于齐桓公，汉初"三杰"之于刘邦，诸葛亮之于刘备等，均属此类。还必须指出，并非历史上所有的帝王将相都够得上大战略家，只有其中大有作为的少数人才配享有这个称号，通常是开国帝王或头一两代君主及其谋士，加上某些中兴之主和"乱世英雄"。许多人虽然身处高位，但根本不具备大战略家的素质。不难设想，那些目光短浅，只知享乐腐化、苟且偷安或者热衷于"窝里斗"（宫廷内部争权夺利）的统治集团代表人物，是与大战略无缘的。他们即使有什么大战略，也是平庸的、失败的大战略。

历史表明，任何一位杰出的大战略家都不是天生的，要靠后天的勤奋学习和刻苦磨炼，包括广泛的调查研究，我们统称为修养。孟子说的"故天将降大任于是人也，必先苦其心志，劳其筋骨，饿其体肤，空乏其身，行拂乱其所为，所以动心忍性，曾益其所不能"①，就是修养。马援的兄长对年幼的马援说的"汝大才，当晚成。良工不示人以朴"②，也是讲修养。我国古代许多著名的大战略家，都以不同方式经历过这种修养过程，其中有

---

① 《孟子·告子下》。
② 《后汉书·马援传》。

些人的经历颇具戏剧性。只有加强修养才能具备大战略家必要的素质。这种素质是多方面的，在古典大战略思想中有着十分丰富的论述。广义地说，上述五节都是大战略家应当懂得并善于运用的思想或原则，因而都可以纳入大战略家修养的范畴。但就大战略家的个人素质而言，还有其他某些特殊要求。试以下列五个方面为例。

一、立天下之大志

大战略家是干大事业的人，他们活动的舞台是整个国家，是天下，这就要求他们胸怀大志。南宋陈亮讲得好："成天下之大功者，有天下之深谋者也。制天下之深谋者，志天下者也。夫以天下之大，而存乎吾之志，则除天下之患，安天下之民，皆吾之责也。其深谋远虑，必使天下定于一而后已。"①又说："必有天下之大志，而后能立天下之大事。夫以天下之志素存于胸中，贫贱患难不足以动其心，而其志虑未始不为经国之谋也。……大凡立天下之大事者，非有天下之大志者不能也。"②按陈亮的逻辑，"成天下之大功"或"立天下之大事"取决于"深谋远虑"或"经国之谋"，即大战略，而大战略又取决于立"天下之大志"。这种看法是很深刻的。因此，志在天下是对大战略家素质的第一要求，是大战略家之所以为大战略家的基础和前提。

能立天下之大志，就能高瞻远瞩，以天下为己任，先天下之忧而忧，后天下之乐而乐；就能关注时代潮流，人心向背，社稷安危，民族盛衰，肩负起天下兴亡的重担。北宋人张载说："为天地立志，为生民立道，为去圣继绝学，为万世开太平。"③程颢、程颐说："君子之志所虑者，岂止其一

---

① 《陈亮集·酌古论·吕蒙》。
② 《陈亮集·汉论·高帝朝》。
③ 《张载集·张子语录》。

身？直虑及天下千万世。"①不管这些话的实质是什么，都反映了古代志士仁人以天下为己任的远大抱负，这一点是值得肯定的。

能立天下之大志，就能豁达大度。这是大战略家特有的人格魅力所在。《六韬·顺启》说"大盖天下，然后能容天下"，意思是说度量之大足以覆盖天下，然后能包容天下。李斯《谏逐客书》说："泰山不让土壤，故能成其大；河海不择细流，故能就其深；王者不却庶众，故能明其德。"他是劝说秦王不要驱逐外来人才（包括他自己），允许他们为秦国效力。秦王幡然醒悟，取消了逐客令。这是秦实现统一六国大战略目标的重要条件之一。东汉人朱浮所谓"定海内者无私仇"②，唐人张蕴古所谓"大明无偏照，至公无私亲，故以一人治天下，不以天下奉一人"③，都是强调大战略家的恢宏气度。用现代语言来说，就是搞五湖四海，团结最广大的人群为实现大战略目标共同奋斗。我国古代某些大有作为的国君，乐于重用来自敌方营垒的贤才，如齐桓公重用管仲，唐太宗重用魏征，等等，终于成就千秋大业。这种气魄是发人深省的。那些身居高位却鼠目寸光，醉心于拉小山头、搞小帮派的井底之蛙，是不足以语此的。

二、临事而惧，好谋而成

大战略家光有大志是不够的，还必须有雄才大略，特别是重视谋略。孔子说："暴虎冯河，死而无悔者，吾不与也；必也临事而惧，好谋而成者也。"④说的是做事不要逞匹夫之勇，而要兢兢业业，讲究方法和谋略才能成功。他还说"凡事豫则立，不豫则废。言前定则不跲，事前定则不困，

---

① 《二程集·遗书》。
② 《后汉书·朱浮传》。
③ 《旧唐书·大宝箴》。
④ 《论语·述而》。

行前定则不疚，道前定则不穷"①，强调为政必须事先谋划。这一思想与相传为吕尚所说"知天者不怨天，知己者不怨人。先谋后事者昌，先事后谋者亡"的至理名言交相辉映。后世许多人进一步阐发了这种重视谋略的思想，有些议论之深邃，令人惊叹。

大战略是大谋，西汉刘向名著《说苑·权谋》篇论"大谋之术"，颇富教益，不妨详细摘引如下。

首先，刘向指出大战略家做事必讲"大谋"：

圣王之举事，必先谛之于谋虑，而后考之于蓍龟。白屋之士，皆关其谋；刍荛之役，咸尽其心。故万举而无遗筹失策。《传》曰："众人之智，可以测天。兼听独断，惟在一人。"此大谋之术也。

值得注意的是，这里所谓的"大谋"，是包括大战略指导者本身的智慧和普通人的智慧两方面的。

接下来，讲"知命""知事"两个不同层次的谋略：

谋有二端：上谋知命，其次知事。知命者，预见存亡祸福之原，早知盛衰废兴之始；防事之未萌，避难于无形。……彼知事者亦尚矣，见事而知得失成败之分，而究其所终极，故无败业废功。……夫非知命知事者，孰能行权谋之事？

这里所谓知命知事实质上是讲大战略家的预见性，这种预见性来源于对客观事物运动发展的规律性认识。

最后，落脚到正邪两种性质不同的谋略：

夫权谋有正有邪，君子之权谋正，小人之权谋邪。夫正者其权谋公，故其为百姓尽心也诚；彼邪者好私尚利，故其为百姓也诈。夫诈则乱，诚则平。是故尧之九臣诚而能兴于朝，其四臣诈而诛于野。诚者隆至后世，诈者当身而灭。知命知事而能于权谋者，必察诚诈之原而以处身焉，则是亦权谋之术也。夫知者举事也，满则虑溢，平则虑险，安则虑危，曲则虑直。由重其豫，惟恐不及，是以百举而不陷也。

这里所谓正与邪，是讲大战略指导者的动机和目标的正义性与非正义性。为崇高的目标奋斗的大战略指导者，必然诚心诚意为天下百姓尽力，同时能采取临事而惧的谦虚谨慎态度，因此"百举而不陷"。

三、用众智众力

无论多么高明的大战略指导者，单纯依靠自己的智慧和能力是无济于事的，必须学会用众智众力，方能成大功立大业。上述刘向论大战略引"众人之智，可以测天"等语，已涉及这个问题。《韩非子·观行》也说："天下有信数三：一曰智有所不能立，二曰力有所不能举，三曰强有所不能胜。故虽有尧之智，而无众人之助，大功不立；有乌获之劲，而不得人助，不得自举。"大体上成书于同时期的《吕氏春秋·用众》恰好与此相呼应，说："天下无粹白之狐，而有粹白之裘，取之众白也。夫取于众，此三皇五帝之所以大立功名也。……故以众勇无畏乎孟贲矣，以众力无畏乎乌获矣，以众视无畏乎离娄矣，以众知无畏乎尧舜矣。夫以众者，此君人之大宝也。"三国时吴国君主孙权也借狐裘的话题说："天下无粹白之狐，而有粹白之裘，众之所积也。夫能以驳致纯，不惟积乎？故能用众力，则无敌于天下矣；能用众智，则无畏于圣人矣。"①这些论述都十分精辟。

用众智众力最关键的一条是虚心纳谏。《文子·符言》引老子的话说"得万人之兵，不如闻一言之当"，说明纳谏的意义。不仅要听得进身边高级谋臣策士的献策，还要听得进无名小卒的建议，所谓"谋及负薪，功乃可述"②。不仅听得进顺耳之言，还要听得进逆耳之言。这一点对于制定大战略决策是十分重要的。赵简子所谓"千羊之皮，不如一狐之腋。千人之诺诺，不如一士之谔谔"③，同魏征所谓"兼听则明，偏信则暗"④都是千古名言，但只有真正的大战略家才能做到。虚心纳谏，固然是大战略决策者极可宝贵的品质，但同时还要强调与此相联系的另一种品质，即决断能力，否则，言愈多而听愈惑，狐疑不决，还是办不成大事。三国时谋士郭嘉说袁绍"多谋少决，失在后事"，而曹操则"得策辄行，应变无穷"。⑤前者是大战略家所忌，后者是大战略家的宝贵品质。

人们常说多谋善断，这是对一切大战略家都适用的要求。但比较而言，对大战略决策者和高级智囊参谋人才可以各有侧重：后者更应多谋，前者则更应善断。两者相辅相成，相得益彰。

四、全局在胸，举纲带目

大战略是管最高层次的全局的，包括空间的全局和时间的全局。前者指整个国家和世界；后者指历史、现状和未来，其中未来（近期、中期和远期）更为重要。全局决定局部，局部服从全局。大战略指导者必须树立明确的全局观念，否则就会举措失当，造成全局性的混乱和失败。

---

① 《吴书·吴主传》引《江表传》。
② 《三略·上略》。
③ 《韩诗外传》。
④ 《资治通鉴·唐纪八》。
⑤ 《资治通鉴·汉纪五十四》。

我国古典大战略思想历来重视全局。一些文献中所谓的"大事""大道""远图""远算""远数"等，就含有全局之意。东汉"建安七子"之一的徐干论政说："人君之大患也，莫大于详于小事而略于大道，察于近物而暗于远图。故自古及今，未有如此而不乱也，未有如此而不亡也……夫小事者味甘而大道者醇淡，近物者易验而远数者难效。非大明君子，则不能兼通者也。故皆惑于所甘而不能至乎所淡，眩于所易而不能反于所难。是以治君世寡而乱君世多也。故人君之所务者，其在大道远数乎？"①徐干强调最高统治者要抓"大道远数"这样的全局性问题，这是明智的见解。全局性问题也可以理解为"纲"，《韩非子·外储》说"善张网者引其纲，不一一摄万目而后得"，这就是我们常说的纲举目张。真正做到全局在胸，就能举纲带目。

　　从全局高度权衡利害，对于大战略指导者来说是至关重要的大事。制定大战略，首先要分析天下大势，关键问题是正确估计利弊得失。"谋者，所以违害就利"②，"良医知病人之死生，圣主明于成败之事，利则行之，害则舍之，疑则少尝之"③，都是讲这个问题。所谓利害，不是局部的（一时一地的）利害，而是全局的（整体的、长远的）利害。子夏问政，孔子对曰："毋欲速，毋见小利。欲速则不达，见小利则大事不成。"④《韩非子·十过》也说："顾小利，则大利之残也。"当然，这并不是说大战略根本不考虑局部利益，这样理解是片面的。大战略要求，当局部利益与全局利益发生冲突时，以全局利益为重。明代抗倭将领汤和奉朝廷之命大力加强海防，不免劳民伤财，当地人颇以为苦，有人告状。汤和理直气壮地声称："成远算者不恤近怨，任大事者不顾细谨。国无备，及干戈铤，井里将虚，余何

①《中论·务本》。
②《吴子·图国》。
③《战国策·秦策》。
④《论语·子路》。

焉？"①他硬着头皮坚持了局部服从全局的原则，而后来抗倭战争的胜利证明汤和的决策是正确的。

大战略全局由局部构成，各个局部在全局中的地位是不平衡的，对全局起决定作用的关键部位或问题，可称战略重点。无论是指导国家建设或指导战争的大战略，一般都有战略重点问题。在指导战争的大战略中，战略重点总是同主要敌人或主要威胁相联系的。抓住正确的战略重点并相对集中力量优先保证其需要，往往全局皆活，否则满盘皆输。春秋末期，吴国名臣伍子胥谏吴王勿伐齐，说："吴有越腹心之疾，齐与吴，疥癣也。愿王释齐先越。"②这就是说，吴国的主要威胁来自南面的越国，而不是北方的齐国。但吴王把这个战略重点搞颠倒了，卒遭亡国之祸。西晋司马彪所著《战略》残篇有"虎狼当路，不治狐狸。先除大害，小害自已"等语，也是这个道理。我国历代大战略实践中差不多都有战略重点问题，经验教训甚多。大战略指导者必须牢牢掌握战略重点，以点带面。

五、持重待机，时至不疑

时机是决定大战略成败的重要因素。任何一项关乎天下国家和子孙后代的大战略决策，都必须考虑时机是否成熟，换句话说，就是要考虑主客观条件是否具备。古人所说的天时、地利、人和，讲的就是主客观条件。这些条件具备，时机就算成熟。明智的大战略家总是具有冷静观察天下大势，牢牢把握历史机遇的慧眼。《管子·霸言》说："圣人能辅时，不能违时；知者善谋，不如当时。精时者日少而功多。夫谋无主则困，事无备则废。是以圣王务具其备而慎守其时，以备待机，以时兴事。"这些话较全面地说明了时机对大战略家的意义。分别说来，有两点值得特别加以强调。

①《明鉴·太祖高皇帝》。
②《史记·越王勾践世家》。

— 142 —

第一是持重待机。任何高明的大战略家都不能随心所欲地行事，没有桀纣之暴，则无汤武之功，可见时机因素的重要。当时机不成熟时，绝不可轻举妄动，勉强去从事明明办不到的事，否则会碰得头破血流。前面提到的春秋末期吴越争霸斗争中，越国谋臣范蠡针对越王勾践过早地急欲伐吴一事指出，"夫圣人随时以行，是谓守时。天时不作，弗为人客（指主动进攻）；人事不起，弗为之始[①]，奉劝勾践隐忍待机。但"守时"不是消极观望，而是积极创造条件，做好准备，迎接有利时机的到来，即上文所说"务具其备""以备待机"，这正是大战略指导者主观能动性的发挥。勾践用范蠡之计隐忍待机，实际上是继续进行灭吴准备。这是守时或待机的真正意义。

第二是时至不疑。一旦时机成熟，主客观条件具备，那就要断然决策，"以时兴事"。《六韬·文韬·守土》引姜尚的话说："日中必彗，操刀必割，执斧必伐。日中不彗，是谓失时。操刀不割，失利之期。执斧不伐，贼人将来。涓涓不塞，将为江河。荧荧不救，炎炎奈何？两叶不去，将用斧柯。"这段话用一系列比喻说明丧失有利时机的后果。同时《六韬·文韬·明传》还引太公语云："见善而怠，时至而疑，知非而处，此三者，道之所止也（指古圣先王所行大道的衰亡）。"这一切都是告诉大战略家切不可错过历史机遇。历代许多大战略家或谋士都懂得这个道理。楚汉战争时期，谋士蒯彻劝韩信背汉自立，与楚汉三分天下，为此慷慨陈词：

夫听者事之候也，计者事之机也，听过计失而能久安者，鲜矣。……故知者决之断也，疑者事之害也，审毫厘之小计，遗天下之大数，智诚知之，决弗敢行者，百事之祸也。故曰："猛虎之犹豫，不若蜂虿之致螫；骐骥之蹦躅，不如驽马之安步；孟贲之狐疑，不如庸夫之必至也；虽有舜禹

①《国语·越语下》。

之智，吟而不言，不如喑聋之指麾也。"此言贵能行之。夫功者难成而易败，时者难得而易失也。时乎时乎，不再来！①

必须指出，蒯彻的献策并不符合当时人民渴望和平统一的要求和历史潮流，但这是另一个问题，这里姑置勿论。值得注意的是，他强调历史机遇难得易失这一点，是令人信服的。还必须指出，大战略的机遇不是一般的机遇，而是天下国家和子孙后代祸福攸关的历史性机遇，这种机遇不像战场上的机遇那样倏忽即逝，但也是比较短暂的。如果当机立断，必成天下之大功，失机后时则可能成为千古罪人。

结　语

以上的简要回顾和分析，难免顾此失彼，挂一漏万，但毕竟可以从中窥见我国古典大战略思想的大致轮廓。

顺天应人、利民为本是讲大战略为正义的政治服务。大战略的这种性质，集中地体现在战略目标上。目标的正义性，对于实现目标的各种手段也产生不同程度的影响。得道多助，正义的大战略具有不可估量的威力。

富国强兵、兵农结合，文武并重、不战而胜，刚柔相济、以弱胜强，都是保证大战略目标得以实现的手段，包括方针、途径、政策和策略。其中，富国强兵具有双重性，既是手段，又是目标或目标的组成部分。兵农结合、文武并重和刚柔相济，体现了政治、军事、外交、文教、经济等各种手段或力量的相互结合，彼此渗透，发挥国力诸因素的整体效益。这是

---

① 《史记·淮阴侯列传》。

现代综合国力思想的源头，也是大战略不同于军事战略或其他战略的特色所在。不战而胜和以弱胜强，是上述各种手段或力量围绕特定目标巧妙运筹、优化组合，从而产生的最佳效应，也是大战略研究的奥秘所在。破旧立新、贵在求实，主要是从认识论和方法论的角度，讲大战略的制定和执行不可凭主观的良好愿望，而必须与客观战略环境相适应，但同时也要求发挥主观能动性，关键是在新的战略环境下敢于主动作为，同时注重实效，既反对因循保守，又反对盲目冒进。最后，志在天下、多谋善断，讲的是大战略家应有的素质和修养，特别突出地表现在立大志、用大谋、集众智、揽全局、识机遇等几个方面。不具备这样的素质就不可能制定正确的大战略，即使制定了正确的大战略也不可能成功地贯彻执行。

上述各条看似简单，其实妙用无穷。古人用之得当往往成就千秋功业。我们今天也可以从中汲取教益，为现实斗争服务，但不能照搬，只有结合现代条件批判地继承和创造性地运用，才能推陈出新。

我国古典大战略思想，其糟粕也是显而易见的，下面几点较为突出。第一，在唯心史观影响下夸大圣君贤相和将帅的作用。几千年的人治，特别是封建君主专制政体，人存政举、人亡政息局面的无穷反复，给大战略思想打下了英雄创造历史的深刻烙印。第二，与爱民、重民思想并存的还有愚民、弱民思想。"常使民无知无欲"①，"民弱国强，国强民弱，故有道之国，务在弱民"②，诸如此类的主张，是上述英雄史观的另一面，对古典大战略思想的健康发展极为不利。至于咒骂人民群众的反抗斗争特别是奴隶和农民起义为"盗""寇"，更是必须批判的。第三，"重本抑末"，即在重视农业的同时，压抑工商业和科学技术的发展。在以小农经济为基础的漫长封建社会中，以农为本有其积极意义，但把工商业和科技视为"末

---

① 《老子》。
② 《商君书·弱民》。

作""淫巧"而加以限制甚至打击，则严重妨碍了古代综合国力的平衡协调发展，从而削弱了可供大战略使用的手段和力量，对后世的消极影响是极其深远的。第四，与文武并重相对立的，还有重文抑武和重武抑文两种错误思想倾向。前者夸大抽象的仁义道德的作用，后者迷信武力，征伐不已。从全过程看，这两种思想倾向虽都不是主流，但都在一定范围内产生过消极影响。第五，儒家思想在政治社会意识形态领域的长期统治，既对古典大战略思想的发展作出过重大贡献，同时又限制了古典大战略思想中的其他学派（如法家、纵横家）参与公平竞争，不利于古典大战略思想进一步的繁荣兴盛。

总的来说，我国古典大战略思想中的精华是主要的，上述种种糟粕或消极因素如同太阳的黑子，并不妨碍我国古典大战略思想这轮红日以其不朽的智慧之光普照大地。

第十章 世界军事革命与我国国防现代化*

　　一场以军事改革为表现形式的军事革命的洪流，正在冲击着世界军事领域。这是当代国际军事发展的大趋势，也是一个具有重要理论和实践意义的大战略问题。人们对这个问题可以有不同的认识，甚至可以拒绝"军事革命"这一类概念，但却不能否认世界军事革命这一问题的客观存在。研究当代世界军事的发展，无法回避这个问题。研究我国国防现代化建设的国际环境，也不能不正视这个问题。

　　然而，多年来，"军事革命"之类的概念在我国的名声并不太好，因为这些概念很容易使人联想起我们曾经批判过的"唯武器论"和"唯核武器论"。军事上的这种错误思潮是应当批判的，但不能把"脏水和孩子"一股脑儿泼出去。党的十一届三中全会以后，随着实事求是思想路线的恢复，我们重新思考军事革命问题，翻译出版了大量国外有关的著作，但至今还没有来得及比较系统、深入地加以分析研究。①当我们在党的基本路线指引下，深入进行军事改革的时候，探讨世界军事革命及其对我国国防现代化的启示，无疑是有意义的。

---

* 本文最初发表于《中国军事科学》1988年第3期，后经多次修订。此次选自《大战略论》。
① 这是1988年本文首次发表时的情况，20世纪90年代以来已大为改观，研究军事革命的著作不断涌现。

什么是军事革命

什么是军事革命？这是应当首先作出回答的问题。

就笔者所知，军事革命这个概念至少有三种提法，即"军事革命"（militar revolution）、"战争革命"（revolution in warfare）、"军事上的革命"（револция в военом деле）。其中，"军事革命"是最普遍的用法，"战争革命"在西方有人用过，"军事上的革命"则是苏联的术语。笔者采用"军事革命"一词，这也是我国军事学术界通用的提法。

西方文献中关于"军事革命"之类的概念，用法比较随便，很难找到公认的定义。相反，苏联学术界对此倒是有相当规范的说法，比较集中地体现在《苏联军事百科全书》关于"军事上的革命"这个条目的释文之中。为使读者有个完整印象，兹详细摘录于下：

军事上的革命　第二次世界大战后被人们广泛使用的关于因科学技术进步和生产力发展而使武器、军队、军队训练、进行战争和实施战斗行动的方法发生根本变革的一种概念。

带有科学技术革命性质的科学技术进步和生产力的飞速发展，是制造导弹核武器、核潜艇、喷气技术装备、电子技术装备和自动指挥系统的保证，同时也是改进兵器的前提。采用新式武器，大力提高原有武器的战斗性能，对军队建设产生了重大的影响。组织结构发生的变化涉及各个军兵种。所有这些因素又反过来使人们对进行战争和实施战斗行动的方法的观点发生根本性变化。

现代军事上的革命的突出特点在于，它本身就是科学革命的成果和把科学转变为直接生产力的结果。科学越来越广泛地应用于生产，使生产的物质技术基础发生了一系列根本性的变化。科学发明与这些发明的实际应用之间的距离日益缩短，这就促使更快地制造出各种武器和军事技术装备并用以装备军队。这就是说，军事上的革命的主要源泉在于国家的经济基础和物质生产水平。因此，军事上的革命发展较快的首先是经济最发达的国家。但是，军事上的革命不仅仅只是军事技术的发展过程，而且也是社会的军事政治的演变过程。技术成就和科学发明只是为军事改革提供了可能性，而这种可能性在统治阶级实现其政策的过程中才能变为现实。在资产阶级国家中，军事上的革命的成果被用来达到实现军国主义化和扩军备战的目的，用于推行侵略政策。……

军事上的革命使得军队的训练体制更加复杂，对军队人员的要求也更高了。高度的军事技术素养、军人在精神政治上和心理上的锻炼，以及勇敢无畏、坚韧不拔的精神和纪律性等等，现在具有特别重要的意义。

现在，通常用"军事上的科学技术革命"一词来代替"军事上的革命"这一概念。[①]

从这篇释文可以看出，苏联军事学术界早已形成了一套关于军事革命或军事上的革命的理论。应该说，苏联在这方面走在了西方国家的前头。当然，这篇释文也并不是完美无缺的。作者把军事革命局限于第二次世界大战以后的时期，这样最多只能说明现代军事革命，或者更确切地说，只能说明所谓的"核时代"军事革命，而没有回答在这之前历史上有没有军事革命的问题。此外，关于资产阶级国家军事革命的阐述，也失之简单化、教条化，缺少具体分析，因而也不甚符合许多资产阶级国家的实际。至于

① 《苏联军事百科全书·战争理论》，战士出版社1986年版，第314页。

用"军事上的科学技术革命"代替"军事上的革命"的概念，也不很妥帖，至少是交代不清。因为前者是后者的组成部分，局部是不能代替整体的。同时，这种概念的替换会使人怀疑"军事上的革命"是不是理论上的谬误。如果是这样，那么这篇释文本身还有什么存在的意义？尽管如此，这篇释文对"军事革命"这一概念的阐述还是有价值的。

笔者赞成采用"军事革命"这个术语。既然有科学技术革命、产业革命、政治革命、宗教革命以及其他各种各样的革命，为什么不可以有军事革命呢？军事的发展同世间其他事物的发展一样，既有量变，也会有质变、飞跃或突破。凡属重大的、根本的质变、飞跃或突破，就是革命。这里，笔者无意提出一个新的关于军事革命的定义，但认为这个概念应当包括下述基本论点。

第一，军事革命是科学技术的突飞猛进和随之而来的社会生产力的飞速发展引起的，因而归根结底取决于经济基础和物质生产水平。科学技术和生产力的发展对军事的影响，首先通过军队的技术装备而发挥作用。随着时代的进步，科学技术转化为生产力，进而转化为军队的技术装备的周期有越来越短的趋势。

第二，与科学技术和生产力的大发展相联系的政治社会的大变革，特别是政治革命，对军事革命的产生和发展也有着深刻的影响。政治变革对军事的影响首先反映在战争性质、官兵成分和军事制度等方面。

第三，军事革命必然触及整个军事领域的各个方面，包括武器装备、编制体制、人员素质、教育训练、作战方法以及军事理论等。如果只涉及一两个方面，那就不足以成为军事革命。

第四，军事革命在军事领域各个方面引起的变革，不只是量变，而且是根本性的质变，但这种质变并不意味着全盘否定原有的一切，而是否定那些已经过时的东西，继承和发展那些仍然有用的东西，同时勇敢地采纳前所未有的新事物，使军事领域的各个方面适应变化了的新情况。

第五，现代军事革命，需要拥有大量掌握现代科学技术的人才，它对人的因素的要求不是低了，而是更高了。

第六，军事革命总是通过军事改革的形式逐步实现的。从宏观上看是一场革命，从微观上看则是一系列改革；从一个历史时期看是革命，从各个阶段看是改革；从战略上看是革命，从战役战术上看是改革。

第七，科技和经济发达的国家在军事革命中处于有利地位，但发展中国家也可以有所作为。

以上这些关于军事革命的基本论点也许并不全面，但可以说是普遍适用的。现在，让我们由此出发去做进一步的考察。

历史上的军事革命

军事革命作为一种历史范畴，总是在一定的历史条件下产生的。在漫长的世界军事史上，到底有多少次军事革命？从历史角度研究这个问题，有助于认识军事革命发生和发展的规律，以便为我所用，然而学术界对这个问题至今仍是众说纷纭。撇开中国军事史不谈（中国军事史是一个相对独立的学术领域，有待专门研究），单就西方世界军事史而言，就有多种不同的说法。大概可以分为两类说法。一类认为迄今的军事历史上只有两次最大的革命，即火药用于军事后的革命和原子弹发明以后的革命，我们不妨称之为"两次说"（在我国学术界也有这种观点）。另一类为"多次说"。如美国学者罗伯特·莱基认为，自1450年以来，在战争史上发生过7次革命。他根据每次革命的突出特征分别称之为"火器革命"、"民主革命"（征兵制和民族主义）、"工业革命"、"管理革命"（总参谋部）、"机械革命"（第一次世界大战）、"颠覆政府的革命"和"科学革命"(第二次世界大战)。①1983年,美国另一学者约翰·柯林斯(《大战略:原则与实践》一书作者)对此加以引申,增加了两次革命:大规模毁灭武器(核生化武器)革命和"可能正在出现的"电子革命,合计达9次。②

笔者认为,世界军事史上迄今已经发生过5次革命,简述如下。

第一次军事革命(16—17世纪)

关于第一次军事革命,恩格斯早在1877年为《反杜林论》准备的材料《步兵战术及其物质基础1700—1870》一文中就这样写道:"在十四世纪,火药和火器传到了西欧和中欧。现在,每一个小学生都知道,这种纯技术的进步,使整个作战方法发生了革命。"同时,他还指出,"这个革命进展得非常缓慢。最初的火器,特别是马枪,是十分粗笨的。……经过三百多年,直到十七世纪末,才出现了适合装备全体步兵的枪。"③这里,恩格斯提出了第一次军事革命的问题及其长期性,但他并没有具体说明这次革命的起止时间。而这个问题至今仍为东西方研究者所关注。苏联军事历史学者C. B. 利皮茨基写道:"十六至十七世纪期间武装力量建设和作战方法上所发生的根本变革,乃是军事史上的第一次革命。"④西方有些研究者在时间问题上说得更为具体。例如,1980年英国出版的《军事革命与国家(1500—1800)》一书说,一位叫迈克尔·罗伯茨的研究者把这次革命的时间定在1560—1660年;随后,另一研究者杰奥弗雷·帕克则把这一时间跨度扩大为1530—1710年。⑤1986年美国出版的《近现代战略制定者:从马

① 罗伯特·莱基:《战争》第一章,1970年英文版。
② 约翰·柯林斯:《军事战略家应当研究历史》,《军事评论》,1983年第8期。
③《马克思恩格斯军事文集》第1卷,战士出版社1981年版,第40页。
④ C.C. 洛托茨基等:《战争史和军事学术史》上册,战士出版社1980年版,第24页。
⑤ 迈克尔·达菲:《军事革命与国家(1500—1800)》绪论,1980年英文版。

基雅维利到核时代》一书的第二章也谈到这个问题。①看来，"16—17世纪"这个提法是可以接受的。

第一次军事革命是怎样发生的呢？决定性的因素是火药广泛应用于军事和炼铁技术的发展。那是一次重大的军事技术革命。与此同时，以封建制度的解体、中央集权国家的建立和城市的兴起为标志的社会政治大变革，也起了推波助澜的作用。其结果，使整个军队和战争的面貌发生了极其深刻的变化。主要表现在：滑膛火枪取代长矛，成为战场上的主要武器；由中央集权国家君主统一指挥和统一供给的雇佣军取代各自为政的封建主亲兵，成为主要的军事制度；人数众多的步兵取代少数贵族骑士组成的重骑兵，成为主要的兵种；骑兵作为一个兵种仍然存在，但已经发展成为轻骑兵；一个新的兵种——装备滑膛炮的炮兵应运而生；线式战斗队形和战术取代方阵，成为主要的作战方法；分兵把口式的"封锁线"战略体系和以威胁敌方交通线为主要目标的"机动战略"逐步形成。与此同时，海军和海战也发生了重大变革：由于使用罗盘和火炮，帆船取代划桨小船而成为舰队的主要组成部分；炮击取代冲撞敌船，使用各种投掷装置以及接舷战成为主要作战方法。

尽管上述一系列变革经历了漫长的岁月，但革命的完成却比较突出地体现在尼德兰资产阶级革命战争（1566—1609）和三十年战争（1618—1648）中。前一次战争中的尼德兰统帅莫里茨（奥兰治亲王，1567—1625）和后一次战争中瑞典国王古斯塔夫二世（1594—1632），在实现上述某些重大变革方面起到了突出的作用。而理论上的概括则应归功于奥地利统帅和军事思想家赖蒙得·蒙特库科利（1609—1680）。他所著的《赖蒙得·蒙特库科利伯爵笔记或军事科学主要原则》等书，系统地阐述了17世纪的军事

---

① 彼得·帕雷特主编：《近现代战略制定者：从马基雅维利到核时代》，1986年英文版，第32页。

理论，试图探索战争的基本原则。他的思想对18世纪军事的发展有一定的影响。

第二次军事革命（18世纪后期至19世纪初期）

整个18世纪的大部分时间可以说是第一次军事革命向第二次军事革命的过渡时期。在此期间，滑膛火器和第一次军事革命中形成的军事制度和作战方法继续得到完善，到普鲁士国王弗里德里希二世（1712—1786）时达到高峰，但同时也暴露出种种问题，呼唤新的军事变革。

第二次军事革命的发生，首先是同以蒸汽机的广泛使用为主要标志的产业革命（或称第一次产业革命，也有人称之为第一次技术革命）密切联系的。这次从英国开始，逐步波及其他各国的产业革命，促使工场手工业为机器大工业所代替，把社会生产力从铁器时代推进到机器时代。政治上，18世纪末，爆发了震撼全欧的法国资产阶级大革命（1789年），猛烈冲击了各国的封建农奴制，为发展资本主义开辟了广阔道路。产业革命和政治革命把一场波澜壮阔的军事革命推向高潮，突出地表现在法国革命战争和随后的拿破仑战争中。列宁论法国革命时指出："当时革命的法国人民不但在国内第一次表现出了几百年来没有过的最大的革命毅力，而且在十八世纪末的战争中也表现出了同样的巨大革命创造精神，他们改造了全部战略体系，冲破了一切旧的战争法规和惯例，废除了旧军队，建立了新的、革命的、人民的军队，创立了新的作战方法。"[1]拿破仑继承了法国革命暴风雨中诞生的新型军队和军事制度并加以发展，特别是实行了一系列打歼灭战的战略战术。正如恩格斯指出的，拿破仑"发现了在战术和战略上唯一正确使用广大的武装群众的方法，而这样广大的武装群众之出现只是由于革

---

①《列宁军事文集》，战士出版社1981年版，第335页。

命才成为可能；并且他把这种战略和战术发展到那样完善的程度，以致现代的将军们一般地不仅不能胜过他，而且只能试图在自己最光辉和最成功的作战中抄袭他罢了"[①]。列宁和恩格斯的评论，可以说是对第二次军事革命的高度概括。

那么，作为第二次军事革命高潮的法国革命战争和拿破仑战争时期，在军事领域实现了哪些根本的变革呢？最主要的有下列各项：以摆脱了封建农奴制压迫的广大农民为主体，建立了庞大的资产阶级民族军队，用以取代封建性的雇佣军；在全国推行普遍的义务兵役制，用以取代过去的招募制；后勤保障实行就地征用同建立仓库体系相结合的制度，不再单纯依赖补给线，从而大幅度提高了部队的机动性；完全打破了以威胁敌方交通线为目标的过时的"机动战略"，改取以歼灭敌人有生力量为目标的决战战略，为此集中优势兵力于主要方向，力图通过一两次"总决战"解决问题；完全打破了呆板的线式战术，改取纵队与密集散兵线相结合的新战术；部队的编制出现了步、骑、炮诸兵种合成的军，这些军既可以独立作战，又可编组临时性的集团军遂行大规模会战任务。与此同时，军队的武器装备也有了重大的改善，普遍装备了枪托弯曲并带有准星的火枪和威力更大的火炮。同一时期，海战也发生了变化。随着舰炮火力大为加强和舰队机动力的提高，长期以来敌对舰队按平行航向进行海战的方法被摒弃，而改取机动战术。

第二次军事革命的丰富经验，由著名军事理论家亨利·安托万·若米尼和卡尔·冯·克劳塞维茨加以总结和提炼，分别体现在他们的名著《兵法概论》和《战争论》之中。

[①]《马克思恩格斯军事文集》第1卷，战士出版社1981年版，第187—188页。

第三次军事革命（19世纪后半期至20世纪初）

美国军事历史学家T. N.杜普伊指出："1815年拿破仑失败后的整个世纪里，战争的演变是一场长期的革命，它由政治、经济、社会多种力量所创造和支持，技术进步只是其中的一种力量，但在许多方面它的影响最为深远和引人瞩目。"[1] 正是在19世纪中后期，世界上发生了第二次产业革命（亦称第二次技术革命）。这次产业革命以炼钢技术、铁路运输和有线通信的发展等为主要标志，从而导致一系列新兴工业部门的出现。这一时期也是资本主义大发展的时期，同时无产阶级开始登上历史舞台。在这一背景下，军队和战争也出现了许多新情况。1893年，恩格斯在《欧洲能否裁军？》这篇文章中，多次提到当时的军事变革："现在未必能再找到另一个像军事这样革命的领域。""技术每天都在无情地把一切东西，甚至是刚刚开始使用的东西当作已经无用的东西加以抛弃。它现在甚至在消除富有浪漫色彩的硝烟，从而赋予战斗以事先绝不能预见到的完全不同的性质和进程。而我们在作战的战术基础这样不断革命化的条件下将不得不愈来愈多地考虑这种无法估计的因素。"[2]

那么军事领域到底有哪些重大变革呢？首先是武器装备的飞速发展：线膛枪炮代替了滑膛枪炮，连发枪和速射炮日益成为战场上的主要武器，同时无烟火药代替了黑色火药。军队火力的空前加强，导致疏开的散兵线队形和堑壕、铁丝网等野战工事的广泛采用。铁路运输用于军事，极大地提高了军事的战略机动力。有线电报、电话的应用大大改善了部队的通信联络。总参谋部的出现，使军队的领导和指挥发生了真正的飞跃。与此同时，海军的面貌也大为改观，有人称之为"海军革命"，其最突出的标志

---

① T. N.杜普伊：《武器和战争的演变》，军事科学出版社1985年版，第215页。
②《马克思恩格斯军事文集》第2卷，战士出版社1981年版，第488页。

是：木制帆船被蒸汽机推动的钢甲战舰所取代，战列舰成为舰队的主力，宣告海军进入大炮巨舰时代。这一时期，资产阶级军事科学得到进一步发展。特别是普鲁士著名军事家老毛奇（1800—1891）那一套先敌动员，利用铁路进行外线机动，突然采取行动，对敌重兵集团实施分进合击的战法，产生了广泛而深远的影响。毛奇的思想反映在《毛奇军事论文集》和《1870—1871年德法战争史》等著作中。以美国海军思想家A.马汉等为代表的海权论思想也出现在这次革命的末期。

但是，这一时期军事科学的最高成就，是以马克思、恩格斯为代表的无产阶级军事科学的建立。马克思、恩格斯运用他们创立的辩证唯物主义和历史唯物主义的认识论和方法论，研究了世界军事历史，特别是他们同时代的许多战争（例如1848年革命、西班牙革命、英国殖民战争、意大利战争、克里米亚战争、美国内战、普法战争以及巴黎公社时期的武装斗争等等），发表了诸多光彩夺目的军事论著，形成了马克思主义关于战争与军队的崭新学说，在世界军事领域独树一帜，其论断之精辟，至今仍令人惊叹。可以说，第三次军事革命是以无产阶级军事科学的建立为理论高峰，这一点在世界军事发展史上具有划时代的意义。

第四次军事革命（20世纪初至20世纪中叶）

第四次军事革命大体上与第三次产业革命属于同一历史时期。这次产业革命把人类社会生产力又推进到一个全新的阶段。新的能源——电力和内燃机在经济领域得到广泛利用，新的工业部门——电气工业、发动机制造工业、汽车和航空工业、化学工业等飞速发展，再加上无线电的广泛运用和生产的主要过程的机械化，使这一时期成了高度发展的"电气时代"。与此同时，垄断资本主义即帝国主义制度的确立和发展，促使劳动与资本的矛盾、殖民地与宗主国的矛盾、帝国主义列强之间的矛盾以及稍后的帝国主义与社会主义的矛盾日益尖锐化，导致一系列激烈的、大规模的战争。在这一时期的战争中，两次世界大战处于特殊的地位。单是这种亘古未有的世界规模的战争现象本身，就是人类战争史上的大革命。两次世界大战相比较，第二次世界大战有许多新发展。不过，按照英国著名军事理论家利德尔·哈特在其《战争革命》一书中所说，"第二次世界大战的进程同第一次世界大战相比，其区别在于空间和速度，而不在于武器"[1]。笔者同意这种说法，因此将两次世界大战放在同一时期相提并论。

总的来说，帝国主义时代的战争和军队具有两个最突出的特点：一是以空前的规模把科学技术用于战争，从而造成空前的破坏；二是人民群众在战争中的作用空前重要。战争现在是由人民来进行的，没有具有主动精神的、自觉的士兵，要在现代战争中取胜是不可能的。这两点可以说是第四次军事革命最重要的本质。

具体地说，这次军事革命的内容大致包括以下几点。军队的武器装备增添了全新的成分，如坦克、飞机、潜艇、航空母舰和化学武器等等，并且相应地出现了空军、防空军、空降兵、化学兵等新的军兵种。地面部队的战场机动方式从徒步、乘马、乘畜力车向机械化、摩托化过渡。出现了空地协同、步坦协同，实施快速突击的崭新作战方式（如"闪击战"）。战略上的突然袭击，不宣而战，成为战争发动者的惯用方法。对敌人深远后方实施战略轰炸的作战方式应运而生。利用航空母舰编队争夺制海权，开展潜艇战和反潜战，成为海上斗争的主要形式。战场从平面发展到立体，战线长度发展到上千公里。陆军编制最大单位从集团军发展到集团军群（方面军），甚至方面军群。参战国军队总兵力可占总人口10%，甚至20%。历史上首次出现了一个国家拥有数百万至一千多万大军的现象。前后方的界限被突破，前方对后

---

① 利德尔·哈特：《战争革命》，1980年英文版，第22页。

方的依赖性越来越大，出现了史无前例的全国总动员的局面，等等。

随着新的军兵种——空军和装甲兵的出现，新的军事理论——制空权和装甲制胜论等也在西方出现。在战略上，这一时期的战争表明，军事与政治、经济、科学技术以及心理等非军事因素的交织空前密切，战争成为对每个民族全部物质力量和精神力量的考验。这一新情况促使对战争的战略指导空前复杂化。于是，在西方国家的战略思想中出现了所谓的"总体战"理论和"大战略"理论，旨在综合运用国家的全部力量以实现国家的战略目标。这种理论是在第一次世界大战经验的基础上产生的，对第二次世界大战及战后的军事均有深刻影响。

必须强调指出的是，在第四次军事革命过程中，出现了由共产党领导的人民军队、人民战争和人民战争的战略战术这样一种崭新的事物。这是马克思、恩格斯奠基的无产阶级军事科学在20世纪前期新的历史条件下的开拓和创新。如果说马克思、恩格斯在第三次军事革命时期创立的理论，当时不可能在无产阶级的战争实践中经受大规模的、充分的检验，那么，这一理论在第四次军事革命中，就直接指导着无产阶级的亦即人民的大规模的战争实践，并且取得了光辉的胜利。世界上不少国家都为此作出了宝贵的贡献。中国共产党在这方面有着极其丰富的经验，并充分体现在毛泽东军事思想体系之中。中国经验最主要的特色之一是，以劣势装备战胜优势装备之敌。这是第四次军事革命在中国的反映。这一事实雄辩地证明，并不是只有少数几个经济、技术最发达的国家才能利用军事革命的成果。经济和技术上相对落后的国家和军队，只要自觉认识军事革命的规律，巧妙地采取扬长避短的对策，也是可以大有作为的。

第五次军事革命（第二次世界大战结束之后）

第五次军事革命即当代正在进行的军事革命。众所周知，这次革命主要是在第二次世界大战时期积累起来的科学技术成就和生产力飞速发展的基础上产生的。或者按学术界的一种说法，它与20世纪40年代开始的新的产业革命或技术革命是大体同时的。这次产业革命以电子计算机、原子能和空间技术等一系列新技术为主要标志，使生产力以飞跃速度向广度和深度发展，由此引起军事领域的大变革。如果说以往的新技术转化为生产力进而转化为战斗力（武器装备）需要较长的时间，那么，当代的许多新技术在很短时间内即可实现这种转化，其中有些技术本来就是首先用于军事目的的（如原子能）。这次军事革命的冲击波至今仍在震荡着世界军事领域。

首先是导弹核武器系统的出现并装备军队。这是武器发展史上最大的革命。这种武器系统引起了一系列的连锁反应：出现了崭新的军兵种——导弹核部队（例如美国三合一的战略核力量、苏联的战略火箭军），出现了新的战争样式——核战争，增加了崭新的防御形式——战略核防御（"民防"或"人防"），出现了核条件下的军队体制编制和作战方法。与此相适应，出现了指挥与通信的革命（例如自动化指挥系统或C3I系统）以及军事管理革命（即现代化科学管理和科学决策的理论与实践）。在军事思想方面，出现了核战争理论和核威慑理论。美国的代表作有布罗迪的《导弹时代的战略》、赫尔曼·康恩的《论热核战争》以及亨利·基辛格的《核武器与外交政策》等。苏联则有索科洛夫斯基元帅主编的《军事战略》。

"核时代"的军事革命还有一个奇异的然而又是合乎规律的现象，即在核垄断已被打破的前提下，核武器数量越多、威力越大，使用的可能性就越小。于是，大致以20世纪60年代为转机，美苏两个最大的核国家，先后从侧重准备打核战争，逐步转到既准备打核战争又准备打常规战争，进而转到侧重准备打常规战争。它们的整个军队建设都发生了相应的转变，这意味着核武器有可能走向自己的反面，同时也预示着核裁军不是不可能的。当然，这并非短期内能够实现的。只要核武器存在一天，核战争的危险性就依然存在。

以上就是迄今为止历次军事革命的大致轮廓。然而，军事革命的滚滚洪流是不会停步的。研究军事革命的历史和现状，归根到底是为了预测它的未来。在可以预见的未来，军事革命将会出现值得注意的新情况。

"核后时代"的新军事革命

新情况在于：正当"核时代"的军事革命仍在深入进行的时候，人们又把目光延伸到了"核后时代"的军事革命。1982年，苏军总参谋长奥加尔科夫元帅著文说："一场名副其实的军事上的革命正在发生。"①他在这里显然不是指"核时代"的革命，而是指"核后时代"的革命。1987年10月，《詹氏防务评论》杂志载文说，"现在，苏联武装力量正向核后时代迈进"，并说，"苏联人相信新高技术的出现——多样化精确制导武器制导系统的小型化——宣告世界进入了核后时代"②。某些西方观察家著文称苏联的新革命为"奥加尔科夫革命"，指出其实质是利用技术促使核战争成为不必要的战争形式，而集中注意力于战区级的有限的常规战争。换言之，"苏联人专注于将局部战争的经验同精密技术结合起来，实施非核的战略性纵深进攻，大幅度地增加纵深和速度，以便使用规模较小的部队赢得更为决定性的胜利"③。西方观察家肯定苏联正在为此制定90年代的新军事学说和相应的部队结构。正是在这种背景下，苏军前副总长加利耶夫上将把北约集团的精确制导武器带来的军事上的变化，称作军事科学发展中的"转折

---

① 转引自《国际防务评论》，1987年第7期。

②《詹氏防务评论》，1987年第10期。

③ 转引自《防务分析》，1987年第3期。

点"①。他还带头公开批评索科洛夫斯基那本以核战争为中心的《军事战略》，说它的许多基本观点已经过时。②

其实，西方观察家们关于苏联"核后时代"军事革命的种种议论，也同样适用于西方国家自身。君不见，美国不是也在积极准备打所谓"低强度""高技术"战争吗？如果说核后革命的核心是精确制导常规武器，而北约集团在这方面总的来说又处于领先地位，那么，核后时代的军事革命绝不单是苏联的问题，而应该说是包括苏联和西方在内的带有普遍性的趋势。

上面所说的"核后时代"的军事革命基本上还局限于精确制导武器，在时间范围上也只预见到20世纪90年代。如果把视野扩大到正在蓬勃兴起的以高技术群为主要标志的新技术革命或新产业革命及其对21世纪初叶世界军事发展的影响，那么，核后革命的问题就复杂得多了。

当前，举世瞩目的高技术群是指那些对一个国家的军事、经济和社会具有重大影响，能够形成产业的新技术或尖端技术群。一般认为，至少应包括以下六大类：信息技术、新材料技术、新能源技术、生物技术、空间技术和海洋技术。自1983年以来，美、日、西欧竞相抛出的发展高技术的计划，其侧重点虽各不相同，性质也各有差异，但在依靠高技术推动整个经济与社会全面发展上则毫无二致。这一点已成为许多国家的发展战略的主要组成部分。总之，以六大高技术群为标志的新技术革命，将把人类社会生产力推进到一个崭新的高度。

新技术革命对未来军事的影响如何，目前尚难以准确预料，然而指出其大致轮廓则是可能的。根据国内外专家学者们的初步预测，至少有如下的发展趋势。

---

① 转引自《防务分析》，1987年第3期。
② 转引自《防务分析》，1987年第3期。

一、必将引起新的武器革命

一方面，将会推出崭新的、威力可与核武器媲美的非核武器系统。最有代表性的是定向能武器系统，即利用激光、粒子束、微波束和等粒子束等定向能来杀伤或摧毁目标的武器系统，其射速有可能接近或等于光速，加之核能和太阳能资源可以保证几乎是无数次的定向能发射，这将是现有任何武器无法比拟的。与此同时，将会出现航天战略武器系统，有可能在永久性航天站的基础上形成所谓的"航天母舰"，装载"天军"和定向能武器系统，用以摧毁地球上的和从地球发射到天空的目标。此外，还有可能出现专门用于杀伤某些选定的人种的遗传武器或基因武器，利用共振原理破坏人体的次声武器，利用自然力对敌国进行严重破坏的气象武器、臭氧武器和环境武器。所有这类可能出现的新武器系统，将是非核战略武器或超常规武器。

另一方面，现有武器系统将得到巨大的改进。精确制导武器将进一步小型化，同时大幅度提高射程和速度，其准确性可能达到圆概率误差半径接近于零。无人自动武器或人工智能武器将有飞跃的进展，不仅会出现新型无人飞机，而且会出现无人坦克，甚至会出现机器人部队。这类智能武器可能部分地取代人力，执行特定的战斗任务。隐形武器技术将有更大的突破，未来的某些空中和地面武器以及某些军事目标都可能做到隐形化。

二、情报、指挥和控制系统将实现智能化，具有超常能力

首先是全方位的情报侦察能力，这意味着部署在地面、海洋、空中和外层空间的各种侦察监视手段能够发现一切未采取隐蔽和反侦察措施的军事目标。情报和反情报斗争将空前激烈复杂。全新的通信手段，例如新的电子、光导等多种通信手段，能够保证迅速、准确、不间断、大容量的通

信。单是激光通信，据说可在一秒钟之内把世界上最大的百科全书的全部内容传输出去。全自动指挥控制系统，不仅能高速地处理情报信息，还能制订最佳作战方案，进而根据统帅机构的决策，对大至全军，小至单机、单舰、单车实施指挥。总之，现有的C3I系统同未来的超常情报、指挥与控制系统相比，只不过是这类系统实现智能化的前奏。

三、战争观念将发生根本的变革

时空观念将逐步改变。未来战争将冲出地球大气层进入太空和300米以下的深海，从而打破现有的立体战概念。与空间扩大相应的是速度的增加。瞬息万变、分秒必争、"失之毫厘，谬以千里"之类的话将不是夸张的形容词。电子战在未来战争中，将与陆、海、空作战同等重要，而形成所谓的"第四维战场"。电子战的实质是信息战。作战理论方面也将出现前所未有的新问题。例如，随着"天军"的出现，"制天权"问题将会突出起来。谁控制了外层空间，谁就有可能控制战争的主动权。战略、战役、战术的许多传统原则都将面临新的挑战。战争的动员准备和后勤保障将发生革命性变革。如何确保国家统帅部的安全，严防敌人外科手术式的奇袭，将成为一个值得特别警惕的问题。

四、先进的科学技术将成为未来军队综合战斗力的决定性因素之一

战场上的胜负，在一定程度上取决于科学家的实验室。如果说，现在发达国家官兵队伍中受过高等教育的人占有较大比重，那么未来的军队将是由科学家、工程师、技术员为主体组成的，特别是军官不仅具有丰富的军事知识，而且具有丰富的科技知识。可以断言，不仅文盲和半文盲在军队中没有地位，"科技盲"也很难有容身之地。总之，以高技术群为标志的新产业革命将引起的军事上的变革，绝不亚于从冷兵器发展到热兵器，从

常规武器发展到核武器所引起的变革。这将是一场真正的"核后时代"的军事革命！

对我国国防现代化的启示

军事革命的历史、现状及其发展趋势，对于我国正在进行的国防现代化建设有什么启示呢？至少有如下三点。

一、要进一步解放思想，跟上世界军事革命发展的形势

近几年来，面对世界范围的新技术革命，我们十分重视并研究和制定了相应的对策，迎接挑战，同时利用它提供的机遇。不这样做，我们就会被发达国家甩得更远，因此上上下下均有紧迫感。同样，新技术革命必将导致的军事上的大变革，也引起了有关方面的密切关注。如何对待这个问题，是攸关国家安危、民族兴衰的大事。战争的胜负是多方面因素决定的，但历史反复证明，在一定的政治、经济等条件下，凡是跟上军事革命形势的国家，往往能克敌制胜；反之，则往往败军亡国。能否跟上军事革命的形势，关键在于是否破除军事上的僵化保守思想和安于现状的精神状态。下面仅从近代世界军事史上截取两次普法战争的经验教训为例加以说明。

拿破仑战争时期，反法联盟各国统治集团无视法国大革命和拿破仑在军事上的变革，因此在同法军作战时屡遭挫败。其中，以普鲁士最为典型。1806年普鲁士参加第四次反法联盟战争，充当急先锋。然而在拿破仑的进攻下，于10月14日这一天之内，普军在耶拿和奥埃尔施太特两地连败两仗，溃不成军，演出了败军亡国的悲剧。原因固然是多方面的，从军事上看，主要是统治集团盲目崇拜半个世纪以前普王弗里德里希二世那一套过

时的军事制度和战法，对法国大革命爆发后出现的军事革命，包括前三次反法联盟战争的最新经验熟视无睹。战前，普鲁士重版了比洛的著作《新军事体系要旨》，而这本论述新军事体系的书，宣扬的却是早已过时的以威胁敌人补给线为目标的"机动"制胜论。擅长集中兵力歼灭敌人有生力量的拿破仑看了比洛的书，嘲笑作者"对战争无知"。在保守思想笼罩下的普军统帅部昏庸无能，效率极低，平时没有像样的作战计划，临战还在争论是进攻还是防御，议而不决。（与会者中毕竟有一个明白人香霍斯特，他对普王说了一句有名的话："战争中即使定下愚蠢的决心，也比定不下决心好。"）结果，军事上的保守主义使普鲁士受到了无情的惩罚。恩格斯把普鲁士的败亡直接同弗里德里希二世联系起来，指出弗里德里希二世"不仅给普鲁士人从此以后所特有的呆板和机械练兵方法奠定了基础，而且实际上造成了他们以后在耶拿和奥埃尔施太特蒙受空前耻辱的原因"[①]。由此可见，军事上盲目崇拜过时的东西会招致多么可悲的后果！

在半个世纪后的普法战争中，普法两国的状况与上一次战争时恰好相反。普鲁士经过了以总参谋长老毛奇等人为代表的军事改革，跟上了当时军事革命的潮流，使普军以崭新的姿态出现在欧洲大陆。拿破仑三世统治下的法国却走上了当年普鲁士覆灭前的老路，盲目沉湎于拿破仑一世时代的光荣，以致战争一开始，法军就丧失了战略主动权。色当一役，法军主力集团覆灭，法皇拿破仑三世被俘，实际上宣告了法兰西第二帝国的灭亡。究其原因，除了政治腐败、外交孤立等因素之外，军事上主要是因循守旧，对当时军事革命的大潮麻木不仁，对普鲁士的勃兴和1866年普奥战争的最新经验无动于衷，以及统帅部妄自尊大，官僚主义习气极端严重。恩格斯尖锐地批评法军说："整个制度都已腐朽透了；笼罩着第二帝国的贪污腐败

---

①《马克思恩格斯军事文集》第1卷，战士出版社1981年版，第411页。

的空气最后也侵袭到这个帝国的主要支柱——军队中来了。而在经受考验的时刻里，这支军队除了光荣的传统和兵士的天赋的勇敢就没有什么可以用来抵抗敌人。"①法兰西悲剧再次告诫人们：军事上是向前看还是向后看，是多么严肃的问题！

新中国成立后，我军在国民经济和科学技术还比较落后的条件下，十分重视跟上世界军事发展的新形势。早在50年代前期，中央军委和毛泽东就发出"建设正规化现代化的国防军"的号召。60年代，我们搞出了"两弹一星"，跟上了核革命的步伐。但由于种种原因，后来我们走了弯路，丧失了时间。党的十一届三中全会以后，把国防现代化作为"四化"之一，中央军委进而提出新时期我军建设要以现代化为中心。这是我军从指导思想上跟上世界军事革命形势的证明。但世界军事革命的形势发展很快，机不可失，时不我待。因此，我们要进一步解放思想，更加自觉地跟踪世界军事革命形势的发展，敢于抛弃一切过时的东西，同时敢于吸收一切对我有用的新事物，不断地开拓前进。

二、在军事革命的大背景下，扎扎实实地进行深入的军事改革

尽管历次军事革命各有不同的特点，但有一点是共同的：每次军事革命都是通过军事改革的形式完成的。这可以说是一条规律。第一次军事革命时期，至少有两次最著名的军事改革。一次是尼德兰统帅莫里茨（奥兰治亲王）领导的一系列改革，建立了当时第一流的雇佣军，采取了许多新的作战方法，为反对西班牙侵略、争取尼德兰独立作出了重要贡献。另一次是瑞典国王古斯塔夫二世的军事改革，他在莫里茨改革的基础上，又有很大创新，从而使瑞军在三十年战争中取得多次重大胜利，并为瑞典称霸

---

① 《马克思恩格斯军事文集》第5卷，战士出版社1981年版，第189页。

波罗的海创造了有利条件。第二次军事革命时期，以法国革命战争和拿破仑战争为高潮的军事革命，也是通过一系列改革完成的。在一段时间内，拿破仑军队几乎所向披靡，无往不胜，就是军事改革的结果。但拿破仑为什么最终失败了呢？除了拿破仑战争性质本身的变化加上树敌过多等原因之外，也由于反法联盟各国先后进行了军事改革，学会了拿破仑那一套战法，而拿破仑自己却故步自封，因此老师被学生打败了。这一事实从正反两方面证明了军事革命是如何同军事改革联系在一起的。

第三次军事革命时期，也同样充满了军事改革的事实。其中最著名的有前面提到的1860年起，以老毛奇为代表的普鲁士军事改革；克里米亚战争后，沙皇俄国以米柳京为代表的军事改革；土耳其的几次军事改革；日本在明治维新时期进行的军事改革；等等。除土耳其的军事改革陷于流产之外，其他几个国家的军事改革均不同程度地获得成功，并在各自的对外战争中取得重大胜利。

第四次军事革命时期最著名的军事改革有20世纪初美国参加第一次世界大战前夕，以陆军部长伊莱休·鲁特为代表的军事改革；20年代苏联大规模的军事改革；法西斯德国的军事改革；等等。这些军事改革的结果，都不同程度地促进了各国军事的发展。

第五次军事革命时期的军事改革，仅以美苏为例，即足以说明。战后40年来，美国几乎在不断地进行军事改革，较早的有1947年国家安全法，为三军统一迈出了第一个重大步骤。1958年又作了重大修改。特别是1960年肯尼迪总统任命麦克纳马拉为国防部部长后，又进行了广泛深入的军事改革，美国有人称之为"麦克纳马拉革命"。这是就整个国防体系而言的。至于美军战略思想和部队编制的改革，也同样是频繁进行。例如，陆军师先后从三团制改为适应核条件的五群制，又从五群制改为三旅制，后来又实行1986年新编制。值得特别注意的是，自1983年以后，美国又掀起了一个强大的"军事改革运动"，其势力遍布军队、国会和舆论界。改革派提出了全面改革美国军事的纲领，参议员加里·哈特和林德合著的《美国能够打胜》一书对此作了系统介绍。苏联在第二次世界大战后至少有两次重大的军事改革：一次是赫鲁晓夫当政时期的改革，它是为适应核战争要求而进行的全面的军事改革，即苏联军事界所谓的"军事上的革命"；另一次是以戈尔巴乔夫为代表的全国性改革的重要组成部分。

我国正在进行新中国成立以来规模最大的改革。改革就是革命，革命是通过若干项改革完成的。从这种认识出发，我们在从事日常的、具体的军事改革工作时，要高瞻远瞩、放眼未来，把每项重大改革都放在军事革命的大背景下去考察筹划，避免急功近利、因小失大的"短期行为"。同样，在制定军事革命的对策时，要脚踏实地，从现实情况出发，积极慎重地进行改革，不要好高骛远，把几十年后才能做到的事搬到现在来做。

三、以国民经济为基础，以科技为先导，大力发展综合国防力量

现代国防是一个极其错综复杂的社会大系统。现代国防力量的强弱，绝不单纯取决于军事力量，更不单纯取决于常备军的规模，而取决于整个国家与国防有关的多种力量的总和，我们可以称之为综合国防力。简单地说，它至少应当包括整个国防体制、现役部队和预备役部队，以及民兵、国防科研和国防工业、国防经济、战略部署、战场准备、军队士气和全民国防意识，等等。这种综合国防力是从更高层次的综合国力转化而来，是后者的重要组成部分。两者有着内在的有机联系，而且受某些共同规律的制约。其中具有决定意义的一条规律是：以国民经济为基础，以科技为先导，大力发展综合国力或综合国防力量。在世界军事革命的背景下进行军事改革，就要自觉地遵循这条规律，以便把我国国防现代化建设放在更加坚实的基础上，使之发展得更加顺利。

和平时期，国防建设必须服从和服务于国民经济建设。在许多领域，还要力争做到军民结合、平战结合，从而把国防建设融于整个国家的建设之中。随着国民经济的发展，国防力量也会水涨船高。

当今世界，不管综合国力和综合国防力的因素如何错综复杂，其核心是科技。这个问题比以往任何时候都更为突出。党的十一届三中全会以来，党和国家把发展科技和教育放在首要位置。整个国家的现代化应当如此，国防现代化也应当如此。现代军事革命越深入，就越需要发挥科学技术在国防建设中的火车头作用。

必须强调指出，这里所说的科学是广义的，既包括自然科学，也包括社会科学；既包括硬科学，也包括软科学；既包括单项学科，也包括综合性学科。发挥科技的先导作用，就要求用现代化的科学技术来武装军队，让科学技术渗透到军队的整个肌体，甚至每个细胞，大幅度地提高军队中科技知识密集的程度。具体来说，有以下几方面的要求。

一是要求为军队提供先进的武器装备，为此要拥有先进的国防科技和国防工业。应当说明的是，即便是最发达国家的军队，总是先进武器与相对落后的武器并存，永远不可能做到清一色的先进武器，但任何军队都不能放弃对先进武器的追求。

二是要求拥有大批掌握现代科学技术的人才。没有人才，即使拥有最先进的武器装备也是毫无用处的。

三是要求建立和健全现代化的、科学的军事制度，包括国防领导和指挥体制、部队的结构和编制等等。军事制度是为了保证人和武器装备的最佳结合。没有科学的制度，即便拥有最先进的武器装备和最优秀的官兵，也是没有意义的。

四是要求加强军事科学特别是军事理论的研究。武器装备的发展，人才的培养教育，军事制度的建立和健全，都离不开军事理论的指导。先进的军事理论，往往可以弥补武器装备落后的不足。劣势装备之军战胜优势装备之敌，先进的军事理论是重要的制胜因素。我军的光荣历史充分证明了这一真理。

五是要求用现代科学的理论和方法来进一步加强和改革军队的政治思想工作，提高军人的精神素质。

总之，我们需要一个既适合我国社会主义初级阶段基本国情，又有利于跟上世界军事革命形势的科学的国防发展战略。这一战略的内容极其丰富，而最重要的是以国民经济为基础，以科技为先导，大力发展综合国防力。这一发展战略与国家总体发展战略完全一致，也是它的有机组成部分。

《第三次浪潮》一书的作者阿尔温·托夫勒说，在跃向未来的赛跑中，穷国与富国站在同一条起跑线上。尽管我们并不同意《第三次浪潮》一书中的某些观点，但应当承认作者这句话是有一定道理的。他在这里讲的是迎接新技术革命挑战问题。那么，同样的道理是否也适用于迎接新军事革命的挑战呢？作者认为，回答是肯定的。

第十一章　战略研究与现代国防[*]

总部有关部门委托我来谈谈"战略研究与现代国防"问题，作为"国防发展战略"系列讲座的第三讲。对于这样大的问题，我的水平和知识都是很不够的。好在赋予我的任务，不是直接回答我们应该有一个什么样的国防发展战略，而是要求我从认识论和方法论的角度提供一些思路，介绍一些情况，主要是国外的情况，供首长和同志们参考。至于我国国防发展战略的种种实际问题到底如何回答，这正是总部机关各单位首长和有关同志要研究的问题。

我想分四个问题来谈谈自己粗浅的想法。

关于几个基本概念的说明

在这个小标题下，我想对题目做点解释。题目把"战略研究"放在"现代国防"之前，我想颠倒过来，先说什么是现代国防，再说什么是战略和国防发展战略，最后说什么是战略研究。这几个概念在我的发言中是反复出现的，因此，首先要有个交代。

---

* 本篇原是1986年发表的学术讲座，学界反应热烈。当时决策层作出"战略转变"的重大决策，全军正在制定"七五"规划。这里讲的"战略研究"实际上就是大战略研究。当时人们对大战略的概念还不太熟悉，因此未使用这个词。在这里首次全文公开发表，并做了一些文字修订。

一、什么是现代国防？

按传统的、习惯的观念，一提起国防，就自然地想到军队和战争。这是正确的，但局限于这种认识就不够了。大约从第一次世界大战以后，特别是从第二次世界大战以后，"国防"这个概念有了新的发展，要求我们在观念上也要有相应的发展。我理解，所谓现代国防，它有如下几个基本特征。

第一，现代国防不单纯指军事力量，它还包括与国防有关的非军事力量，例如政治、经济、外交、科技、自然、地理等等。当然军事力量仍然是主体。

第二，现代国防不单纯依靠国家的实力，还依靠国家的潜力。潜力转化成实力，要有一个过程。战时国民经济总动员，是这种转化的最高表现形式。

第三，现代国防不仅重视武装力量的数量，而且更加重视它的质量，平时更是如此。现代化的军队是知识和技术密集型的武装集团，现代国防工业也是知识和技术密集型的工业。

第四，现代国防不单纯立足于实战，还要立足于威慑。核武器出现后，威慑的作用更加突出。据美国材料统计，从1946年到1982年，美国为达到威慑目的，动用武装力量计162次，不包括朝鲜战争、印支战争和例行的军事演习。人们称之为"没有战争的军事行动"。

第五，现代国防既依赖于国民经济建设，又对国民经济建设起促进作用。如何处理两方面的关系，是我们面临的一个具有重大意义的课题。

现代国防的这些特征，并不是从第一次世界大战开始就突然冒出来的，其中某些因素可以说是古已有之。但是国防概念和其他事物一样，也不是一成不变的，而是随着时代的发展而发展的。有的因素可以说是量变，有的则是质的飞跃。

把上述五个特征集中起来说，现代国防不单纯是军队或国防部门的事情，而是整个国家和政府最高领导层乃至全国人民共同的大事。这就要求自上而下树立明确的国防意识，把国防建设纳入整个国家的建设规划之中，而不是把二者割裂开来，甚至对立起来。我们党中央历来是重视国防建设的，党的十二大把四个现代化同时提出来，就是最新、最好的证明。党和全国人民对国防建设的关心，是我们制定国防发展战略的根本保证。

二、什么是战略？

笼统地说，战略是研究全局规律性的科学。凡属具有要照顾各个阶段和各个方面的性质的，都是全局。所谓各个阶段，就是时间的全局；所谓各个方面，就是空间的全局。这种全局观念，是战略最核心的观念。战略家想问题，不能光看眼前，还要看到遥远的未来；不能光看到一两个方面，还要看到有关的各个方面。

如果说"国防"这个概念是发展的，那么"战略"这个概念更有一个漫长的历史发展过程。

千百年来，战略一直被认为就是狭义的军事战略、战争战略。这是很自然的，因为战略作为一种知识体系，本来是紧接着人类社会出现战争之后产生的。后来，战略概念被用于政治领域，于是有政治战略。时至今日，"战略"这个概念几乎敲开了人类社会生活各个领域的大门，于是有各条战线、各行各业的发展战略，包括国防发展战略。这说明战略概念向横的方向扩展了。

与此同时，战略概念还向纵的方向扩展。在美英等西方国家，军事战略之上出现了更高层次的大战略或国家战略，其基本精神是综合利用和综合发展国家的政治、经济、科技、外交、军事、心理等各种力量，去实现国家的目标，特别是国家安全目标。与军事战略平行的，则有政治、经济、外交、科技、心理等各方面的战略。在这些战略之下，还可以有各自领域的更具体的战略。例如军事战略之下，还可以从不同角度区分出若干种具体战略，包括军种战略、作战战略、后勤战略等等。作战战略又可区分为战区战略等等。

苏联不使用"大战略"和"国家战略"概念，只使用"军事战略"一词，但强调军事战略是包括政治、经济、科技、精神等因素在内的。同时，军事战略之上还有"国家军事学说"和"苏共军事政策"概念。因此苏联的战略学术体系也可以说是多方面、多层次的。

战略概念的横向和纵向扩展启示我们：各个方面、各个层次的领导都要有战略意识。通常，一提起战略，似乎认为那是党中央的事，除中央以外的各级领导，自己并不制定战略，最多不过是执行中央制定的战略而已。这种认识是不够全面的。现代领导者不仅执行上级的战略，而且有的要制定本级的战略，这都需要强烈的战略意识。没有战略意识，连执行上级的战略也执行不好。

三、什么是国防发展战略？

这个术语是组织这次讲座的总部机关首先提出的，国外一般不用这个术语。国外通常使用"国防战略"一词，有时也干脆叫军事战略，但它是指广义的军事战略。所谓国防战略，我认为是指综合建设和综合运用各种国防力量去实现国防目标的科学。这门科学包含着两个紧密联系的部分：一是国防力量的综合建设，二是国防力量的综合运用。运用有运用的战略，即西方常说的作战战略；建设当然也应有建设的战略，即我们这个讲座的主题——国防发展战略。这个提法的优点是突出了国防力量的综合建设这个方面，对于我国战略转变时期的国防现代化事业具有重要的实际意义。

无论是按西方还是按苏联的战略体系，国防发展战略都是国家总体战略这个大系统之下的分系统，受国家总体战略的制约和指导。国防系统内部还有各军种、各部门、各战区以及国防工业、国防科技和后备力量等分系统的建设，则受国防发展战略的制约和指导。研究国防发展战略，首先要明确它在国家总体战略中的地位。

四、什么是战略研究?

严格地说，战略同战略研究是有区别的。简单说来，前者侧重于战略原理原则的实际运用，后者则侧重于对战略原理原则本身的研究，把战略作为一种知识体系来对待，或者说就是战略学。两者共同的基础，是对客观实践的指导，即战略指导。这种指导是属于主观方面的因素，是人的主观能动性的反映。马列主义经典作家历来对战略指导的伟大作用是十分重视的。斯大林论工人运动的战略策略时说："如果说战略不能改变运动客观过程中的任何东西，那么在这里，在运动的主观的自觉的方面则相反，战略的运用地盘是广阔的、多种多样的；因为它（即战略），可以加速或延缓运动，也可加强对战略这门科学的研究。"

战略研究自古以来就蒙上了一层神秘的面纱，至今还有许多人强调战略是艺术，不是科学，意思是说战略领域中的偶然性起主导作用。我们认为战略是科学，是有规律可循的，必须用科学的严格态度去对待战略的制定和执行。当然在制定和执行过程中，要像艺术家那样富于想象力、创造力，出奇制胜，不拘一格。总之，战略的规律是可以认识和掌握的。即便是认为战略是艺术不是科学的大军事理论家克劳塞维茨也说"战略上一切都是那么简单，但并不因此就非常容易"。既然是那么简单，可见不难理解；当然做起来不容易，要下一番功夫，这也是实话。

我们现在搞国防现代化，客观条件就是那样，短期内不会有大的改变，比如军费，至少5年之内不可能增加。在这种情况下，要想不走弯路，避免浪费，少花钱多办事，只有充分发挥人的主观能动性，从战略指导和战略研究中找出路。过去人们说"时间就是金钱"，现在则说"主意就是金钱"，具体到国防建设上，可以说战略就是军费，战略就是速度，战略就是效益，战略就是胜利！

国防发展战略的首要问题是总体设计

前面说过，战略研究的对象是全局的规律，全局观念是战略最核心的观念。全局与局部的辩证关系是我们所熟悉的。今天来看这个问题有什么新意呢？新意在于要用现代系统科学的理论来研究全局，用系统工程的方法来设计全局。在这个意义上，可以说战略的研究和制定实际上是一种"战略工程"。按照现代系统科学的观点，任何系统都是由为数众多、互相联系、互相依存的单元为达到某一特定目标而构成的完整综合体。在分析和解决问题时，不仅要注意每个单元的功能，而且更要重视系统整体效应的优化。怎样才能做到整体效应的优化呢？就是要研究系统的结构，即系统内部各单元为达到特定的目标而排列组合的方式。在一般情况下，如果每个单元的性能都很好，那么整体的性能也较好。然而，当单元的数量十分庞大时，结构是否合理，对于系统整体效应将产生巨大的影响。即使每个单元的性能不尽完善，只要采取合理的结构，也可以取得较好的整体效应。

现代国防是一个千头万绪、错综复杂的大系统。我们今天研究国防发展战略，就是为了实现国防系统整体效应的优化，即在现有条件下，力争制定一项有利于抵抗未来的侵略并取得胜利的最佳国防发展战略。国防系统内部的各个单元的质量当然是重要的，但是更重要的是从国防系统整体结构上想办法，也就是首先要抓整体设计的研究。第二次世界大战期间，一些主要参战国的国防建设，大都有总体设计。那是战争逼出来的，而且只管几年。转入和平时期以后，西方发达国家的国防建设，大都缺乏长期的总体规划，由此带来一系列不利后果。为了扭转这个局面，它们多次进行国防系统的改组，力图实现国防建设的集中和统一。它们在这个问题上走过曲折的道路，有不少经验教训。

以美国为例，它的国防建设从分散到统一，60年代初是一个重要的分水岭。在此以前，分散的情况比较严重。陆、海、空三军各自为政，分庭抗礼，往往不顾国防建设的大局，为了争夺军费而激烈冲突，什么项目可以多拿军费，就重点发展什么项目。例如空军把重点放在战略轰炸机和后来的陆基洲际导弹上，不重视陆军迫切需要的战术空中支援，同时竭力限制海军航空兵，防止出现"第二空军"。海军把重点放在核动力航空母舰和战略导弹核潜艇上，而不重视苏联潜艇对美国海上生命线造成的严重威胁，把反潜任务置于次要地位。陆军始则拼命发展自己的固定翼飞机，当受到空军抵制后，就转而拼命发展直升机，同时强烈反对海军扩大陆战队，防止出现"第二陆军"。再者，美国国防建设没有长远的统一规划，只有年度计划，这就进一步助长了混乱和浪费。三军每年都尽量多上一些新项目，其中有些项目军事上是否必要、技术上是否可行，未经科学论证，特别是上一些所谓"头小屁股大"的项目。这种项目周期较长，头一两年申请的经费不多，很容易通过，第三、四年，说是这个项目已进入关键性发展阶段，需要大批经费。这时，你想叫它下马，前两年的钱白花了；继续搞，就得花更多的钱，而且是否成功还没有把握。使事情更加复杂化的是，三军背后各自拥有一批军事工业集团作为后盾。军队与军事工业结合为军事—工业复合体，成为强大的社会势力。它对美国的国防政策影响如此之大，以致连职业军人出身的艾森豪威尔总统在离职告别演说中，也大声疾呼要警惕军事—工业复合体的危害。

这种矛盾和混乱局面，浪费了大量资金和时间。1957年，苏联人造地球卫星发射成功，运载火箭的研制达到成熟，在历史上第一次给美国本土带来威胁。美国舆论惊呼"美苏导弹差距"。在这种背景下登台的肯尼迪总统，任命管理专家麦克纳马拉为国防部部长，企图重振军备。从60年代初开始，麦克纳马拉对美国国防系统进行了一系列改革，其主要特点就是加强对国防建设的统一规划和集中管理。为此，首先对未来20年左右的世界战略形势和美国的国防进行了预测，在调整、精简机构的同时，采用系统分析、费用效果比较分析和规划、计划、预算综合编制法（PPBS），基本上实现了整个国防建设的宏观控制。为了打破三军各自为政的局面，不再按陆、海、空军为单位分别制定国防预算，而是将有关三军的各个项目集中起来，统一分类，以便综合平衡，从全局出发确定先后缓急，制定统一的国防预算，最后落实到三军分别执行。后来的几任国防部部长也坚持了这一做法。尽管这一做法并未彻底解决问题，但总算大大前进了一步。美国的一些盟国也在不同程度上借鉴了美国的做法，搞自己的总体设计。

美国支持的国家中，以色列国防建设的总体设计，效果比较突出，这大概和它长期处于战争状态有关。以色列的国土面积和总人口同周边阿拉伯国家相比，处于绝对劣势，资源奇缺，但是它利用科学技术等方面的有利条件，建立了一个总体上相当有效的国防系统，实战证明是成功的。以色列国防系统的主要特点有以下几个方面。

（1）平时只保持一支十几万人的小型、精干、合成的常备军，同时建立了一个具有高度快速反应能力的动员体制，能在72小时内把军队扩大到50万人，约占总人口的13%。男女均有服兵役的义务。后备役人员的编组严密，定期集训，大小单位均有代号。紧急情况下，只要广播电台呼叫代号（如"冬玫瑰""乔治·华盛顿"），就立即成建制地集合报到。

（2）采取先发制人、突然袭击、速战速决等战略方针（即所谓"预防性"战略方针），打进攻战。为此，陆军以坦克部队为主体，空军以战斗—轰炸两用飞机为骨干，海军则主要依靠小型快速攻击舰艇。

（3）在武器装备上，一方面依靠美国支援和从西欧进口，另一方面发展自己的国防工业和国防科技，生产某些先进的装备，减轻对外依赖程度。

（4）为弥补某些武器装备数量的不足，大力加强维修保养能力，提高利用率，同时加强人员培训，以便充分发挥武器装备的潜力。六五战争中，有限的飞机能够多批次轮番出动，不断保持对埃及的压力，即得力于此。

（5）为弥补某些武器装备质量的不足，从改进战术上找出路。例如海军"加百列"导弹I型射程只及埃及海军装备的苏制"冥河"导弹（40公里）的一半，于是，在对埃及海军作战中，一方面实施电子干扰，另一方面采取近战歼敌战术，在距敌舰20公里以内发射。第四次中东战争时就是这样干的。

（6）针对各个作战对象，建立北、中、南三个战区，加强战场准备。为了弥补战略纵深短浅的致命弱点，修筑巴列夫防线，以滞迟敌人。如此等等。

我们坚决反对以色列对阿拉伯国家的扩张政策，同时还要看到以色列国防上的某些做法特别是战略方针，根本不适于我国。但是，应当承认，以色列的经验提供了国防系统总体功能优化、做到扬长避短的一个成功的例子。

我们是社会主义国家，全国一盘棋，全军一盘棋。同资本主义国家相比，我们进行国防建设总体设计的条件是有利的。从整个国家来说，党的十二大已经为我们制定了到20世纪末社会主义建设的宏伟目标。这是国家最高层次的总体设计。像这样包含精神文明和物质文明在内的完整的国家总体发展战略规划，是资本主义国家不可能制定出来的。国家总体发展战略，为国防发展战略的总体设计指明了方向，提供了依据。但是，它代替不了国防建设本身的总体设计。我们至今还没有一个长远的国防建设的总体设计或规划。诚然，我们有五年计划，但这还不是长远的总体设计。我们之所以至今还没有一个国防建设的长远规划，主要原因是长期以来，我们处于准备早打、大打、打核战争的临战体制之下，无法做长远的、通盘的考虑。现在转变到和平建设的轨道上来，百废待兴，就迫切需要制定一个国防建设的总体设计了。这种迫切性是由于以下几个方面的考虑。

（1）预计的十几年的相对和平时期很短暂，如不抓紧利用，就会进一步拉大同发达国家军事上的差距，以致在21世纪初如果局势发生重大变化，将处于被动困境。为了不浪费宝贵的时间，必须对国防建设的全局精心设计，统筹安排，不能"打烂仗"。我们要有紧迫感。

（2）现代化武器装备的研制周期较长，一般需要10年甚至更长时间。有些项目，如果不及早上马，到21世纪初肯定拿不到手，因此要早做安排。哪些项目该上，哪些项目"七五"上，哪些项目"八五""九五"上，没有总体设计，是定不下来的。

（3）为了保证国民经济建设，我们的军费只能维持在最低水平。这是当前对国防建设最主要的限制性因素。军费如此之少，如何精打细算，保证合理分配，把钱用在刀刃上？这就得从总体设计中想办法。军费多，要抓总体设计。军费少，更要抓总体设计。

（4）国防系统各军种、各部门、各单位实现国防现代化的积极性都非常高，都恨不得尽快搞上去。怎么搞呢？由各军种、各部门、各单位自己搞自己的行吗？显然是不行的。没有宏观控制，微观会越活越乱。

（5）当前有一系列迫切需要解决的实际问题，需要从国防发展战略总体设计中找答案。例如，国防现代化的标准是什么？国防建设上如何缩短战线，保证重点？常备军到底以保持多大规模为宜？三线建设存在的实际问题如何解决？国防战略工程布局怎么搞？还有许多同志认为，在削减常备军的条件下，更要加强后备力量建设，实行军民结合、平战结合，采取寓兵于民、寓干于民、寓技术于民、寓战场准备于民，总之，把国防建设同国民经济建设有机地统一起来。这个设想当然是很好的，如何实现？

所有这一切都必须通过总体设计来解决。头痛医头，脚痛医脚，不行；走一步瞧一步，不行；利益均沾，撒胡椒面，也不行。因此我们说抓总体设计，是战略转变时期国防发展战略的首要问题，是突破口。抓好了这一环，其他问题就会迎刃而解。

怎样制定国防发展战略的总体设计

由于各个国家的国情不同，各国制定国防发展战略的具体做法也有所不同。加上发展战略是一门新兴的学科，不像传统的军事战略那么定型，许多问题特别是方法论的问题，还有待研究，因此没有固定的模式。我这里只是从国防发展战略总体设计全过程中挑选几个有代表性的关键环节加以介绍。就大概念来说，可以分为三大环节，即战略环境的分析和预测、战略目标和战略手段的统一、战略规划的制定。其中战略环境的分析和预测是前提；战略目标和战略手段的统一是核心；战略规划则是整个国防发展的具体体现，是实际执行的依据。这三大环节中，战略手段是一个集合概念，它包括发展道路的选择、战略重点的确定、战略阶段的划分，以及有关的政策和措施的制定，等等。我这里不可能一一谈到，仅仅是介绍一下发展道路和战略重点，连同环境、目标和规划，并列地介绍以下五点。

一、战略环境的分析和预测

所谓环境分析，实质上是弄清高层次系统对低层次系统起制约作用或者说产生影响的那些因素。就国防发展战略这个系统来说，它上面还有世界和国家这两个更高层次的系统，国防建设必然受世界形势和国情的制约和影响。实事求是地认识这种制约和影响，就能自觉地采取相应的国防发展战略，否则制定国防发展战略就没有前提和依据，就是盲目的，所定计划一定失败。当今世界上，完全不重视、不承认环境影响的人也有，但更多的情况是，对环境做了错误的估计，从而导致错误的政策和战略。我们的党中央历来是十分重视世界形势和国情的分析研究的，这是我们的传统，也是许多正确的政策和战略获得成功的依据。另一方面，我们也有过失误。今天，我们制定国防发展战略，也要从分析战略环境入手。这个讲座的前两讲，就是战略环境分析。我这里只是补充说明国防发展战略的环境分析和预测一般要包括哪些主要内容。参照国外的做法，联系我国的实际，大体上有这样几点值得重视。

1. 对我国安全的主要威胁（主要敌人）、次要威胁（次要敌人）、潜在威胁（潜在敌人）。与此同时，还要明确直接同盟军和间接同盟军。尤其是明确主要威胁（主要敌人），对国防建设的全局是极端重要的问题。在这个问题上，一错全错，因此这里主要谈这个问题。什么是威胁呢？美、日等西方国家提出这样一个定义：威胁就是侵略能力加侵略意图。如果一个国家光有侵略能力而没有侵略意图，就不能构成威胁；反之，光有侵略意图而没有侵略能力，也不能构成威胁。两者兼备，那就值得高度警惕了。这个定义可供参考。当然，他们所说的"侵略"，是站在他们的立场上说的。

历史证明，在错综复杂的国际环境中，确定主要威胁（主要敌人）并不容易。即使确定下来，在全国全军中统一认识也不容易。第二次世界大战时期的美国，究竟是以德国为主要威胁，还是以日本为主要威胁，就有过激烈的争论。罗斯福总统和陆军参谋长马歇尔等人从世界反法西斯战争全局出发，甚至在日本发动珍珠港事件之后，仍然坚持德国是主要威胁，力主"先欧后亚"（即先打败德国，而后打败日本）。西南太平洋战区司令麦克阿瑟和美海军作战部长金等人则从亚洲太平洋地区的局部出发，认为日本是主要威胁，力主先亚后欧。大战的结局，证明罗斯福、马歇尔一派的意见是正确的。在随后的朝鲜战争中，麦克阿瑟统率的"联合国军"遭到中朝人民军队沉重打击之后，美国统治集团内部又爆发一场争吵。杜鲁门为首的一派从美国争霸世界的全局出发，认为苏联是主要敌人，欧洲是战略重点，因此不能把朝鲜战争扩大到中国大陆。麦克阿瑟则相反，力主扩大朝鲜战争，把战火烧到中国大陆。显然，如按麦克阿瑟的办，就会打乱美帝国主义的全球战略部署。当时的美国参谋长联席会议主席布莱德利警告说，如果把朝鲜战争扩大到中国，那将是在错误的时间和错误的地点，同错误的敌人打错误的战争。结果，杜鲁门不得不仓促宣布将麦克阿瑟撤职。

这场争论绝不是麦、杜的个人之争，也不是杜鲁门对中国发什么善心，而是反映了美国统治集团内部对国际战略环境的认识上的根本分歧。认为威胁定义是侵略能力加侵略意图的日本，战后以来，在确定主要敌人这个问题上也经历了一个曲折过程，最后明确以苏联为主要敌人。法国在戴高乐政府时期，一度提出"全向防御"，实际上认为自己处于四面受敌的地位，后来转变为以苏联为主要敌人。

总之，在确定主要威胁（主要敌人）这个问题上，不能看一时一事，不能光凭国家关系的好坏，这里需要高瞻远瞩、统观全局的战略头脑，目光短浅狭窄是看不清楚的。19世纪英国首相帕麦斯顿曾说："英国没有永久的敌人和永久的朋友，只有永久的利益。"在一定条件下，敌人和朋友确实都是可以变化的。随意改变不行，该变的时候不变也不行。总之要特别慎重。

2．当前和未来一个时期的世界战略格局。这个问题的实质是战争因素和制约战争因素的消长，要回答涉及我国安全的未来战争爆发的可能性如何。

从防御型国家来说，估计未来战争爆发的可能时间，对国防建设是一个至关重要的问题。这个问题上的教训一般有两种情况：一是失之过迟，一是失之过早。失之过迟的典型案例，是德国入侵苏联前夕，斯大林对战略环境做了错误的分析，判断可以把苏德战争推迟到1943年，或者说推迟到希特勒征服英国之后。苏联的许多备战措施，都受这一估计的影响。然而，战争提前到1941年6月爆发。这时苏联在精神上、物质上和组织上的准备都很不够，导致战争初期仓皇应敌，很短时间内损失成百万军队，丢掉西部大片富饶的国土，全国陷于极大的困境。这是失之过迟的教训。那么失之过早就一定好吗？也不见得。我们在一个相当长的时期（主要是"文化大革命"时期），估计世界大战的危险日益逼近，于是采取准备"早打、大打、打核战争"的方针，把大量的资源用于备战，十几年如一日地处于临战体制之下，结果是"备战备战，备而不战"，严重影响了国民经济建设，也严重影响了国防现代化建设，留下的后遗症，至今仍是难题。比如仓库里堆积如山的手榴弹怎么处理？多少年用不完。这个东西既不能转民用，又不能回炉重炼，还不便长期保存。今天回顾这个问题，当然要看到当时的历史条件。当时确实存在着爆发战争的危险性，我们不能不提高警惕。军事上有一条传统的原则，即"从最坏的估计出发"进行准备。然而，从最坏估计出发做准备也要有个限度，总不能认为估计战争爆发的时间愈早愈好。所谓从最坏估计出发，我的理解是指平时对可能爆发的战争特别是突然袭击，预做思想上、物质上和组织上最必要的准备，有应付各种最坏情况的方案和对策，以保证临战不慌。再者，对战略环境的分析，不能光看最坏的一面，还要看到较好的一面，进而发挥我们的主观能动性去加强和发展较好的那一面。我们现在的对外政策就是这样做的。正当我们准备"早打、大打、打核战争"的时候，国外许多有识之士就看到新的世界大战一时打不起来。他们这种认识比我们至少早了十几年。在这个意义上，也可以说我们损失了十几年时间。是邓主席以他特有的无产阶级革命气魄和科学的求实精神，硬把这个认识问题给扭转过来了。这是来之不易的。当然，今后对这个问题还要继续跟踪监视。

3．未来一个时期战争的打法。更具体地说，包括未来一个时期内军事科学技术的可能发展及其对军队（特别是主要作战对象的军队）建设和作战方法的影响，也就是将使用什么样的武器，打什么样的战争，军队的组织形式将发生什么样的变化。明确了这个问题，就可以针对未来战争的需要来建设自己的国防，避免走弯路。军事历史上，由于对未来战争打法判断错误而付出沉重代价的事例很多，尤其是在军事科学技术迅速发展的时代，这个问题具有特殊重要性。第一次世界大战前夕，各主要国家的统帅部，对大战的预测有两点共同的错误：一是估计大战将是速决的，依靠战前储备的军用物资就够用了；二是大战将以进攻取胜，防御没有意义。结果大战一打起来，变成了持久战。由于消耗空前巨大，头几个月就把平时的储备打光了。沙皇俄国军队最突出。战前规定每门76火炮全年的弹药为1000发，实践证明只够用16天。有时四个人用一支步枪，一个军有一两千人赤手空拳等着从战死者手中接管武器。有些胜利的进攻战役，因弹药供应不上，半途而废，白白损失大批部队。各主要参战国都不得不实行史无前例的国民经济总动员，大幅度压缩民用，增加军工生产，这就带来一系列新问题。另一方面，由于机关枪（被称为"战场之王"）等速射武器与阵地防御工事相结合，给进攻造成巨大困难，往往付出了重大伤亡而进展极小，长期陷于被动境地。被称为"肉磨子"的凡尔登战役就是一例。到第二次世界大战初期，有些防御型国家对装甲部队与航空兵密切配合实施闪电式进攻的威力估计不足，还准备按第一次世界大战时的打法打防御战，结果又吃了亏，这是大家熟知的。我国未来反侵略战争将是什么打法呢？这就值得研究。当前，我们面临着新技术革命的挑战，军事技术发展的速度空前加快，武器装备更新换代的周期大为缩短，从而导致作战方法的迅速变化。预测未来使用什么武器、打什么仗，已成为国防建设的重大制约因素。

4．国家的经济军事实力和潜力，党和国家的政治路线、方针、政策和总战略。这一条是国内战略环境的高度概括，也就是对国防发展战略起制约作用的国内因素。这一条的重要性是不言而喻的。这里只需强调两点：第一，国防发展战略只能建立在国家实力和潜力的基础之上；第二，国防发展战略必须服从或服务于国家的路线、方针、政策和总战略，而不是相反。西方国家的国防建设也是这样做的。它们没有路线这一类的概念，但强调国防战略必须根据国家利益、国家目标、国家政策和国家战略来制定。

现在要问：分析战略环境的直接目的是什么？就是要落实到明确我国国防建设的有利条件和不利条件，以便制定扬长避短、以长克短的国防建设方针。

二、战略目标的确定

前面说过，系统结构的方式必须围绕特定的目标。没有目标，国防系统内部一切都是盲目的，各部门拧不成一股劲儿。有了明确的目标，系统内部各部分就有共同的方向，便于齐心协力。现在有一种管理方法——目标管理法。高明的领导，只要把所属系统的总目标和分目标制定好了，就可放手让下面去干，到时候检查一下目标是否达到就可以推动全局。当然，我这是简单化的说法，实际情况要复杂得多。

对现代化国防发展战略的目标，要有新的认识，新就新在国防系统所追求的目标，是能够实现整体功能优化的目标，而不是片面追求每个单元功能的优化。也就是说，我们不可能做到所有的飞机、舰艇、坦克、火炮和通信指挥系统都是世界上最先进的，所有的官兵素质都是最好的，但是可以做到人和武器有机的结合，使整个国防系统产生最佳的效果。我们追求的正是这样的目标。这样的目标要同国防系统的整体结构联系起来加以考虑。这首先就涉及国防体制问题，也就是说要从根本上理顺国防建设各方面的关系，例如国防建设与国民经济建设的关系，军队与国防工业及国防科技的关系，常备军与后备力量的关系，常备军内部首脑机关与部队之间、各军兵种之间、作战部队与保障部队之间、官与兵之间的关系，等等。所有这些关系都需要落实到一个恰当的比例。为了实现我国国防现代化，中央军委、邓主席首先抓"消肿"，即体制改革和精简整编，就是着眼于理顺这些关系，以便最终实现国防系统整体功能优化这个大目标。我们应该从理论上加深对这一战略决策的理解，并且自觉地执行。

其次，现代化国防发展战略目标不是单一的，而是一个极其错综复杂的目标体系。具体地说，现代国防发展战略目标具有如下四个特点。

（1）层次性。不同层次的战略有不同层次的目标。国防战略有国防战略的总目标，国防系统内部各军兵种、各部门、各战区还有自己的分目标，一直可以分解到每个基层单位，甚至人头。下一层次的目标要保证上一层次目标的实现。反过来说，上一层次的目标也要考虑下一层次目标能否实现。

（2）阶段性。国防发展战略要管一个相当长的时期，总的战略目标只能分阶段达到。通常应分为长期或远景目标（比如20年左右）、中期目标（10年左右）和近期目标（5年左右）。各阶段目标相互衔接，近期目标保证中期目标的实现，中期目标保证远景目标的实现。

（3）明确性。各个层次、各个阶段目标的表述应是明确的、具体的、可以检验的，要求尽可能用毫不含糊的概念和数目字来表达。当然，不同层次和不同阶段目标的明确性，在程度上是有差别的。目标层次越低，阶段越近，应该越具体明确。

（4）综合性。同一层次和同一阶段的目标，如国民经济建设目标要兼顾生产的数量、质量、品种和经济效益等几个方面一样，国防发展目标也要兼顾数量、质量和战斗力的形成等多个方面，不能单纯追求某个单一指标，例如数量。在整个国防发展战略的目标体系中，首要的当然是总目标。这个总目标是指在规定的时间以内，整个国防系统内部各军兵种、各部门、各战区共同努力所应达到的最高和最终目标，也是制定各种分目标的依据。我国国防发展战略的总目标是什么呢？有的同志认为"国防现代化"就是国防建设的总目标。其实，这只能说是国家总体发展战略规定的国防建设方针，不能作为国防发展战略本身的总目标。有同志认为建设一支具有中国特色的正规化、现代化的革命军队就是国防建设的总目标，其实这可以说是国家总体发展战略中规定的常备军的奋斗方向，也不能作为国防发展战略的总目标，至少还需要做某些补充，才能作为目标。我国国防发展战略的目标到底是什么，是需要大家研究的。

由于现代国防发展战略的目标体系极其复杂，制定目标就要特别慎重。一是不能凭主观意志和良好愿望，一定要反映国防建设的客观规律的要求；二是要从我国的国情和每一阶段的具体情况出发，强调目标必须切合实际。长期以来，我们在社会主义建设事业上，容易发生把战略目标定得过高的倾向，为此吃过许多苦头，很少有因目标定得偏低而吃苦头的例证。当前在制定国防发展战略总体设计时，吸取这个历史教训是非常有益的。

三、发展道路的选择

这是紧接战略目标确定之后要解决的大问题。外国人说"条条大路通罗马"，我们说"条条大路通北京"，但是在这条条大路中总有一条比较直接的、比较安全的、比较合乎经济原则的。这就要根据具体情况来确定。当今世界上许多国家的国防建设都有自己的道路。比如，美国有雄厚的经济潜力和先进的科学技术。为了争夺对苏联的军事优势，它不惜投入大量军费，全面发展国防，特别是追求"高大精尖"。里根政府鼓吹的"高边疆"战略（包括"星球大战"和太空工业化两大组成部分），就是最新的事例。另一方面美国也利用军事同盟的集体力量，向盟国转嫁军事负担。美国的道路，我们走不起。苏联为了取得军事上同美国平起平坐的地位，坚持传统的优先发展重工业（包括军事工业）的方针，不惜牺牲农业和轻工业，全面发展国防；当质量受限制时，就以数量补充之。这条道路在一定时期内，可以促使国防建设发展较快，但存在着潜在的危险性。美国正是企图利用苏联经济上的弱点，通过军备竞赛把它拖垮。美国的西欧盟国依靠美国的核保护，同时走跨国联合发展国防的道路。法国带头提出的"尤里卡"计划，最终目标是军民两用，也就是联合发展国防的最新最高形式。日本也依靠美国的核保护，在大力发展国民经济和科学技术的同时，有计划有限度地发展国防。还有某些阿拉伯国家，本身比较落后，但拥有石油美元，走的是花钱买现代化的道路。这些国家的国防发展道路各有特色。但也有某些共同之点，例如和平时期，在减少常备军的同时，力图加强后备役部队建设，提高动员准备程度；加强平时的战备训练，培训骨干；加强军事科研（包括军事理论和军事技术的研究）；尽可能储备军事技术和生产力，减少实物储备。发达国家还有一个共同点，即出口军火。我们采取什么样的发展道路呢？这又是一个值得认真研究的课题，我们应该走出一条中国式的国防发展道路，也就是符合中国国情的或具有中国特色的国防发展道路。这个问题实质上是中国国防发展战略总体设计的指导思想问题。外国的某些做法，是可供我们借鉴的，但从根本上说，我们要走自己的路。回顾我们的历史，中国人民在中国共产党的领导下，取得革命斗争的胜利，最重要的经验就是找到了一条自己独特的道路，比如农村包围城市。今天搞国防现代化建设，我们也有信心、有条件走出一条自己的国防发展道路。

我国国防建设是不是至今还在黑暗中摸索，根本不存在一条自己的道路呢？可能有不同的认识。我个人倾向于认为，客观上正在形成这样一条道路，可以说依稀可见，呼之欲出。这条道路见于十一届三中全会以来党中央、中央军委和邓主席的一系列的重大决策和指示之中，见于我们的光荣传统和正在进行的一系列实际工作之中。现在的问题是要有人去研究、总结，从理论与实践结合的高度上加以科学的论证，提出一个完整、准确的说法来。这件工作做好了，必将有助于我们更深刻地理解党中央、中央军委和邓主席的决策，更好地继承和发展我们的传统经验，特别是在毛泽东军事思想指引下以劣势装备战胜优势装备之敌的经验，人民军队、人民战争的光荣传统，从而更好地制定我国国防发展战略的总体设计。

四、国防发展战略重点的确定

战略重点通常是指对国防建设全局成败具有决定性影响的关键部位，是整个国防建设中最重要的环节。一般指薄弱环节，有时也可能指优势所在，也要根据具体情况而定。缩短战线、保证重点是普遍适用的原则，问题是要真正抓住重点。"抓重点"这种工作方法，在我国可以说是尽人皆知，但究竟怎么抓重点，怎样处理重点与非重点的关系，却不是容易的事，连富有经验的高层领导者有时也发生失误。我国国民经济建设历史上的教训是不少的。真正的重点要从系统的整体结构中去找，也就是从国防建设的全局中去找。换句话说，就是从局部与整体的关系上，从眼前利益与长远利益的结合上去找重点，去发现牵一发而动全身的部位。在实际生活中，时常有这种假象：叫喊得最凶的，不一定是真正的重点。不声不响的反而倒是真正的重点。这就要靠决策者的慧眼去识别。

重点也是有层次性的。有的国家在一定时期，或者以陆海空三军的某一军种为建设重点，或者以战略核部队或常规部队为重点，这是国防系统内最高层次的重点。这种重点选择是否恰当，必然影响全军建设和整体国防力量，需要慎重决策。美国艾森豪威尔政府片面强调发展战略核武器和战略空军，忽视常规部队，特别是陆军，结果走了弯路，以致战略上陷于被动。苏联在赫鲁晓夫时期也曾有过类似的教训。有时，一个军种本身的发展重点的选择，也可能影响全局。例如美国空军发展巡航导弹，看起来只是增加一种武器型号，实际上是一举多得，影响极大：它延长了B-52战略轰炸机的寿命，使这种30多年的老飞机至今仍在服役。更重要的是，它具有超低空突防能力，使号称世界上最严密的苏联防空体系无能为力，从而大大加强了美国"三位一体"的战略核力量的总体威力。随着条件的变化，重点与非重点是可以互相转化的。

五、战略规划的制定

从战略环境分析到战略规划的制定，是国防发展战略总体设计的一个完整过程。这个过程的前几个步骤，最终都要落实到战略规划的制定，形成正式文件，然后付诸执行。因此，战略规划是国防发展战略总体设计的具体体现。但是，战略规划绝不是国防发展战略研究成果的简单记录，更不是官样文章，因为制定战略规划的过程，也是对国防发展战略一系列重大决策的再检验和再论证的过程。无论是对战略环境的分析和预测，或战略目标的确定，发展道路和战略重点的抉择，只要发现有不够妥当之处，都要通过战略规划的制定加以修改、调整，使之更加符合实际。

国防战略规划，通常是指长远的、管一二十年的发展规划。根据这种远景规划，再制订分阶段的实施计划（比如五年计划）和年度计划。我们现在需要的，正是这种远景规划，作为党的十二大提出的我国到20世纪末的宏伟规划的重要组成部分。

为了使首长和同志们对国防发展战略规划有一个比较具体的印象，我想简单介绍一下现在世界上运用较广泛的一种方法，即前面提到过的美国的规划、计划和预算综合编制法（PPBS）。这是美国思想库兰德公司为合理分配和利用国家资源而设计的一种方法，其特点是把远景规划、分阶段的实施计划和年度预算三者有机地结合起来，一环套一环，并且每年根据情况的发展及时调整，形成多年度"滚动计划"。第一步是制订远景计划，主要包括未来较长时期的基本战略方针、长远目标以及实现目标的预想方案，并从中筛选最佳方案。第二步是制订最佳方案的实施计划，主要是把远景规划的项目分为若干大类，并估计完成每个项目所需代价，落实到五年计划。第三步是编制年度预算，主要是确定五年计划第一年预定完成的各个项目的先后顺序，同时确定各个项目所需经费，最后形成年度预算案。

规划、计划和预算综合编制法把美国整个自防系统的有关活动项目，按不同的分类方法集中到一起，以便统一考虑。例如，按计划任务分为十大项：①战略部队；②一般任务部队；③情报与通信；④空运和海运；⑤国民警卫队与后备役部队；⑥研究与发展；⑦中央补给与维修；⑧医疗卫生与人事；⑨行政；⑩对外军事援助。这十大项，可以说是美国国防建设总体设计的十大方面。当然也还有其他分类方法，例如按预算项目分类等。共同点都是打破三军界限，但许多项目最终还是落实到三军去执行。

这个方法，从60年代初开始实行以来，已有20多年历史，其间也暴露了一些问题，如上面同国家战略扣得还不紧，宏观控制的程度还不够，同时年度预算的时间跨度还太短，有人建议改为两年度预算。这些问题值得我们研究。我们完全可以结合自己的国情，搞出制定我们的战略规划的方法来。

关于国防发展战略研究本身的现代化

我们的国防建设要实现现代化，我们的国防发展战略研究也要实现现代化。这方面，我们已经有了良好的开端，特别是在国防科技等某些领域。现在需要在已有的基础上前进一步，借鉴国外适合我们国情的现代战略研究方法，同时吸收我国国民经济发展战略研究的新经验、新成果，更好地开展我国国防发展战略的研究。

第二次世界大战后，西方世界的战略研究空前活跃，美国成了西方战略研究的中心，尤其是50—60年代，被称为美国战略研究的"黄金时代"。总的来看，西方现代战略研究有如下几个值得注意的特点。

一、把新兴科学技术引入战略研究领域

所谓新兴科学技术，主要是指信息论、控制论、系统论、未来学、现代经济学和行为科学等学科，以及在这些学科基础上形成的决策科学，加上电子计算机这个现代化的逻辑手段。这就使得现代战略研究的面目为之一新。新兴科学技术引入战略研究之后，一个重大的变化是战略决策从传统的经验决策转变为现代科学决策。这种科学决策是指人们为了实现特定的目标，运用科学的理论和方法，系统地分析主客观条件，提出各种预选方案，经过科学论证，从中选择出最佳方案。这和传统的经验决策，即决策者个人或者加上身边的几个谋士，凭自己极其有限的经验、学识和智慧直观地决策，是有本质区别的。美国国防部自20世纪60年代以来使用的系统分析、费用效果对比分析等等，都属于科学决策的范畴。

与科学决策密切联系的是科学预测。所谓科学预测，是指运用现代科

学预测理论、方法和手段对未来（远景、中期和近期）进行估计。现代科学预测方法不下100多种，常用的有10多种。目前世界上有一股强大的"预测热"，美国等西方国家都在预测21世纪的战争打法和军队建设，作为它们制定国防建设规划的前提。

无论是科学决策还是科学预测，都强调定性分析与定量分析相结合。传统的经验决策虽然并不忽视数量，但基本上靠定性分析；现代科学决策则强调定量分析，同时并不排除定性分析，尤其是在战略问题上，定性分析的指导作用是不能忽视的。20世纪60年代，美国出现了一股定量分析热，但有点过头了，遭到一些人的批评，甚至连提倡定量分析的专家也指出：光凭电子计算机是算不出一个最佳战略的。但是随着现代数学和计算机技术的发展，定量分析方法也有了空前的发展，过去认为难以量化的许多因素，现在可以量化了。因此定量分析的作用和地位提高了，运用范围越来越广泛了，这是大势所趋。

二、重视群体决策和发挥咨询或智囊机构的作用

群体决策也就是我们常说的集体决策。这种方式有助于防止个人专断。为保障群体决策，西方发达国家还从组织和法制等方面采取一些措施，分散决策权力。智囊机构的大批涌现，是第二次世界大战后西方决策体制上的一个引人注目的发展。这类机构是为群体决策服务的，甚至可以说就是群体决策的组成部分。20世纪80年代初，美国政府各类官方的咨询组织达3000余个，其中不少是为国防服务的。为国防服务的所谓民间思想库，如兰德公司之类的也很多，据美国国会统计，不下五六十个。美国国防部部长办公厅和三军都有自己的智囊机构。日本从1965年建立第一个思想库以后，20世纪70年代形成席卷日本列岛的"思想库热"，大大小小的思想库达几百家，形成新兴的知识产业，以致不得不设立思想库协议会来进行协

调和管理。美国和其他西方国家的许多战略主张，都是这类思想库的产品。

三、大批文人战略家涌入战略研究领域

这种现象的出现，打破了传统的军人垄断的战略研究王国。文人战略家之中的许多人，本来是自然科学家或社会科学家，战略研究中的许多新方法，不少是他们带进来的。这就形成了战略研究领域中军民结合的局面，社会科学同自然科学结合的局面。文人战略家在国家战略和国家战略决策方面发挥的作用，有越来越大的趋势。

四、西方战略研究中还有一个现象值得注意，这就是他们经常开展的"战略大辩论"

国防领域的许多问题，包括战略方针、军种建设的方向、重大的武器装备发展项目等等，往往引起大辩论。每逢这种情况，我们惯于指出它是统治集团内部矛盾的反映。这种看法是正确的，但还应该看到另一个方面：这种战略大辩论也是对某种战略主张可行性的论证。通过辩论，国家和国防决策者权衡了利弊得失，为最后拍板定案准备了条件。

另一方面，西方现代战略研究也存在不少问题。即使它们行之有效的做法，也并不完全适用于我们，但这并不妨碍我们借鉴它们某些对我们有用的东西。

就我们国内来说，党的十一届三中全会以来，国家总体发展战略特别是国民经济发展战略的研究，是取得了重要成果的。尤其是党的十二大制定的国家发展总体规划，是一个突出的标志。最近六届人大四次会议通过"七五"计划，也是制定战略的范例。党中央、国务院在制定国民经济发展战略中，充分利用了现代新兴科学技术。单就"七五"计划的制订来说，就集中了全国各方面的专家400余人，奋战了两年多，首先完成"2000年

中国"的预测，作为制订"七五"计划和今后各项战略计划的前提和依据。这是一项宏伟的工程，是我国战略研究上的壮举。看来，我们有必要学习这种做法，补充一个"2000年国防"，这主要是军队系统的工作。

各种社会经济发展战略本来是从军事战略演变而来的，甚至名词术语都是从军事战略中借用来的。但是，发展战略本身的研究也有发展，从基本理论到方法论都有许多新名堂，反过来对于军事战略的研究也有促进作用。因此，我们研究国防建设要吸收国民经济发展战略的新经验。

我国国防发展战略的研究，拥有一支可观的掌握现代科学技术的研究队伍，取得了不少可喜的研究成果，积累了不少宝贵的经验。现在的问题是在借鉴国外战略研究和学习我国制定国民经济发展战略经验的基础上，把我国国防发展战略的研究提高到新的水平。要做的事情很多，下面几点是值得考虑的。

1．坚持科学预测和科学决策，做到制度化

国防建设上的一切重大问题，都有必要组织力量进行科学论证，多方案选优，不轻易拍板。对重大决策可能产生的直接影响和间接影响，通过预测或论证做到心中有数。为此，要充分发挥与预测和决策有关的新兴科学技术的作用。我们许多老首长、老将军不一定懂得高等数学，也不一定会亲自操作电子计算机，这会不会妨碍他们发挥决策作用呢？丝毫不会。相反，只要首长们善于利用"外脑"，即充分发挥专家、智囊机构和业务部门的作用，把定性分析和定量分析方法有机地结合起来，就会保证他们的决策更加符合实际，有更大的成功把握。

2．加强和完善国防发展战略的总体设计体制

国防发展战略要有人有机构来搞。按我军现行体制，军委直属的许多部门都与这个任务有关。但是，国防系统还需要一个大体相当于国务院的国家计委那样的总体设计机构，以避免制定战略规划时采取临时搭班子的

办法。这种办法在许多情况下是必要的。但是，完全靠这种办法也有问题：文件起草好了，人也散了，连档案资料都无法统一保管，更不用说追踪规划的执行情况，掌握信息反馈，及时提出追踪决策方案，供统帅部参考。这就需要在精简节约的前提下，在现有体制的基础上做适当的调整和充实，从组织上保证国防发展战略的总体设计工作更加有效。国防系统的总体设计机构不仅要组织和协调国防系统内部各方面的总体设计，而且要同国务院有关部门，特别是国家计委保持密切联系，主动向他们反映军队情况，提出建议，特别是涉及国防建设与国民经济建设有机结合这方面的情况。

3．进一步办好为国防建设服务的智囊机构

我军的各种智囊机构或思想库开始发展起来了，但同美国等西方发达国家的军队相比，数量还不算多，还有广阔的发展余地。这类组织不同于行政机构，即使有点重复和竞争，不仅无害，反而有益，因为高级决策者可以从多种渠道获得信息和对策方案。根据国内外的经验，智囊机构或思想库要想真正发挥作用，必须独立思考，即坚持实事求是原则，不看上级眼色行事，不故意"迎合"上级现成的结论，一切从实际出发，深入调查研究，引出科学的、独到的见解，这样才能真正充当决策者的"外脑"。

另一方面，现代领导者也鼓励智囊机构（当然也包括参谋机构和一切其他方面）大胆献计献策，甚至提出不同意见，并为此创造良好气氛。听到一点不同的见解，还没弄清情况就批，这不是好办法。例如，20世纪50年代苏联把西方刚刚兴起的控制论当作异端邪说来批判——这门科学是与导弹火箭有直接关系的。后来发现错了，回头又大搞，但损失了几年时间。我们的国防建设要想发展得更快更好，群策群力这一条是不可缺少的。

4．抓紧战略研究的智力开发

前面讲的三条，都离不开懂得现代战略的人才。所谓战略决策科学化，或者说战略研究现代化，归根到底是知识化，要拥有一批既懂得现代战略，又掌握现代新兴科学技术的人才。战略研究人才的培养周期，比其他某些学科人才的周期更长，因此要及早安排。当前搞国防战略总体设计虽然用不上，但长远看来是有战略意义的。

与战略研究智力开发有密切关系的是对外开放和交流。战略研究所需要的信息量特别大，尤其是最新的信息很重要。关起门来研究是不行的，必须"请进来，走出去"，了解当今世界上各种战略动向和战略研究的动向。这方面花一点钱是值得的。在战略研究领域出现的任何一种重大的创新思想，也许比增加多少飞机、坦克和舰艇意义更大。

我国几千年波澜壮阔的文明史上，出现过许多叱咤风云、惊天动地的伟大战略家和使世界为之瞠目的伟大战略理论著作。自从中国共产党登上历史舞台以来，无产阶级的战略家更是人才辈出、群星灿烂，战略思想的发展达到新的高峰。改革开放以来，军内外掀起了一股空前的战略研究热潮。这一切，都是我们今天开展战略研究特别是国防发展战略研究的非常有利的条件。只要各级领导带头，大家共同努力，我国、我军战略研究的"黄金时代"一定会很快到来！

第十二章　世界战争史研究的
几个基本问题*

战争是人类社会集团之间为了一定的政治目的而进行的武装斗争。这是一种特殊的社会现象，是用以解决民族和民族、国家和国家、阶级和阶级、政治集团和政治集团之间矛盾的最高斗争形式。从这个意义来说，战争是产生了私有财产和阶级以后才有的，换句话说是奴隶社会或最早是原始社会解体的时期才有的。本书所遵循的正是这种观点。当然，在私有财产和阶级出现以前的早期原始社会中，各部落之间也经常发生流血冲突，但就其本质来说，是不能和阶级社会的战争混为一谈的。

世界各地区进入阶级社会时间的早晚差距很大。古埃及、古巴比伦、中国等东方国家最早。从那时以来的几千年间，世界上究竟发生过多少次战争，至今尚无定论。根据某些中外学者现有的估计，在大约5000年有文字记载的历史上，先后发生的战争在1万次以上。这种估计的准确性尚有待专家学者继续考证，但可以断言的是，世界历史上战争现象十分频繁，真正的和平岁月是极其罕见的。如此频繁的战争对人类社会生活的各方面必然产生广泛而深刻的影响，因而是值得下大力气研究的课题。即使将来战争随着产生战争的社会根源的消除而消除，战争作为一种历史现象也将

---

* 本文原系吴春秋主编的《世界战争通鉴》(国际文化出版社1995年版)的导言，由主编撰写。此次发表改换了大标题，增加了小标题。

是具有永恒魅力的课题。

在数以万计的战争中，总有一些战争在历史上处于特殊的地位，它们对人类社会生活影响的广度和深度远远超过其他战争，因而值得予以特殊的重视。

千百年来，研究战争的著作可谓多矣。由于种种原因，不同国家、不同学者研究战争的目的不尽相同。我们认为，研究战争应该是为了探索战争这种特殊社会现象的本质和基本规律，从而为防止战争、维护和平或者在必要时打赢正义战争服务。从这个角度去总结前人在战争问题上的经验教训，以便使后人在战争问题上变得更加明智。

战争所涉及的问题不可胜计，要想面面俱到简直是不可能的。结合本书有限的目标和内容，笔者试图从千头万绪、错综复杂的战争问题中抽出如下三个方面谈些一孔之见。

战争性质是研究战争的头号问题，
必须实事求是加以区分

实事求是地区分战争的正义性与非正义性是研究战争和战略的首要问题，是确定我们对待战争的态度的基本依据。

众所周知，一切战争都是政治通过另一种手段（即暴力）的继续。战争是流血的政治。这种政治既包括对内政策，也包括对外政策，两者是在共同的社会经济基础上形成的。政治是经济的集中表现。政治决定战争的目的和性质，并且通过战略这个关键环节对战争计划和军事行动产生影响。区分战争的正义性与非正义性，首先必须确定战争行为主体的政治目的。总的来说，一切反抗统治阶级的压迫、抵御外来侵略、促进社会进步的战争都是正义的战争；反之，一切镇压革命、对外进行侵略扩张、阻碍社会进步的战争，都是非正义的战争。除了政治目的这个标准以外，其他说法，诸如交战双方谁先打第一枪或谁进入谁的国土等等，都不足以说明战争的性质。当然，更不能依据战争当事者的自我标榜，因为历史上许多非正义战争的发动者也打着"正义"的旗号，借以骗人。

无数历史事实证明，确定战争的正义性与非正义性并非轻而易举。历史上某些战争的性质，至今尚有不同看法。当代某些战争的性质，由于人们立场和利害不同，分歧更大。因此，必须根据具体的历史条件，客观地加以分析。历史上战争的性质大体上有以下几种情况。

一种情况是：战争一方是正义的，另一方是非正义的。例如公元前492年希腊诸城邦反对波斯帝国侵略的希波战争中，前者是正义的，后者是非正义的。从公元前334年起，亚历山大对波斯、印度等东方各国的十年掠夺性远征，显然是非正义的，而后者对亚历山大的抵抗则是正义的。这是古代的例子。中世纪阿拉伯帝国和奥斯曼土耳其先后对亚、欧、非一些国家的征服战争是非正义的，后者对异族征服者的武装抵抗则是正义的。以此类推，近代各国推翻封建反动统治的资产阶级革命战争，亚、非、美各大洲一系列国家反抗英、法、西、荷等老牌殖民主义压迫、争取民族解放的战争，其正义一方与非正义一方也是比较典型的。至于20世纪中前期法西斯阵线与反法西斯阵线进行的第二次世界大战，以及大战前后一些国家的国内革命战争和反对外国武装干涉、侵略扩张，争取国家独立和民族解放的战争，也都是如此。

另一种情况是：交战双方都是非正义的。这主要是指历史上某些争霸战争。古代典型的例子如公元前14世纪后期古埃及法老与赫梯国王争夺叙利亚等地区统治权的战争、公元前431年古希腊以斯巴达为首的伯罗奔尼撒同盟与海上强国雅典之间争夺霸权的战争、公元前3世纪古罗马与迦太基争夺地中海西部统治权的前两次布匿战争（第三次布匿战争的性质姑置勿论）等等概属此类。欧洲中世纪的许多封建王朝战争，特别是1618年起，欧洲两大强国集团——哈布斯堡王朝集团与反哈布斯堡王朝集团为争夺欧洲霸权而进行的三十年战争，双方的非正义性都是明显的。至于英国同西班牙、荷兰、法国争夺海外殖民地的多次战争，其非正义性也是不言而喻的。帝国主义时代的美西战争、日俄战争，特别是第一次世界大战中的同盟国和协约国，双方都是非正义的。当然，协约国方面的弱小民族如塞尔维亚，它为反对奥匈帝国的压迫而参战，这应当说是正义的，但不足以改变第一次世界大战整体上的非正义性质。

第三种情况是：战争的性质在战争进程中发生变化。比较典型的例子如在18世纪末至19世纪初的拿破仑战争中，新兴的资产阶级法国起初是为反对外敌入侵、保卫法国大革命成果而战，但后来逐步向扩张领土与争夺霸权的战争转化；反法联盟起初是为了扼杀法国革命、扶植波旁王朝复辟、维护欧洲封建势力而战，但后期有的成员国也具有反抗民族压迫的一面。在1870年普法战争中，尽管普鲁士在一定程度上是为排除德国民族统一的严重障碍而对法作战，但基本上仍属于王朝战争，双方都是非正义的。但普军在色当一役大获全胜并俘虏法皇拿破仑三世之后，仍继续坚持战争，向法国首都进军，激起法国人民的武装起义，于是普鲁士的战争转变为侵略和掠夺的非正义战争了。

此外，战争的正义性与非正义性同时互相交织的情况也间或有之。19世纪多次俄土战争中的土耳其就具有双重性：这个早已衰落的帝国抵抗沙皇俄国的侵略扩张，这应当说是正义的；另一方面，它坚持对巴尔干等地各民族的压迫和残暴统治，这是非正义的。

一般来说，正义战争通常在历史上起进步作用，非正义战争通常起反动作用。但是也要承认某些非正义战争在客观上起了某种积极作用。欧洲中世纪时延续了100多年的十字军东侵本来是非正义的，但客观上促进了西欧商业与手工业的发展，同时促使东西方的联系更加频繁。中世纪英国两派王朝之间的玫瑰战争双方都是非正义的，但战争的后果是英国腐朽的封建关系的削弱和新兴的资产阶级关系的加强。同样，上述俄土战争中俄国对土作战，客观上造成了有利于巴尔干等地各民族反对土耳其暴政的形势。诸如此类的现象都是事实。但是，必须强调说明：战争本身的非正义性和它在客观上产生的某种积极作用是两回事，不能因为客观上的某种积极作用而否定非正义战争本身的非正义性。

正义战争具有极大的威力。正如中国古代兵书《三略·下略》所说，"以义诛不义，若决江河而溉爝火，临不测而挤欲堕，其克必矣"，这是对正义战争威力的形象化写照，但断言"其克必矣"则不一定。因为决定战争胜负除了正义与非正义这个极为重要的因素之外，还有许多其他主观和客观因素。正义战争以失败告终的例子甚多，历史上许多奴隶起义、农民起义、人民革命战争和反对外敌入侵的战争都失败了。但是，应当肯定，得道多助，战争的正义性确实有利于赢得国内外广大人民群众和主持正义人士的同情和支持，为克敌制胜创造非常有利的条件。

一切战争，不论其性质如何，都具有很大的破坏性。然而我们并不反对和否定一切战争，我们反对和否定非正义战争，同情、支持和肯定正义战争。这是我们对待战争的基本立场和态度。

军事学术随生产力和生产关系的发展不断演进

军队和作战方法（军事学术）随着时代的发展而不断演进和变化，归根到底依赖于不同时代的物质生产水平以及与之相适应的社会制度的性质。

一、奴隶制时期

在奴隶制社会，物质生产水平极其低下，经济能力只容许建立装备原始冷兵器的少量军队，用以镇压奴隶反抗，掠夺其他民族和国家的奴隶。早期奴隶制军队一般由最高统治者（如古埃及法老）的亲信组成的亲兵为骨干，出征作战时辅以奴隶主和自由农民组成的义勇军。步兵是主要兵种。但在古波斯等国，除步兵外，骑兵也有所发展，有的还建立了乘坐战车、大象和骆驼作战的武士队。早期奴隶制军队的战术仅限于简单的布阵和两军正面冲突，战略行动则限于短时间的出征。

欧洲奴隶制后期以古希腊和古罗马最为典型，其军队由统治阶级成员即奴隶主组成，就其形式而言是一种"民兵"体制，因为每一个自由民出身的男子都必须服兵役。随着社会经济的进一步发展，奴隶制军队从民兵体制变为雇佣常备体制；破产农民和手工业者不得不应募从军。这种雇佣常备军在古罗马得到充分发展。军队的基本组织单位是由重步兵、轻步兵和骑兵组成的军团。除个人使用的各种冷兵器外，还广泛使用云梯、攻城槌、弩炮等攻城器材，同时出现了比较复杂的战斗队形——方阵。这是一种密集的纵深队形（8～12列以上），每列800～1000人，正面约为500米，一般为长方形，少数为正方形或梯形。通常战斗从投掷武器的距离上开始，以轻步兵和骑兵的正面和翼侧突击以及随后的追击告终。方阵的优点是能够实施强有力的正面突击，但机动性受到限制，翼侧易受攻击，而且不能在起伏地和遮蔽地作战。古希腊统帅埃帕米农达、马其顿王亚历山大和另一位古希腊统帅色诺芬对方阵战术的运用有过重要发展。战略上，随着军队装备的改进和被征服国家资源的利用，军队作战能力有所提高，出征时间和距离相应地延长。

在奴隶制社会，一些国家建立了海军，装备简陋的划桨小船，战争结局通常取决于接舷格斗。

二、封建制时期

大约在公元5世纪，欧亚非一些地区开始形成早期的封建国家，生产技术和经济能力有了新的发展，于是出现早期的封建制军队，用以维护封建主统治、镇压农奴反抗并掠夺新的土地和农奴。最典型的封建制军队是在大封建主（国王、大公）周围形成的最初的封建常备军——骑兵扈从队。这是封建军队的核心，成员都是贵族。出征作战时，由封建主的农奴和农民编组的步兵担任辅助任务。这种骑士军最小战术单位由一名重装骑士及其侍从人员组成。封建割据时期实际上没有全国统一的军队，各诸侯国均拥有自己的骑士军。君主在战时召集各诸侯国的军队。骑士军典型的作战方式是全副武装的骑士个人之间的乘马格斗，谈不上什么战略战术。这个时期是欧洲军事学术停滞的时期。

直到14世纪，中国首先发明的火药传到西欧和中欧，加上炼铁技术的发展，使整个作战方式发生了革命。以封建制度的解体、中央集权国家的建立和城市的兴起为标志的社会政治大变革，也起了推波助澜的作用。其结果，军队和战争的面貌发生了深刻的变革，主要表现在：由中央集权国家君主统一指挥和统一供给的雇佣军取代各自为政的封建主亲兵成为主要的军事制度，人数众多的步兵取代少数贵族骑士组成的重骑兵成为主要兵种；骑兵作为一个兵种仍然存在，但已发展为轻骑兵；滑膛火枪取代长矛等冷兵器成为战场上的主要武器；一个新的兵种——装备滑膛炮的炮兵应运而生；便于发扬火力和减少人员伤亡的线式战斗队形取代方阵成为主要的战术；分兵把口式的"封锁线"战略体系和以威胁敌方交通线为主要目标的"机动战略"逐步形成。

与此同时，海军和海战也发生了重大变革：由于使用罗盘和火炮，帆船取代划桨小船成为舰队的主要组成部分；炮击取代冲撞敌船、使用各种投掷装置以及接舷战而成为主要作战方法。

上述一系列变革经历了几百年的漫长岁月，其间比较突出地体现在尼德兰资产阶级革命战争（1566—1609）和三十年战争（1618—1648）中。前一次战争中的尼德兰统帅莫里茨（奥兰治亲王）和后一次战争中的瑞典国王古斯塔夫二世，在实现上述某些重大变革方面发挥过重要作用。

自由资本主义时期（18世纪中期），欧洲从英国开始，发生了以蒸汽机的广泛使用为标志的产业革命，并逐步波及其他国家，促使工场手工业为机器工业所取代，把社会生产力从铁器时代推进到机器时代。政治上，18世纪末叶爆发了震撼全欧的法国资产阶级大革命，猛烈冲击了各国的封建农奴制，为发展资本主义开辟了广阔道路。产业革命和政治革命导致军事上一系列崭新的发展，集中地体现在法国革命战争和稍后的拿破仑战争中：以摆脱了封建农奴制压迫的广大农民为主体建立了庞大的资产阶级民族军队，用以取代封建性的雇佣军；同时在全国推行普遍的义务兵役制，用以取代过去的招募制。后勤保障实行征用同建立仓库体系相结合的制度，不再单纯依赖补给线，从而大幅度提高了部队的机动性。完全打破了以威胁敌军补给线为目标的过时的"机动战略"，改取以歼灭敌人有生力量为目标的决战战略，为此集中优势兵力于主要方向，通过一两次"总决战"解决问题。完全打破了呆板的线式战术，改用纵队与密集散兵线相结合的新战术。部队的编制出现了步、骑、炮诸兵种合成的军。这些军既可以独立作战，又可编成临时的集团军，遂行大规模会战任务。与此同时，军队武器装备有了重大改善，普遍使用枪托弯曲并带有准星的火枪和威力更大的火炮。

同一时期，海战也发生了变化。随着舰炮火力大为加强和舰队机动力的提高，长期以来敌对舰队按平行航向进行海战的方法被摒弃，而改取海上机动战术。

这一阶段军事学术的创新中，法国的拿破仑和英国的纳尔逊分别在陆战和海战方面作出了重要贡献。

世界进入19世纪中后期后，随着炼钢技术、铁路运输和有线通信等最新科技成果的广泛应用，导致一系列新兴工业部门的出现。这一时期也是资本主义大发展的时期，同时无产阶级开始登上历史舞台。在这一背景下，军队组织和军事学术又出现了崭新的情况。首先是武器装备的飞速发展：线膛枪炮代替滑膛枪炮；连发枪和速射炮日益成为战场上的主要武器，同时无烟火药代替了黑色火药。军队火力的空前加强，导致疏开的散兵线队形和堑壕、铁丝网等野战工事的广泛采用。铁路运输用于军事，极大地提高了军队的战略机动力。有线电报、电话大大改善了部队的通信联络。总参谋部的普遍建立，使军队的领导和指挥发生了飞跃。同时，海军的面貌也大为改观：木制帆船被蒸汽机推动的钢甲战舰所取代，战列舰成为舰队主力，宣告海军进入大炮巨舰时代。

这一时期军事学术得到进一步发展，特别是普鲁士名将老毛奇那一套先敌动员、利用铁路进行外线机动，突然采取行动，对敌重兵集团实施分进合击的战略，产生了广泛而深远的影响。美国海军思想家马汉的海权论思想也出现在这个时期的后一阶段。这一时期，以马克思、恩格斯为代表的无产阶级军事科学理论的创立，更具有深远的历史意义。

三、帝国主义时期

20世纪初至20世纪中叶，科学技术的突飞猛进，把人类社会生产力又推进到一个全新的高度。新的能源——电力和内燃机的广泛利用，电气工业、发动机制造业、汽车和航空工业等新兴工业部门的飞速发展，再加上无线电的普遍应用和生产主要过程的机械化，使这一时期成了高度发展的"电气时代"。同时，帝国主义制度的确立和发展，促使劳动与资本的矛盾、殖民地与宗主国的矛盾、帝国主义列强之间的矛盾以及后来出现的帝国主义与社会主义的矛盾，日益尖锐化，导致一系列激烈的、大规模的战争，特别是两次世界大战处于特殊重要的地位。

帝国主义时代的战争和军队具有两个最突出的特点：一是以空前的规模把科学技术用于战争，从而造成空前的破坏；二是人民群众在战争中的作用比以往任何时候都更为重要。具体说，这一时期军队和战争领域产生了如下的变革：军队的武器装备增添了全新的成分，如坦克、飞机、潜艇、航空母舰和化学武器等，并且相应地出现了空军、防空军、空降兵、化学兵等新的兵种。地面部队的战场机动方式从徒步、乘马、乘畜力车向机械化、摩托化过渡。出现了空地协同、步坦协同、实施快速突击的崭新作战方式（如"闪击战"）。战略上的突然袭击，不宣而战，成为战争发动者的惯用方法。对敌人深远后方实施战略轰炸的作战方式应运而生。利用航空母舰编队争夺制海权以及潜艇战和反潜战，成为海上斗争的主要形式。战场从平面发展到立体，战线长度发展到上千公里。陆军编制最大单位从集团军发展到集团军群（方面军），甚至方面军群。参战国总兵力可占总人口10%，甚至更多，历史上首次出现了一个国家战时拥有千万大军的现象。前后方的界限被打破，前方对后方的依赖性越来越大，出现了史无前例的全国总动员的局面。

随着新的军兵种——空军和装甲兵的出现，制空权和装甲制胜论也相继形成。在战略上，这一时期的战争表明，军事与政治、经济、科技以及心理等非军事因素的交织空前密切。战争是对每个民族全部物质力量和精神力量的考验。这种情况促使对战争的战略指导空前复杂化，于是在西方一些国家出现了"总体战"和"大战略"理论。其中，大战略理论具有特别重要的意义，其精髓在于综合运用国家的全部力量以实现国家的总体战略目标。这种理论是在第一次世界大战经验的基础上产生的，对反法西斯的第二次世界大战的胜利及战后东西方冲突均有深刻影响。

应当强调的是，在帝国主义时代，出现了由共产党领导的人民军队、人民战争和人民战争的战略战术这样一种崭新的事物。这是马克思、恩格斯奠基的无产阶级军事科学在新的历史条件下的开拓和创新，直接运用于指导人民的大规模战争实践，并且取得了光辉的胜利。中国和世界上不少国家都为此作出了宝贵的贡献。

四、当代军事的新发展

在第二次世界大战时期积累起来的科学技术成就和生产力飞速发展的基础上，大约从20世纪40年代开始，发生了又一次大规模的产业革命，它以电子计算机、原子能和空间技术等一系列新技术为主要标志，使生产力以飞跃速度向广度和深度发展，由此引起战后军事上的大变革。

首先是导弹核武器系统的出现并装备军队，从而引起一系列连锁反应：出现了崭新的军兵种——导弹核部队，出现了崭新的战争样式——核战争，增加了崭新的防御形式——战略核防御（民防或人防），出现了核条件下的军队体制、编制和作战方法。与此相适应，出现了指挥与通信以及军队管理等方面的重大革新。军事思想领域则出现了核战争和核威慑理论。

在这个所谓的"核时代"，还有一个奇异的然而又是合乎规律的现象，即在核垄断已被打破的条件下，核武器数量越多，威力越大，使用的可能性越小。这期间核战争没有打起来，倒是使用常规武器的局部战争此伏彼起，从未间断。

军队和军事学术的发展没有终结。大约从20世纪80年代以来，人们又把注意力从"核时代"延伸到所谓"核后时代"，探索在当代高技术群（微电子、新材料、新能源、生物工程、空间和海洋技术等）突飞猛进的条件下，未来的军事将出现什么新情况。这个问题已超出战争历史的范围，是军事未来学家研究的课题。这里应当指出的是，"高技术局部战争"这个新概念已经出现。从1990年海湾战争中电子战、隐形飞机和高度精确制导武器的运用，可以窥见未来高技术局部战争的某些端倪和趋势，这是应当认真对待的。

从以上对人类有史以来军队和战争演变的粗线条回顾可以看出，军事领域一成不变的东西是没有的。一切都取决于不同时代的物质生产水平和科学技术以及与之相适应的政治社会制度的性质等客观条件。条件变了，军队组织和作战方法也必须相应地改变。历史上任何杰出的军事改革家和统帅都不可能脱离这些条件而随心所欲地创造，然而他们能够在客观条件许可的范围内充分发挥主观能动性，探索新的作战方法，加以巧妙运用，因而克敌制胜。反之，历史上有些愚蠢的将领或军事保守派，不顾时代和条件的变化，总想照搬前人成功的经验，例如拿破仑战争时期，普鲁士统帅部试图沿用距当时已半个世纪的弗里德里希二世的战法；拿破仑战争结束半个世纪后的克里米亚战争中，沙皇俄国统帅部还照搬拿破仑时期的战法；第二次世界大战初期的法国统帅部也曾照搬第一次世界大战时的打法。如此等等，没有不招致灾难性后果的。

总之，研究各个不同历史阶段、不同地域和民族、不同性质的战争，应当着眼其特点和着眼其发展，这一科学论断仍是颠扑不破的真理。

世界战争史对防御型国家说：居安思危、有备无患

居安思危、有备无患，是爱好和平的国家和人民从世界战争史中获得的最宝贵的教益。

世界战争史反复证明：军事力量与战争准备对于国家兴亡、民族盛衰、人民安危关系何等密切。自古以来，人们对国防的重视是理所当然的。

在对待军队和战争的问题上，历史上曾出现过两种错误倾向：一是穷兵黩武，二是偃兵息武。这两种倾向各执一端，都是祸国殃民之道。

黩武主义者迷信武力，片面夸大军事的地位和作用。他们为了扩大军队和进行战争，不惜竭泽而渔，最后弄得民穷财尽，自食恶果。黩武主义者进行的战争往往是侵略扩张的非正义战争。他们对被征服民族和国家的残酷掠夺、野蛮镇压，必然激起天怒人怨，群起反抗，使之陷于内外交困。古今历史上辉煌一时的大帝国，从极盛到衰落覆灭，土崩瓦解，其原因固然是多方面的，但穷兵黩武则是重要因素之一。古代亚历山大远征万里、历经十载建立的庞大帝国，在他死后迅即瓦解，成为历史长河中的昙花一现，就是一例。中世纪地跨欧亚非三大洲的奥斯曼帝国，近代主宰欧洲大陆的拿破仑帝国，现代法西斯德国建立的欧洲"新秩序"和日本军国主义的"大东亚共荣圈"，都是依靠武力征服，都没有避免覆灭的命运。所谓好战必亡，就是这个道理。我国古代兵书《百战奇略》说："夫兵者，凶器也；战者，逆德也，实不获已而用之。不可以国之大、民之众，尽锐征伐，争战不已，终至败亡，悔无所追。然兵犹火也，弗戢，将有自焚之患。黩武穷兵，祸不旋踵。"这是对迷信武力者的很好批判。

与此相反，偃兵息武也是不可取的。世界战争史表明，许多国家和民族在外敌入侵时一筹莫展，直到败军亡国，陷入长期被人宰割和奴役的局面。除了其他因素（特别是力量对比过于悬殊）之外，统治集团腐败无能，不重视军队建设和战争准备，国民安于和平生活，也是常见的重要原因。读者不难从本书中看到某些典型事例。上引我国古代兵书《百战奇略》对忘战必危的道理，也做了很好的阐发："凡安不忘危，治不忘乱，圣人之深诫也。天下无事，不可废武；虑有弗庭，无以捍御；必须内修文德，外严武备，怀柔远人，戒不虞也。四时讲武之礼，所以示国不忘战；不忘战者，教民不离乎习兵也。"这也是对不切实际的和平主义者的很好批判。

居安思危、有备无患是一条永远立于不败之地的指导思想，对于对外推行和平共处政策，对内致力于经济建设和社会发展的国家，具有十分重大的现实意义。

首先要"思危"。从世界战争史的角度看，所谓"和平时期"不过是两次战争之间的过渡时期而已。历史上多少国家之间信誓旦旦地签订过"永久和平"条约，实践证明那只不过是一张废纸。单是第二次世界大战以来，大小武装冲突一百多次，其中较大的局部战争数十次，也是有力的证明。截至本文定稿时（1994年），我们仍然可以听到阿富汗、前南斯拉夫和前苏联地区，以及非洲大地的战场上传来的枪炮声。还有不少地区存在着潜在的战争危机。总之，这个世界并不太平。

"有备"，并不意味着和平时期维持庞大的常备军和开支庞大的军费。相反，历史的经验昭示我们，和平时期的军队要少而精，即数量要少，人员素质要精，武器装备要精。军费只能限制在国民经济许可的范围以内。同时历史经验还昭示我们，和平时期国防建设上少花钱多办事也是可能实现的，这就是走平战结合、军民兼容的道路，争取国防建设与国民经济建设及社会发展互相结合、相得益彰。

"有备"，归根到底是提高人民群众的爱国主义精神，加强民族凝聚力和国防观念。武器是重要的因素，但人是决定性的因素。战争伟力之最深厚的根源存在于民众之中，这永远是真理。和平时期培养爱国主义、民族凝聚力和国防观念有一定难度，但可以做到，而且花钱不多，一本万利。依靠文化教育和舆论导向可以起到很大作用，但最根本的是坚持不懈地推行反映人民利益、要求和愿望的政策，赢得人民的真心热爱和全力拥护，使人民感到保卫祖国就是保卫自己的切身利益。这样就可以做到上下同心同德，一旦有事，就可以爆发出无比强大的能量。历史证明，这是克敌制胜的根本保证，是任何敌人也推不倒、攻不破的无形的万里长城。

第十三章　俄国对外战争史的
六个大战略问题*

　　从1547年伊凡四世加冕为俄国沙皇，到1917年俄国二月革命，370年间，俄国政府先后同欧亚两洲的10多个国家频繁地进行各种规模的战争。据笔者统计，主要对外战争（俄方一次出兵达几万人的战争）共37次。列表如下：

序号	战争	时间	备注
1	征服喀山汗国	1552年	
2	立沃尼亚战争	1558—1583年	对波兰、瑞典、立沃尼亚
3	俄波、俄瑞战争	1604—1618年	对波兰、瑞典
4	俄波战争	1632—1634年	对波兰
5	俄波、俄瑞战争	1654—1667年	对波兰、瑞典
6	俄土战争	1676—1681年	对土耳其
7	克里米亚远征	1687—1689年	
8	亚速夫远征	1695—1696年	
9	北方战争	1700—1721年	对瑞典

---

* 本篇原是《俄国军事史略（1547—1917）》（知识出版社1983年版）的结束语。这里的"俄国"是指沙皇俄国。它和后来的苏联以及今天的俄罗斯虽有历史的渊源，但存在时代和性质的区别。这篇结束语是从大战略角度对全书的总结，为研究大战略提供了沙俄这个特定历史条件下的比较系统的案例。此次重新发表附加了该书每章（共10章）的简评。全书结束语和各章简评结合起来形成一个整体，代表了作者关于沙皇俄国对外战争史较完整的看法。本文曾在美国两个大学进行过多次学术交流。

序号	战争	时间	备注
10	俄土战争	1711年	对土耳其
11	俄波战争	1722—1723年	对波斯
12	俄法战争	1733—1738年	又称波兰王位继承战争
13	俄土战争	1735—1739年	对土耳其
14	俄瑞战争	1741—1743年	对瑞典
15	俄普战争	1757—1762年	又称七年战争，对普鲁士
16	瓜分波兰	1767—1772年	
17	俄土战争	1768—1774年	对土耳其
18	俄土战争	1787—1791年	对土耳其
19	俄瑞战争	1788—1790年	对瑞典
20	瓜分波兰	1792年	
21	瓜分波兰	1794年	
22	俄法战争	1799年	
23	俄波战争	1804—1813年	对波斯
24	俄法战争	1805年	对拿破仑
25	俄法战争	1806年	对拿破仑
26	俄土战争	1806—1812年	对土耳其
27	俄瑞战争	1806—1809年	对瑞典
28	俄法战争	1812年	对拿破仑
29	俄法战争	1813—1814年	
30	俄波战争	1826—1828	对波斯
31	俄土战争	1828—1829年	对土耳其
32	镇压匈牙利革命	1849年	
33	克里米亚战争	1853—1856年	对英、法、土
34	俄土战争	1877—1878年	对土耳其

序号	战争	时间	备注
35	入侵中国	1900年	
36	俄日战争	1904—1905年	
37	第一次世界大战	1914—1917年	对德、奥、土

这些对外战争可以说明什么问题呢？从大战略角度看，至少有六个问题是值得注意的。

战争性质

沙皇政府进行的主要对外战争大多数是侵略扩张战争，其中争夺水域的战争占有突出的地位。

对这37次战争加以具体分析，可以看出其中大多数具有侵略扩张性质。沙皇政府发动或进行这类战争大致有下列目的：①夺取新的土地和农奴（早期），夺取殖民地和势力范围（后期）；②打开重要的贸易通道；③维护或巩固既得阵地；④排除竞争对手，争夺或保持霸权地位；⑤反对和镇压外国革命；⑥武装干涉别国内政，支持亲俄派夺权或保权；等等。有些战争往往同时具有多种目的。凡是为着上述目的而发动和进行的历次战争，不管是否由沙皇军队打响了第一枪，也不管对方进行战争的目的如何，从俄国方面来说，都是沙皇政府所代表的俄国统治阶级推行的侵略扩张政治的继续。

必须着重指出，在沙皇政府发动或进行的37次主要对外战争中，约有半数是直接为了夺取水域的战争。首先是为了打通进入波罗的海、黑海和里海之路，随后则是为了巩固和扩大沿海阵地，特别是为了控制土耳其的两个海峡，打通进入地中海之路。争夺水域是俄国的传统国策。在许多情况下，它蚕食陆地实际上是为了夺取水域，而夺取水域正如马克思所指出的，是它推行"世界性侵略体制"所不可缺少的。

在沙皇政府发动和进行的37次主要对外战争中，也有几次属于反对外敌入侵的战争，其中最著名的是17世纪初期反对波兰、瑞典干涉的战争和1812年反对拿破仑入侵俄国本土的战争。在这两次战争中，人民群众为驱敌出境发挥了决定性的作用。

应当指出，除上述两次战争外，俄国本土还多次遭受外敌入侵，主要有两种情况：一是在沙皇政府主动发动的某些侵略扩张战争过程中，对方的军队打进俄国本土；二是当俄军主力在西线打大仗时，土耳其和克里米亚汗国军队乘虚袭扰俄国腹地。但是，这两种情况并不足以改变当时沙皇政府本身发动或进行的战争的侵略扩张性质。诚然，历史上战争的性质问题是个复杂问题，关于俄国某些战争的性质至今尚有不同认识。但可以肯定，任何人都改变不了这一历史事实：沙皇政府进行的主要对外战争中大多数具有侵略扩张性质。

战略重点

沙皇政府以欧洲为重点，形成军事扩张的五个战略方向，其中在欧洲打大仗多，在亚洲占地大。

俄国本来是个东欧国家，它的政治、经济、文化中心都在东欧本土。距它的本土最近的中欧、西欧、北欧和南欧，或是欧洲富饶发达的地区，或处于重要的战略地位，或两者兼备，都是沙皇政府对外扩张的必争之地，而这些地区的国家或与这些地区利害攸关的国家，多属强敌，不可轻侮，其中有些国家也对俄国造成威胁。总之，欧洲是俄国的要害所在、安危所系，是它的战略重点地区。

就欧洲来说，俄国的军事扩张可分三个战略方向：一是北上，主要是控制波罗的海；二是西进，主要是吞并波兰，楔入欧洲心脏地带；三是南下，主要是宰割土耳其，控制巴尔干和黑海。这三个战略方向对俄国来说是密切联系的。只要哪个方向有隙可乘，它就会对哪个方向发动进攻。从全局看，西进处于特殊重要的地位。北上和南下虽各有其独立的目标，但在很大程度上是为了配合西进：控制波罗的海是为了从北翼迂回包围中欧和西欧；控制黑海则是为了打入地中海，从南翼迂回包围中欧和西欧。

尽管俄国的战略重点在欧洲，但它并不放松对亚洲的征服。沙皇政府对亚洲的军事扩张也可分为两个战略方向或南北两路：北路即强占西伯利亚和我国黑龙江流域，直达太平洋西岸（一度甚至占领阿拉斯加）；南路即越过高加索和里海，向中亚进军，矛头直指波斯（伊朗）、阿富汗、印度和中国西陲。总的来说，北路进展最快，几十年间就从乌拉尔推进到了太平洋。后期南路也取得重大进展，但始终未能染指波斯湾和印度洋。

沙皇政府实现各个战略方向的目标离不开战争。由于欧洲是它的战略重点地区，对手多属强敌，因而它在欧洲打的大仗特别多，不仅战争规模大，而且持续时间长（最长的达20余年），胜负难分。相比之下，沙皇政府在亚洲打的大仗却少得多，但就掠夺的土地面积来说，俄国在亚洲夺取的比在欧洲夺取的大得多。单是一个西伯利亚即约达1000万平方公里，相当于沙皇俄国形成时版图的3.5倍。被俄国征服的中亚地区也有近390万平方公里，相当于7个法国。沙皇俄国还是掠夺中国领土最多的国家，它在鸦片战争以后的半个世纪中，即割占了150多万平方公里的中国领土，相当于3个法国。

必须指出，说俄国在亚洲打大仗少，绝不意味着俄国扩张主义者对亚洲广大地区是和平征服，完全相反，这是赤裸裸的武装征服。仅仅是由于这个地区（指西伯利亚和中亚）的作战对象比较弱小，俄国不需要大量增兵，同时，远离俄国本土，在当时的条件下也难以大量增兵，加之俄军主力要用于欧洲。在这种情况下，沙皇政府通常只需要出动一小队哥萨克，携带几十条枪、几门炮，就能占领一大片土地。直到17世纪80年代中期（清康熙年间），入侵我国黑龙江流域的俄军，才遇到了当时正值强盛时期的中国的有力抗击，特别是在雅克萨地区两次遭清军痛歼，但当地俄军也不过800余人。俄国征服中亚的战争，规模大一些，但出兵最多时也不过1万余人。这些战争规模虽然不大，但极端野蛮残酷，具有资本原始积累过程中殖民掠夺的特征。

正是由于俄国在亚洲投入的兵力很少，对沙皇政府的战略全局牵动不大，因而沙皇政府即使在内外交困的时候，也没有停止对亚洲的蚕食和鲸吞。而在亚洲扩张取得的成果，反过来又大大有助于增强它在欧洲扩张的实力。

两线作战

当两线都是强敌时，沙皇政府坚决避免两线作战；如一强一弱，或者都是弱敌，则必要时不惜两线甚至三线作战。

沙皇俄国既然是多方向扩张，到处树敌，而它的实力又很有限，因此历次战争总是尽可能避免两线作战，尤其是当两线都是强敌时，更是如此。彼得一世时期，北线的瑞典和南线的土耳其都是强敌（相对而言）。彼得一世先是稳住瑞典，集中力量对土耳其作战，随后又稳住土耳其，集中力量对瑞典作战。他是坚持这条原则的。只有当他在波尔塔瓦会战中取得对瑞典的决定性胜利（1709年），瑞典已经转化为弱敌以后，他才一度同时对瑞、土两线作战。但事实证明，他过高估计了自己的力量，结果在土耳其前线（普鲁特河）几乎全军覆没。于是，他不惜接受屈辱条件，换取俄土和约，以便从腹背受敌的困境中解脱出来，集中力量继续对瑞典作战。

到叶卡捷琳娜二世时，俄国力量增强了，瑞、土两国进一步削弱了（瑞最弱，土次弱）。因此，1787—1791年俄土战争时期，当瑞典在北线开辟第二战场并且直接威胁彼得堡时，叶卡捷琳娜二世政府也不惜两线作战。

迨至亚历山大一世时期，他既要同强敌拿破仑争霸，又要对弱敌波斯、土耳其和瑞典进行军事扩张。这样，1804—1813年，俄国有4年处于两线作战状态，有4年处于三线作战状态。详见下表：

时间	作战对象	对象强弱	两线／三线
1804年6月至1805年底	法国、波斯	一强（法）一弱	两线作战
1806年11月至1807年6月	法国、波斯、土耳其	一强（法）两弱	三线作战
1808年2月至1809年9月	波斯、土耳其、瑞典	三弱	三线作战
1810年至1812年初	波斯、土耳其	两弱	两线作战
1812年6月至1813年10月	法国、波斯	一强（法）一弱	两线作战

最后，到第一次世界大战时期，俄国同时开辟了西北（对德）、西南（对奥匈）和高加索（对土）三个战场。根据当时的具体情况，西北、西南两个战场是不可分割的整体，因此，也可以说是两线作战。前者（东欧）是主要战场，对手是强敌；后者（高加索）是次要战场，对手是弱敌。

通观俄国两线或三线作战的历史，可以看出：第一，作战对象总是一强一弱或两弱，或都是弱敌，没有出现两线或三线都是强敌的情况；第二，所谓两线或三线，都是就欧洲本身或加上与欧洲紧密相连的高加索而言，从来没有在欧洲和亚洲（高加索除外）两个方向同时打大仗的先例。

开战决策

沙皇政府定下发动战争的决心受一系列主客观因素的影响，只要出现其中一两条因素，发动战争的可能性就会增大，而出现的因素愈多，可能性愈大。

在37次主要对外战争中，由俄国沙皇政府主动准备和发动的近30次。沙皇政府发动战争的根本原因在于俄国统治阶级的根本利益和体现这些根本利益的侵略扩张政策。这是内因或根据，决定了沙皇政府发动战争的潜在可能性。但沙皇政府究竟选择什么时机发动战争，特别是发动大规模的战争，则还要考虑主客观各方面的因素。这些因素即是外因或条件。只有在具备一定的条件时，发动战争的潜在可能性才会转化为现实。具体分析促成这种转化的条件，有助于认识沙皇政府发动战争的规律性。从沙皇俄国主动准备和发动的历次战争来看，对沙皇政府定下发动战争的决心影响较大的主客观因素，至少有下列12条：

——可以避免两线作战；

——外交和军事上有所准备；

——国内即将爆发严重的经济危机或政治危机（起义、革命）；

——用尽一切外交手段都无法实现既定目标；

——统治集团内部主战派掌权；

——当权派错误估计形势；

——敌国内部发生大分裂、大混乱（特别是有亲俄派勾结俄国出兵）；

——敌国遭到第三国进攻或进攻威胁；

——敌国外交上极端孤立无援；

——俄国支持的代理人濒于垮台；

——国际上存在纵容甚至推动俄国打仗的强大势力；

——国际上的注意力集中到其他方面，无力干涉俄国的行动。

前6条是主观因素，后6条是客观因素。这12条当然不可能包括所有的主客观因素，每一条因素所起的作用也并不一样，但沙皇政府每次下决心发动战争，总是有其中的几条因素起作用的，通常只要出现其中一两条因素（尤其是特定情况下起主要作用的因素），发动战争的可能性就会增大；出现的因素愈多，发动战争的可能性也愈大。以1904—1905年日俄战争为例。这次战争虽然不是俄国打的第一枪，但沙皇政府和日本统治集团同样都是发动战争的罪魁祸首。对俄国方面定下发动战争的决心影响较大的因素，包括上述第1条至第6条和第11条。具体情况大致如下。

——外交上稳定了欧洲局势，可以避免两线作战。首先是1894年俄国同法国建立了军事同盟，掌握了对抗和牵制主要敌人德奥同盟的工具。1902年，法国为维护同盟，表示支持俄国在远东的行动。同时，俄国通过划定与阿富汗的边界线，暂时缓和了与英国在中亚的冲突。

——德国统治集团推动俄国东进，企图激化俄日矛盾，迫使俄国调走西部驻军，假手日本削弱俄国，间接削弱法俄同盟对德国的军事压力。为此，德国主动作出缓和与俄国关系的姿态。德国的盟国奥匈帝国，也于1897年同俄国签订了维持巴尔干现状的协定，缓和了与俄国在该地区的冲突。这样，俄国更感到在西线无后顾之忧。

——俄国通往远东的西伯利亚战略铁路除贝加尔湖段以外，已经通车，中东铁路及其支线也已完成，具有一定的战略和战场运输能力。当然，对于大规模战争来说是很不够的，但沙皇政府本来就没有准备大打。

——1900—1903年间，俄国陷入席卷欧洲的严重经济危机中，国内正在酝酿一场大革命。沙皇政府迫切需要以对外战争的胜利来转移人民视线，提高沙皇的地位，以便镇压革命。

——以御前大臣别佐勃拉佐夫、内务大臣普列维和远东总督阿列克塞耶夫等人为代表的对日强硬派掌实权，尼古拉二世采纳了他们的主张，于1903年5月开始执行对日强硬的"新方针"。

——当权派对日本国力做了错误的估计，认为日军不堪一击，"扔帽子就可以把它压倒"。

——在对日外交斗争中，日方得寸进尺，要价越来越高。俄方软硬兼施，用尽一切外交手段，均无法迫使日本就范。

以上7条因素（或者说7种情况）加在一起，决定了沙皇俄国非打不可，特别是可以避免东西两线作战和国内革命迫近这两条，在当时的特定情况下起了十分重要的作用。

军事思想

俄国军事上存在保守与革新两派之争，两派都推行"进攻性战略"，而革新派尤为积极主动，对后世影响最大。

俄国国内激烈的阶级斗争和频繁的对外战争，对俄国军队的建设和军事学术的发展产生了深刻的影响。一方面，统治阶级为了有效地镇压国内人民的反抗和胜利地进行对外战争，迫切需要一支强大可靠、掌握先进作战方法的军队。另一方面，野蛮腐败的封建农奴制和沙皇专制制度，加上战争的非正义性，则使得官兵关系恶化，士气低落，大多数将帅无能，武器装备和战略战术落后。围绕如何解决这个矛盾，俄国统治集团内部逐渐形成保守与革新两大派。俄国历代大多数沙皇和他们宠信的大多数高级将领，以及后期的所谓"学院派"，不同程度地属于保守派或有保守派倾向。

早期的彼得一世等少数沙皇和18世纪后半期的名将鲁缅采夫、苏沃洛夫、乌沙科夫，19世纪的名将库图佐夫和资产阶级军事改革家米柳京等人则属于革新派的著名代表。一般认为，彼得一世是这一派的开山祖师，苏沃洛夫则是集大成者。两派的矛盾是统治阶级内部矛盾。分歧的实质，无非是看谁的主张对推行沙皇政府的内外政策更为有利。但在具体做法上，两派确有不同之处。其中，以18世纪后半期的情况最为典型。例如，在军队建设问题上，两派都看到了俄国封建农奴制军队的固有弱点，但开出的药方不同。保守派力图在俄军中照搬普鲁士军事制度，大搞形式主义和棍棒纪律，把俄军士兵训练成盲目服从的木偶人。革新派则更多地注意俄军本身的特点，号召士兵热爱祖国，利用大俄罗斯民族主义教育士兵，借以缓和官兵矛盾，培养士兵的主动性，同时重视军事训练与实战需要相结合。在作战方法问题上，由于俄国进行的大多数战争是侵略扩张战争，因而两派必然都是强调进攻的。但保守派往往行动不够坚决，特别是在战役战术上往往消极被动，甚至打成防御战，或因循守旧，不顾敌情、地形等条件机械地执行命令，照搬别人的或过时的打法。与此相反，革新派不仅在战略上积极主动地进攻，在战役战术上也是积极主动地进攻的。他们都是彼得一世"到敌人的土地上去找敌人"这条军事原则的忠实执行者。鲁缅采夫即使在很不利的情况下，也把希望寄托在坚决的进攻上。苏沃洛夫一生的战争实践，都是以快速、突然和猛烈的进攻著称。乌沙科夫则把苏沃洛夫的陆上进攻原则运用到海上作战中去。革新派在战役战术上也并不完全排斥防御，但把它看作极其次要的手段，而且防御归根到底是为了进攻。至于进攻作战的具体方法，革新派总是力图打破陈规，探索适合新条件的新的打法。

在长期的对立和斗争中，军事保守派的思想由于得到大多数沙皇的支持，因而在许多情况下占统治地位。军事革新派的某些将领虽然在对外战争中比较得力，但在统治集团内部斗争中却往往败北、失宠。然而，他们对后世俄国军事思想的发展却产生了不可估量的影响。革新派被后代人称为"民族学派"，他们的遗产成了俄国军事传统的重要组成部分。意味深长的是，俄国后世的革新派和保守派都崇拜苏沃洛夫等名将，只是革新派强调结合新的历史条件灵活运用前人的经验，保守派则把苏沃洛夫等人的军事原则当作"永恒不变的"教条。

战略长短

沙皇俄国战略上具有一长（在本土进行防御作战的能力强）、四短（出国进攻作战能力弱，怕两线作战，怕封锁出海口，怕国内起义）的特点。

尽管沙皇俄国传统的军事思想是强调进攻的，但历史表明，沙皇俄国最大的强点不在于进攻，而在于在本土（腹地）进行防御性作战的能力。这不是因为它强盛，而是因为它经济落后，地广人稀，交通极为不便，自然条件恶劣。正如恩格斯指出的："国内没有一旦攻下来就可以迫使它媾和的中心。"[①]敌人愈是深入俄国腹地，交通线愈长，困难也就愈多。同时，外敌入侵，必然激起俄国人民的强烈反抗。如果再加上军事指挥得当，那么入侵之敌就很难自拔。俄国古都莫斯科不止一次地被敌人占领，但都没有解决问题。17世纪初波兰几千军队在俄国的覆灭，18世纪初瑞典几万军队在俄国的覆灭，19世纪初法国几十万军队在俄国的覆灭，都反复地证明了这一点。

与此相反，俄国在出国进攻作战方面却显得相对软弱无力，根本原因

---

①《马克思恩格斯全集》第2卷，人民出版社1957年版，第18页。

是野心太大，力不从心。反映在军事上，就是战争的物质准备不足，武器装备落后，大多数将领指挥无能，士气低落（侵略扩张战争不得人心）。俄国战争史表明，俄军出国对强敌作战多次打败仗，或打成平局，只有在十分有利的条件下才能取得胜利，而且往往旷日持久。

在对强敌作战时，沙皇俄国极为害怕两线作战（这一点上文已有说明，这里不赘述）。

由于俄国波罗的海、黑海和远东沿海等几个方向的出海口均受制于人，因而沙皇俄国在战时很害怕被封锁。例如，克里米亚战争中，英法舰队在波罗的海、白海、黑海和远东海域，到处对俄国进行封锁、袭扰和炮击，打乱了俄国的战略部署，使之四面应敌，陷入困境。日俄战争时，俄国在远东有两个主要海军基地——海参崴和旅顺（海军主力驻在旅顺），两基地相距约1800公里，往来都必须经过日本控制的对马海峡。战争爆发时，日本突袭了旅顺口，封锁了海峡，使俄国一开始就丧失了制海权，对整个战局的发展产生了极为不利的影响。

最后，沙皇俄国十分害怕国内起义。这是由于沙皇政府对农奴和其他一切劳动人民以及非俄罗斯民族，实行极为残酷的剥削和压迫，因而导致国内阶级斗争不断深化，随时可能出事，使沙皇政府惶惶不安，如同坐在火山口上一样。在沙皇俄国军事史上，战争引起国内武装起义的事例屡见不鲜。每当它在国外进行侵略扩张战争时，只要国内爆发大规模武装起义，沙皇政府就会立即陷入被动。例如，叶卡捷琳娜二世发动的第一次对土战争后期，军事上节节胜利，但国内爆发了以普加乔夫为首的伟大农民战争，统治集团立即陷于内外交困的处境，被迫降低条件与土耳其停战议和。俄国在日俄战争中的惨败和被迫停战议和，在很大程度上也是由于国内革命运动的高涨。第一次世界大战时期俄国蓬勃兴起的革命运动，则不仅促使沙皇军队在大战中失败，而且从根本上埋葬了沙皇制度本身。

附：俄国对外战争史各时期简评

俄国第一代沙皇伊凡四世对外战争简评

16世纪中期，以伊凡四世加冕为标志，宣告沙皇俄国正式形成。当时俄国正处于封建农奴制确立和巩固的时期。沙皇政府主要依靠中小贵族加强中央集权制度，以军役贵族和射击军为骨干建立庞大的武装力量，作为镇压人民、打击封建割据势力和向外扩张的工具。随着俄国统一的实现，它的扩张欲望也相应增大，原因是贵族和商人渴望掠夺新的土地、农奴和财富，强烈要求占领具有战略意义的陆海贸易要道。

沙皇俄国一开始就以西方为其战略重点。正如现代苏联外交史家们指出的那样，虽然伊凡四世"统治的最初年代，他的对外政策是指向东方的"，"然而伊凡四世对外政策的基本方向并不是东方，其主要的努力是针对西方的"[1]。

应当指出，尽管打通进入波罗的海之路在伊凡四世的对外政策中占据了重要地位，但当时俄国仍然停留在马克思所说的"地域性蚕食体制"阶段，扩张的直接目标还不是海洋，而是邻邦的土地，在东西两线都是如此。

在战略指导上，伊凡四世不得不注意解决几个战略方向的关系问题。在东、南、西三面树敌的情况下，他采取了先东后西的方针，也就是先解决次要方向（喀山）的问题，后解决主要方向（波罗的海）的问题，力避两线作战。当战争中出现腹背受敌的威胁时，他仍坚持把主要力量用在主要方向。但在次要方向的局势没有稳定之前，他在主要方向不展开重大的进

---

[1] 波将金等主编：《世界外交史》第1卷，1959年俄文版，第265页。

攻行动。这样，实际上仍然避免了两线作战。

伊凡四世在对外战争中很重视军事斗争与外交斗争的密切配合。为了分化敌人营垒，争取喘息时间，他不惜作出重大的外交让步。

由于伊凡四世野心大、树敌多而实力不足，他的扩张政策仅仅在次要方向（东方）得逞，在主要方向（西方）则一无所获。

17世纪初期和中期两次俄波战争简评

17世纪是俄国封建农奴制不断加强的时期，同时也是阶级斗争异常激烈的时期。特别是17世纪初期，沙皇俄国陷入了内外交困的严重局面，国力削弱，自顾不暇。因此，它除了以小股部队继续对西伯利亚进行蚕食以外，在主要战略方向（西方）的扩张活动暂时转入低潮，被迫采取了守势。这里起决定作用的因素是俄国农民和哥萨克反抗斗争的高潮。到17世纪中期，随着国力的逐步恢复，沙皇俄国在加紧向西伯利亚和中国黑龙江流域侵略扩张的同时，在西方也恢复了攻势，主要是从波兰手中夺取了乌克兰。这是沙皇俄国在西方推行地域性蚕食政策的重大进展。

此后，沙皇政府把主攻方向转到了南线，对土耳其和克里米亚连续发动进攻。但由于沙皇俄国国力有限（长期对外用兵和镇压国内起义造成巨大的消耗），因而南进的战果不大。同时，它在远东的扩张也遭到强大中国的反击，不得不有所收敛。

17世纪初期和中期两次俄波战争，是这个世纪俄国军事史上最重要的事件。

1604—1618年的俄波战争，是波兰封建主利用俄国农民和哥萨克的反抗斗争入侵俄国，本质上是为了同俄国封建主争夺对俄国人民的统治权。这就决定了他们必然遭到俄国人民的抵抗，这是波军失败的根本原因。以米宁和波扎尔斯基为首的俄国民团，在人民群众的支援下，实行了正确的战略指导和作战指挥。俄国土地辽阔、经济落后和波军战线长、后方远、孤军冒进，也是波兰失败的重要因素。

1654—1667年的俄波战争，则是俄国利用乌克兰农民和哥萨克起义进攻波兰，本质上是同波兰封建主争夺对乌克兰人民的统治权。俄国充分利用了波兰的困境，特别是借助乌克兰、白俄罗斯人民的支持。在瑞典参战的情况下，俄国还利用瑞波矛盾，交替使用和战两手，实行各个击破，避免了两线作战，从而取得对波战争的胜利。

17世纪初期的战争，证明领地制军队已经过时。战后，沙皇政府进行了自伊凡四世以后又一次重大的军事改革，以外国式的新制团取代领地制军队和射击军，但这种新制团还不是真正的正规军，只能说是半正规军。

打通进入波罗的海的出海口和建立正规陆、海军这两大任务，直到下一个世纪初，才有条件获得解决。

彼得一世夺取出海口的战争简评

彼得一世代表俄国地主和商人阶级的根本利益，是学习西方先进国家的榜样。他对俄国进行了全面的改革，发展了封建经济，建立了正规陆、海军，把全国变成了一个大兵营，增强了对内镇压人民和对外进行扩张的实力，使俄国进入了欧洲强国之列。

彼得一世把俄国的对外扩张政策从地域性蚕食体制转变到世界性侵略体制，打开了通往波罗的海的出口，实现了沙皇俄国一个半世纪的梦想，为进一步西进和南下造成了有利形势。从此，俄国踏上了争夺世界霸权的道路。

彼得一世把战争作为侵略扩张的主要手段，执政30余年，穷兵黩武，战争不断。与此同时，他也十分重视外交斗争与军事斗争的密切配合。无论是战前还是战时，他都竭尽一切努力拼凑军事联盟，力争最大限度地孤立敌人，以军事压力配合和谈，迫使对方接受俄国的停战条件。总的来说，他对形势的观察比较锐敏，善于根据新的条件毫不犹豫地实行战略转变，手腕灵活，不拘一格。

在面临南（土耳其）北（瑞典）两个强敌的形势下，彼得一世总是千方百计避免两线作战。一旦出现这种威胁时，他就只顾一头，为此不惜接受屈辱的条件。但当胜利冲昏头脑时，他也作出过像进军普鲁特河那样的蠢事。

彼得一世在陆、海军的建设上，热心学习西方先进国家的东西，但也重视结合俄国的具体条件，讲究实效。在战争指导上，彼得一世崇尚进攻性战略，强调主动打到敌人国土上去。在强敌入侵时，他也能大踏步后撤，发挥战略防御的有利条件，但最终还是为了打出去。他重视会战的决定性作用，但相当谨慎，要进行长期周到的准备，确有把握而后动手。除波尔塔瓦会战外，俄国一般不进行决定全局的大规模会战，而惯于钻空子，以小打取胜。彼得一世在建军和作战上的一整套思想和实践，对后代俄国军事的发展产生了深远的影响。现代苏联军事史家普遍认为彼得一世是俄国军事思想中所谓"民族学派"的奠基人。

彼得一世从事的各项改革，是在巩固和扩大农奴制的基础上进行的，而农奴制和与之相联系的沙皇制度本身就是俄国一切罪恶和积弊的总根源。不触动农奴制和沙皇制度，就不可能真正改变俄国的落后面貌。因此彼得一世改革的成果是不巩固的。但是，他开创的争夺世界霸权的道路，则为后来的历代沙皇所遵循。

俄国与七年战争简评

彼得一世死后的30多年间，统治集团内部斗争激烈，阶级矛盾尖锐，国力削弱。但是，他的几代继承人始终坚持了以西方为重点的扩张政策，为此，在波罗的海和中欧方向发动或者参加了4次战争：波兰王位继承战争、对土战争、对瑞战争和七年战争。七年战争是这个时期俄国参加的最大的欧洲战争。

七年战争中，俄国的战略企图是削弱新兴的普鲁士，排除西进的一大障碍。它是在一系列有利条件下参战的：一是拼凑了军事联盟，孤立了普鲁士；二是由于暂时与瑞典结盟，免除了西北方向的后顾之忧；三是由于与奥地利和法国结盟，间接牵制了土耳其，免除了南线的后顾之忧。这样，它就可以集中力量对普作战，避免腹背受敌。俄国进攻普鲁士的战略计划，以夺取东普鲁士为当前目标，以入侵普鲁士腹地特别是占领首都柏林为最终目标；进攻路线选择在濒海方向，以便地面部队能够获得舰队支援，并从海上取得补给。这个计划本身是符合当时俄国的利益和地理特点的。但实现这个计划，不仅需要有强大的陆军和海军，而且要求二者之间密切配合，而这正是俄国所缺少的。

七年战争中，俄国统帅部——最高宫廷会议在战略的指导上存在严重问题。从政治路线（亲普反普）到作战指挥，内部都有不同意见，因此软弱无力。更糟糕的是，前线总司令受国内政局影响甚大，顾虑重重，行动很不坚决，影响了战争的进行。

七年战争中，俄军在战略上是进攻的，但在战术上（历次会战）却是防御的，消极等待敌人进攻。当敌人退却时，俄军不实施追击，因此不能全歼敌人，往往打成两败俱伤或得不偿失的消耗战。此外，俄军后勤保障制度的落后，也对出国作战产生了不利的影响。

七年战争中，普鲁士军队的战略战术，给俄国军队以深刻的印象，促使一些崇拜普鲁士军事制度的俄国将军更加热心地向普鲁士学习。另一方面，这次战争的经验教训，也使一些俄国军人看到，"机动战略"和线式战术正逐渐过时，必须探索适应新情况的新打法。在这次战争中初露头角的鲁缅采夫，就是这部分军人的代表。年轻的苏沃洛夫也参加了这次战争。从这一点来说，七年战争对18世纪后半期俄国军事的发展有不可忽视的促进作用。

叶卡捷琳娜二世和保罗一世的扩张战争简评

叶卡捷琳娜二世母子统治时期，对内镇压普加乔夫起义，对外三次出兵波兰，两次对土作战。第二次对土战争的同时，还对瑞典作战。在此期间，俄国巩固了波罗的海的霸权地位，打通了进入黑海的出海口，并吞了波兰，进而向地中海和西欧扩张，这一切标志着彼得一世确立的世界性侵略体制的重大进展。

1773—1775年的伟大农民战争，是俄国封建农奴制危机的一次大爆发，是18世纪前半期俄国对外扩张战争造成的必然结果。这次起义在俄国内部开辟了第二条战线，成为沙皇政府的心腹大患，是迫使叶卡捷琳娜停止第一次对土战争的决定性因素。这次农民战争既体现了扩张战争引起农民起义，又体现了农民起义制止扩张战争，对俄国的军事（从士气到军事思想）产生了全面、深远的影响。

叶卡捷琳娜二世每次发动战争之前，总要进行充分的外交准备，拼凑军事同盟，孤立敌人，避免两线作战。但特殊情况下，如1787—1791年俄国对土耳其和瑞典的战争，因两个都是弱敌（土较弱，瑞最弱），因而也不惜两线作战，但始终把主力用在主要战略方向（南线）实施进攻，在次要方向（北线）只用少量兵力进行防御。

这一时期，在俄国军事学术方面墨守成规的保守势力仍占主导地位，但也出现了以鲁缅采夫、苏沃洛夫和乌沙科夫为代表的革新派，其最突出的特点是强调积极主动进攻，以消灭敌人军队为主要目标，快速机动和集中优势兵力于主要方向，等等。其中，苏沃洛夫影响最大。他所指挥的绝大多数战役均获得胜利，远征意大利是苏沃洛夫军事学术发展的顶峰，但苏沃洛夫一生指挥的战役规模都不大。他直接指挥的作战部队至多不过六七万人，而且作战对象多属弱敌（例如波兰、土耳其），后期虽同法兰西共和国军队对垒，但始终没有同当时最杰出的统帅拿破仑交手。

在1768—1774年的俄土战争中，俄国波罗的海舰队首次进入地中海；1799年的对法战争中，俄国黑海舰队也首次进入地中海。这两次，俄国舰队不仅在战役战术上，而且在战略上配合了地面部队的行动。此后，俄国向地中海扩张的劲头愈来愈大，更加迫不及待地渴望控制土耳其海峡。

这一时期的各次战争特别是对土战争中，俄国在军事进攻的同时，总是利用土耳其控制下的巴尔干地区的民族矛盾，打着"支持"被压迫民族起义的旗号，力图浑水摸鱼。

18世纪后半期的俄国军事史表明，沙皇俄国的致命弱点仍然在于农奴制经济的野蛮落后和国内阶级矛盾的尖锐化。这一弱点的突出表现是：历次战争的军事（物质）准备不充分；动员速度慢；总兵力虽多，能用于出国作战的部队不足（许多部队用于镇压国内人民的反抗）；后勤补给困难；对西方盟国依赖性大。

亚历山大一世对拿破仑的战争简评

19世纪初期，俄国国内封建农奴制进一步衰落、资本主义因素进一步发展。在国际上，亚历山大一世同拿破仑激烈争夺欧洲霸权。亚历山大利用俄国人民的抗法热情和西欧各国人民争取民族解放的正义斗争，打败了拿破仑，爬上了欧洲霸主的地位，并且企图通过国外的胜利来巩固其在国内的统治。

1804—1815年的12年间，俄国同波斯、土耳其、瑞典、法国4个国家打了7次战争。战争之频繁，规模之大，在俄国军事史上是空前的。从全局看，法国始终是主要敌人（7次战争中有4次是对法作战），西线是主要战线。对法战争始终是俄国统帅部注意的中心，直接间接制约着俄国其他方向的军事行动。

亚历山大一世政府一如既往，总是力图避免两线作战，但他野心太大，树敌太多，未能避免两线作战的困境。在上述12年间，有4年陷入两线作战，有4年陷入三线作战。值得注意的是，当俄国处于两线或三线作战的情况时，其作战对象并不都是强敌。以三线作战为例，有3次是一强（法）两弱（波斯、土耳其），两次是三弱（波斯、土耳其和瑞典）。这样，次要方向对弱敌的作战，对于俄国总的战略部署的影响是有限的。

　　亚历山大一世进行的7次战争中，有6次是进攻作战，即打到外国领土上去，只有1812年抗法战争是被迫在本土上进行防御作战。历史表明，俄国在进行战略防御方面是具有优越性的。这不是因为它强盛，而是因为它大而落后。正如恩格斯指出的那样，俄国"国内没有一旦攻下来就可以迫使它媾和的中心"，"这个国家道途梗阻，幅员广阔，补给来源缺乏，因而它几乎是根本无法征服的"。[①]再者，外敌入侵，必然激起俄国人民的反抗，这就更增加入侵者的困难。拿破仑大军的覆灭，绝不是偶然的。

　　但是，同样正如恩格斯指出的，这个"强大的、在防御方面几乎是不能攻破的俄国，在进攻方面却相应地软弱无力"[②]。这是由于腐朽没落的农奴制和沙皇专制严重限制了俄国军事经济潜力的发挥。侵略扩张战争的非正义性质，更使俄军士气低落。因此，俄国不仅在1805—1807年的对法作战中惨遭失败，就连对波斯、土耳其、瑞典这样的弱敌作战，也往往旷日持久而不能解决问题。

　　在俄国军事学术的发展上，库图佐夫的战略战术，特别是他有计划地从战略退却发展到战略反攻的整套思想和实践，具有重大的意义。但库图佐夫的战法，只有在反对强敌入侵的战争中，才能充分发挥它的威力。从1812年俄法战争结束直到沙皇俄国的灭亡，俄国所进行的全部是对外侵略扩张战

---

①《马克思恩格斯全集》第22卷，人民出版社1965年版，第18页。
②《马克思恩格斯全集》第22卷，人民出版社1965年版，第18页。

争。因此，库图佐夫式的"战略反攻"在俄国军事史上成了最后的辉煌。

俄国同英法争夺土耳其的克里米亚战争简评

克里米亚战争是沙皇俄国同英法争夺土耳其"遗产"的侵略战争。尼古拉一世政府发动克里米亚战争，是沙皇俄国传统的南下扩张政策的继续。首要的战略目标是夺取土耳其首都君士坦丁堡，控制两个海峡。实现了这个目标，就可以"把黑海变成俄国的内湖，以此造成一个攻不进的避难港来建立强大的海军，从这里控制拿破仑所谓的'法国的内湖'，即地中海"①。而把君士坦丁堡"作为俄国的第三都城而与莫斯科和彼得堡并列，这不仅会意味着对东方基督教世界的精神统治，而且也是确立对欧洲的统治的决定性的一步"②。从这个意义来说，俄国南下归根到底是为了西进。

俄国发动克里米亚战争的时机，恰好选择在它作为"欧洲宪兵"镇压了欧洲革命之后，利用在欧洲所取得的霸权地位向南进攻。这里从另一个侧面反映了俄国南下同西进的关系。

克里米亚战争前夕，尼古拉一世政府在战略上所犯的最大错误是估计英法不会参战，他企图凭借俄国的优势兵力单独与土耳其较量，打一场小规模的战争，轻而易举地夺占君士坦丁堡，迫使欧洲列强承认既成事实。但是，他失算了。英法的参战，使交战双方的强弱易势。俄国陷入了被动挨打的困境，它的狂妄的战略计划完全破产。这次战争，是俄国统治集团因对形势估计错误而发动战争的典型例证。克里米亚战争前夕，俄国的战略企图是很大的，但作战计划越改越消极，反映了力不从心的根本弱点。

交战双方在作战指挥和战术运用方面都存在严重的问题。俄军将帅的因循守旧、庸碌无能，表现得相当突出。在对方火力空前加强的情况下，

---

①《马克思恩格斯全集》第21卷，人民出版社1965年版，第361—362页。
②《马克思恩格斯全集》第2卷，人民出版社1957年版，第20页。

俄军仍固执密集纵队队形的战术，轻视火力，片面夸大刺刀的作用，以致遭到重大的伤亡。这种情况表明了与农奴制相联系的俄国军事思想大大落后于形势的发展。

克里米亚战争是铁路、汽船、电报，特别是新式线膛枪炮开始广泛使用的大规模战争。在这些方面，发达的资本主义国家英法对于农奴制的俄国拥有巨大的优势，这也是导致俄国失败的重要因素。

俄国在克里米亚战争中被英法打败，本质上是封建农奴制被资本主义打败。战争加深了俄国国内的危机，促进了俄国人民的革命斗争，为废除极端腐朽的农奴制创造了有利的条件。

1877—1878年俄国对土耳其的战争简评

克里米亚战争后，俄国废除了农奴制，实行资产阶级的改革，跨进了资本主义的历史时期。随着资本主义的发展，俄国侵略扩张的野心继续膨胀，它在欧洲的扩张遭受严重挫败（克里米亚战争）后，就利用中亚各国的内部矛盾，利用中国清王朝统治的衰落，大力向中亚和中国推进，强占了大片土地。

但是，俄国的战略重点始终在欧洲。它在克里米亚战争后，始则千方百计摆脱1856年巴黎和约的束缚，伺机恢复在巴尔干和黑海地区的霸权地位，继而经过长期准备，发动了1877—1878年的俄土战争。沙皇俄国发动的这场战争是侵略扩张的战争。巴尔干各国人民对土耳其作战则是为了争取民族解放。至于土耳其，它和克里米亚战争时期一样具有两重性：对俄国，它是被侵略者；但对巴尔干各族人民，它是侵略者。

亚历山大二世政府发动这次俄土战争的时机，仍然选择在巴尔干人民发动新的大规模起义而西方相对无事的时候。它利用巴尔干各国的反土斗争，为自己的侵略战争服务。为了避免两线受敌，沙皇政府利用德法矛盾勾结德国，同时以共同瓜分巴尔干为诱饵拉拢奥匈帝国，企图最大限度地孤立土耳其。

俄国统帅部规定的战略目标仍然是夺取君士坦丁堡，控制海峡。它为此制订的计划以巴尔干为主战场，实施大纵深的进攻，多路多方向同时行动，发挥突然性，争取在土耳其获得国际援助之前打败土耳其，造成既成事实。巴尔干战场上的两次战略进攻，特别是冬季攻势，体现了这些特点。

俄军在强渡多瑙河、突破巴尔干山脉的战斗中，积累了克服此类天然障碍的经验。战争后期，某些会战中的战术运用也有改进。这些表明资产阶级军事改革有一定成效，但农奴制残余和腐朽的沙皇专制制度仍然限制了俄国军事经济潜力的发挥，以致兵力不足，士气低落，尤其是高级指挥混乱，后勤保障一塌糊涂。如果战争继续打下去，俄国必定陷入严重困境。

俄国对土战争的胜利，主要不是由于俄国的强大，而是由于土耳其比俄国更加落后，土军统帅部的战略指导也犯了错误。巴尔干各国反对土耳其压迫的武装斗争，也是促使土耳其失败的重大因素。单是罗马尼亚，战时一共征召了10万人入伍，其中5.8万人编入野战军，伤亡、失踪约达1万人。塞尔维亚、黑山、波斯尼亚、黑塞哥维那、保加利亚和希腊等地人民也承担了重大的民族牺牲。

俄国虽然打败了土耳其，但没有实现打通黑海与地中海联系的梦想。而且由于战争的消耗，国内政局动荡，人民反对沙皇统治的斗争日益发展。

俄国同日本争夺朝鲜和中国东北的战争简评

19世纪末至20世纪初，沙皇俄国也进入了帝国主义阶段，由于保留着封建的土地所有制和沙皇专制制度，形成军事封建帝国主义，生产力和生产关系的矛盾特别尖锐，阶级斗争十分激烈。

为了满足地主资产阶级掠夺殖民地和市场的贪欲，摆脱政治经济危机，提高沙皇的国际威望，以便镇压革命，末代沙皇尼古拉二世政府加紧向远东侵略扩张，为此与日本帝国主义的侵略扩张政策发生冲突，导致战争。其他帝国主义国家为了自身的利益，不断激化日俄矛盾，也起了推波助澜的作用。

日俄战争中，俄国累计出兵达百万人以上。在东方打这样大规模的战争，对于沙皇俄国是第一次，同时也是最后一次。值得注意的是，尼古拉二世政府首先在欧洲建立了俄法同盟，牵制和稳住了德奥同盟，并且同奥匈达成了维持巴尔干现状的协议，缓和了后顾之忧，正是在西方局势相对平静的情况下，它才决心对日作战的。

但是，俄国的战略重点不在远东，而在欧洲，当时它心里想得最多的仍然是巴尔干和土耳其。这样就陷入了一个自相矛盾的困境：愈是加强远东的军事力量，就愈削弱在欧洲的军事力量，于全局不利，俄国的主要盟邦法国对此也不满意。直到1903年初，陆军大臣库罗帕特金还说："亚洲会削弱我们在西方的军事准备。"[1]尼古拉二世也曾表示，不要漠视东方，但要把最大的注意力放在西方。因此，俄国在远东虽然野心很大，但实际的战争准备不够，加上俄国统治集团抱有侥幸心理，企图轻易取胜，对日本的实力和可能提前发动突然袭击的危险性估计不足，因而事到临头，陷入被动。

列宁在《旅顺口的陷落》一文中指出，现代战争的一个主要的和根本的问题是海上优势的问题。[2]日俄战争也不例外。沙皇政府虽然在远东维持着一支舰队，随后又抽调欧洲舰队加强太平洋方向，但它的舰队没有战斗力，一触即溃，战争一开始就丧失了制海权。俄国陆、海军的作战计划都是消极的计划，而且两个军种互不协同。陆军经常打阵地战，战役战斗上

---

[1] 苏联国家中央档案馆编：《日俄战争》，商务印书馆1976年版，第5页。
[2] 《列宁全集》第8卷，人民出版社1959年版，第31页。

总是分散兵力，结果以优势兵力屡败于劣势之敌。

俄军将帅政治上反动透顶，生活上极端腐败，军事上不学无术，尤其是陆军总司令库罗帕特金优柔寡断，指挥混乱，加之士兵反战厌战，士气低落。这样的军队不打败仗是不可能的。俄军后方远，战略运输能力不足，后勤保障十分混乱，也是导致失败的重要因素之一。

归根到底，正如克里米亚战争暴露了俄国封建农奴制的全部腐朽一样，日俄战争则暴露了俄国军事封建帝国主义的全部腐朽。沙皇政府本来企图以对日战争的胜利称霸远东，同时巩固其统治地位，扑灭革命，而结果适得其反：战争削弱了俄国，加速了新的革命危机的来临，沙皇制度进一步接近自己的坟墓。

俄国与第一次世界大战简评

第一次世界大战，从双方来说，都是帝国主义（即侵略的、掠夺的、强盗的）战争。塞尔维亚等弱小民族反对侵略的战争是正义的，但只有从属的意义，不能改变战争的总的帝国主义性质。

俄国沙皇政府是准备和发动大战的罪魁祸首之一。在国内，它企图通过战争摆脱新的经济危机，转移人民视线，扑灭熊熊燃烧的革命烈火。在国外，它企图扩大势力范围，特别是占领巴尔干，控制土耳其海峡，打通进入地中海之路。由于德奥成了同俄国争夺这一地区的主要对手，加之俄国在经济上受英法等国资本的控制，因而俄国参加协约国一方对德奥作战，充当英法帝国主义的同盟军和打手。

大战前，俄国进行了长期的外交准备，主要是在西方与英法结盟，缓和了它与英国的利害冲突；在东方与日本勾结，免除了后顾之忧。它认为这样就能够集中力量对付德奥。

作为军事封建帝国主义的俄国，野心很大，但军事经济力量不足，战备工作进展缓慢，特别是军工生产、物资储备、战场准备等方面，存在着严重问题，是导致俄国军事上失败的重要因素之一。

俄国始终以东线（俄—德、俄—奥）为主要战场，以高加索（俄—土）为次要战场。在东线，俄国从自身的利益出发，把主攻指向西南（对奥匈），以便前出到巴尔干，但同时不得不服从盟国的要求，加强在西段和西北方向的行动，以便牵制德军。这样就形成两个拳头打人，分散了兵力，陷入被动。

由于战争的非正义性和实力不足等原因，俄国军事思想同其他帝国主义国家一样，单纯强调战略进攻，没有防御作战的准备；强调速战速决，没有长期作战的准备。这种军事思想，在战争初期就遭到了彻底破产。

战争期间，俄军先后发动多次大规模的进攻战役。对德军作战，多数情况下会招致失败。对奥匈作战，情况稍好。1916年西南方面军进攻战役（即所谓"布鲁西洛夫突破"），算是俄军打得最好的一次进攻战役。其主要特点是，在漫长的战线上，在二三十个地段同时实施进攻的准备，使对方难以判断主攻方向。由于战役准备比较充分，突破获得成功，但其他方面军配合不力，加之缺乏后备兵力，无力发展胜利。战争消耗了俄国大量的财力和人力。1914年每天开支军费约1630万卢布，1917年增至5560万卢布。整个战争期间，俄国动员1900万人，占总人口11.2%，占男性居民22.6%。农村的壮劳力基本上被征调。工业劳动力有75%直接为战争生产。这样，本来就贫穷落后的俄国经济更加陷于不可收拾的局面。

历史再次表明，沙皇政府指望以战争阻止革命，结果恰恰是战争引起了革命。在以列宁为首的布尔什维克党的领导下，俄国广大工农兵群众始则推翻了沙皇，继而推翻了资产阶级临时政府，建立了世界上第一个无产阶级专政的社会主义国家。以积极参与发动世界大战开始，以首先彻底灭亡告终，这就是沙皇俄国反动统治集团的历史命运。

第十四章　第二次世界大战中的
两线作战问题*

> 罗马人有一条著名的古训：千万不要同时进行两个大规模的战争。
>
> ——若米尼《兵法概论》

反法西斯的第二次世界大战是世界性的联盟战争。这次战争中的两线作战问题，是关系到战争全局的重大战略和策略问题。综观第二次世界大战的历史可以看出，法西斯阵线和反法西斯阵线双方的主要参战国，大多都碰到过这个问题。

这里所谓两线作战问题，对于一个交战国来说，有三层含义：一是本身竭力避免两线作战；二是竭力迫使对方陷入两线作战；三是一旦陷入两线作战，能正确处理主次战场的关系。归根到底，就是要在战略上保证自己集中兵力，同时迫使敌人分散兵力。一个国家如能避免两线作战，不啻增加数十万乃至数百万大军。同样，如能迫使对方陷入两线作战，也等于减少敌人数十万乃至数百万大军。

为了从根本上探索第二次世界大战中两线作战问题的经验教训，首先有必要明确法西斯阵线和反法西斯阵线双方基本的特点。

---

* 本文首次公开发表于中国第二次世界大战史研究会编的《第二次世界大战史论文集》（生活·读书·新知三联书店1985年版），后经多次修改。此次选自《大战略论》。

德、意、日三个法西斯轴心国是最富侵略性且开战时处于进攻地位的帝国主义国家，它们几面树敌，野心极大。它们发动和进行的战争是非正义的、极其野蛮的战争。在世界国家中，它们是极少数，其主要的强点是侵略战争的准备比较充分，但战争潜力不足，经不起长期的消耗。即使加上它们的几个仆从国，也改变不了这种劣势。

与此相反，反法西斯各国是处于防御地位或被侵略的国家。它们被迫进行的战争是正义的战争。它们在世界国家中是绝大多数，既包括老牌帝国主义国家，又包括社会主义的苏联，还有许多独立国家和像旧中国这样的半封建半殖民地大国。反法西斯国家的战争潜力极其雄厚，但反侵略战争的准备不足，战争潜力的动员需要时间，加之各国特别是苏联与英、法、美等帝国主义国家之间矛盾重重，容易授敌以可乘之隙。

法西斯国家与反法西斯国家双方的这些基本特点，是决定双方总的战略和策略的主要根据，也是本文探讨第二次世界大战中两线作战问题的出发点。

侵略国最害怕两线作战又最容易陷入两线作战

只要对上述法西斯阵线和反法西斯阵线双方的基本特点稍加分析，不难看出：法西斯国家的狂妄野心和它们在政治、经济和军事上的弱点，从根本上决定了法西斯国家既害怕两线作战，又很容易陷入两线作战。唯其如此，它们力图充分发挥战备程度上的暂时优势，争取在反法西斯各国实现联合，以及它们的战争潜力充分动员起来之前，运用闪击战的手段，先发制人、突然袭击，速战速决、各个击破，这是扬长避短的战略。然而，尽管法西斯国家运用这种战略在一定时期可以避免两线作战，终究难免搬起石头砸自己的脚，在两线作战中归于覆灭。在这个问题上，希特勒德国最为典型。试以德国为例加以剖析。

以希特勒集团为代表的德国最反动的垄断资产阶级，为了夺取全欧和世界霸权，一方面与英、法、美等帝国主义国家为敌，另一方面又与社会主义的苏联为敌。这样，希特勒集团就把德国置于东西两面受敌的地位。两面又都是强敌，不可轻侮。在这种形势下，如何避免两线作战的问题，在希特勒的总战略中处于特殊重要的地位。

如果说希特勒德国与意大利、日本有所不同，那就是德国比它们多了第一次世界大战的历史教训，从而使希特勒集团对两线作战更加恐惧。第一次世界大战一开始，精心炮制的"施利芬计划"未能如愿实现，因而德国陷入了两线作战的态势：在西线对英、法、比诸国作战，在东线对沙皇俄国作战。德军统帅部时而把战略进攻的重点指向西线，时而转向东线，虽然取得了暂时的局部胜利，但元气大耗，最后落得"扁担没扎，两头打塌"。战后德国统治集团痛定思痛，无不视两线作战为畏途，特别是德国军界对于两线作战更是谈虎色变，望而却步。希特勒早在《我的奋斗》一书中也多处提到这方面的教训。他说："日耳曼民族要想结束其在欧洲面临被消灭的威胁这种局面，它就决不应该重犯战前时期四面树敌的错误，而必须确定谁是最危险的敌人，以便集中力量打击它。"[①]

希特勒上台后，就是本着这个方针行事的。他虽然以东西两方为敌，但并不是两个拳头同时打出去，而是有步骤地各个击破。究竟是先东后西，还是先西后东，这是他反复考虑的问题。最后，他决心首先攻击地处东邻但属于西方阵营的波兰。显然，消灭了波兰，既可免除西进的后顾之忧，又可为东侵苏联建立进攻出发地。

---

① 希特勒：《我的奋斗》，1939年英文版，第917页。

希特勒进攻波兰前夕，为了避免两线作战，在外交和军事上都费尽心机。他充分利用了苏联与英法的矛盾，一反常态，主动与苏联签订"互不侵犯条约"。为了迅速达成协议，希特勒满足了苏联的某些要求。他确信，对苏联的一切让步在将来苏联被消灭之后都会收回来，而且会大大超过原来的损失。这是"将欲取之，必固与之"的策略。苏德条约的签订，使德国摆脱了两线作战的威胁，是希特勒在侵波战争前夕重大的外交步骤。与此同时，希特勒对英法也软硬兼施，企图诱迫它们不致为波兰而对德宣战。这一招虽然没有成功，但英法对德是宣而不战，根本没有起到从西方配合波兰打击德国的作用。

希特勒一举消灭波兰之后，沾沾自喜地对他的高级将领们声称："67年来我们第一次避免了两线作战。自从1870年以来，我们一直渴望做到而又认为不可能做到的事情，如今终于实现了。历史上我们第一次只需在一条战线上作战，另一条战线目前安然无事。"[1]希特勒避免两线作战得逞后的这种喜悦心情，从反面说明了他是如何害怕两线作战这个幽灵。

后来，希特勒占北欧，攻荷、比、卢、法，以及入侵南斯拉夫和希腊，也都成功地避免了两线作战。

必须着重指出，在希特勒避免两线作战的战略计划中，时间因素起着极其重要的作用。这里所谓"时间因素"，系指一战局（campaign）开始和结束的时间，特别是结束的时间最为重要。德军必须严格地按照统帅部规定的时间表行动，只有按时胜利结束战局，才能腾出手来攻击下一个敌人。时间表一旦被打乱，必然带来严重后果。

德国发动的不列颠之战，同样是实行各个击破原则。但这次是击而不破，希特勒的时间表首次被打乱了。在对英战争没有结束的情况下，希特

---

[1] 雅各布森、史密斯编：《第一次世界大战的政策和战略》（文件汇编），1979年英文版，第42页。

勒于1941年6月22日悍然发动了侵苏战争，从此陷入腹背受敌的局面。

为什么在一年零九个多月中成功地避免了两线作战的希特勒，偏偏要自己往两线作战的死胡同里钻呢？

这绝不是一阵"心血来潮"，因为希特勒考虑侵苏战争为时已久。早在1940年7月，当不列颠之战刚刚开始时，他就作出了进攻苏联的决策，并多次说服他的高级将领。同年12月18日，希特勒签署的第二十一号训令（即关于"巴巴罗萨"计划的训令），劈头一句就说："德国武装部队要做好准备，即使在对英战争没有结束的情况下，也要以一场速决战打垮苏俄。"可见这是经过长期深思熟虑的、自觉的行动。

为了进一步说明希特勒是怎样陷入两线作战的，有必要具体分析当时的形势和希特勒的判断。

当时形势的一个突出特点是英国不肯屈服。本来，希特勒在灭亡波兰以后曾向英国抛出橄榄枝，企图与英国达成某种妥协。德国和英国都有材料说，希特勒本来并不热心彻底摧毁英国，因为大英帝国的彻底崩溃意味着它广大的海外殖民地将落入美国、日本等海上强国之手，德国的鲜血将为之白流。这种说法或许不无道理，如希特勒在《我的奋斗》中鼓吹英德结盟可为佐证。但到此时，英德两个帝国主义之间的矛盾在英国看来，已激化到你死我活的程度。英国各阶层人民对法西斯的义愤，促使他们那个曾经大力推行绥靖政策的政府再也不敢言和。另一方面，英伦三岛的特殊地理位置和强大的英国海军，对德军的入侵造成极大的困难。和不成，攻不破，使希特勒骑虎难下。不过，在希特勒看来，英国反正已被逐出欧洲大陆，要卷土重来尚需时日，因此不会给德国东进造成后顾之忧。

当时形势的另一个突出特点是苏联战备的日益加强。苏联政府利用德国西进的有利条件，不断加强国内的战备，同时积极改善其在波罗的海、东欧和巴尔干等地区的战略地位。苏联的存在和强大，使希特勒感到如芒在背，寝食难安。再者，希特勒一直担心英苏和解，他认为英国不屈服是因为它对苏联抱有希望，苏联一旦被打败，英国的最后希望就破灭了。因此，希特勒必欲消灭苏联而后快。

当时形势的第三个突出特点，是美国对英国的大力支持和美国直接参战时机的迅速逼近。希特勒估计，美国的军事力量将在1943年时充分发挥作用。为了遏止美国参战，只有进攻苏联，因为这样就可以使日本免除北方的后顾之忧，放手南进，夺取英国在东方的殖民地，从而使美国感到大势已去，退而自保。

在上述情况下，如果德国继续陷于对英战争，势必坐待危局[①]。"时间很可能是西方大国的盟友，而不是我们的盟友。"[②]出路何在？唯一的出路就是暂时置英国于不顾，集中兵力对苏一战。开战时间不得迟于1941年夏秋，然后挥师西进，迫使英国屈服。对此，丘吉尔是非常敏感的。他在德军入侵苏联的当天广播说，希特勒一旦摧毁苏联，"他就可以把陆军和空军主力从东线调回来，进攻我们这个岛国"。"他对俄国的入侵不过是蓄谋入侵英伦三岛的前奏。""他指望这一切在入冬之前完成，指望在美国的海空力量可能参战之前能够压倒大不列颠。"[③]的确，希特勒的这个计划如能实现，仍然不违背各个击破的原则。

可是，希特勒大错特错了。他严重地低估了苏联军民的抵抗能力。希特勒只看见苏军在芬兰战争中打得不好，肃反扩大化折损了大批军事骨干以及军事工业不够发达等弱点，而看不见苏联的许多强点和正义战争特殊的有利条件，在这个基础上制定了一个速决战计划。希特勒估计8周内红军将要解体，不出半年可彻底解决苏联问题。他是如此自信，以至早在发

---

① 欣斯利：《希特勒的战略》，1951年英文版，第131页。
② 特雷弗·罗珀编：《希特勒作战指令（1939—1945）》，1966年英文版，第49页。
③ 雅各布森、史密斯编：《第二次世界大战的政策和战略》，1979年英文版，第121页。

动侵苏战争6个月之前，就下令研究苏德战争结束后从阿富汗进攻印度的问题；在发动侵苏战争前11天，就展望大量裁减陆军兵力和把军事工业的重点转向海军与空军的前景。不仅希特勒个人如此乐观，德军最高统帅部的一些重要人物的乐观情绪并不亚于他们的元首。然而，希特勒对苏联的闪击遭到了挫败，他的时间表再一次被打乱了。

侵苏战争的失利，使得希特勒的一切如意算盘都破产了：苏联与英国结成了反希特勒德国的联盟，日本的南进把美国拖进了战争。一心想摆脱两线作战的希特勒，结果恰恰陷入了两线作战。

总之，希特勒德国从成功地避免两线作战到最终陷入两线作战的全过程表明：希特勒的错误是以他为代表的德国最反动的垄断资产阶级推行的侵略扩张政策的必然结果。这种政策的最终目标是征服世界，而这是德国和整个法西斯阵线的力量根本无法实现的。战略企图和实力的完全脱节，使希特勒的战略计划不可避免地包含着巨大的冒险性。希特勒历来是主张冒险的。他在《我的奋斗》中批评有些德国将军按照要有51％的胜利把握才行动的原则打仗，并把德国在第一次世界大战中崩溃的"悲剧"归因于此。他以癌症患者为例，说只要有一半治愈的希望，也不惜冒手术的风险。希特勒这个政治、军事上的癌症患者，就是妄图以冒险来克服战略企图过大和实力不足的矛盾。正是希特勒的侵略政策所固有的疯狂冒险性，加上他在发动侵苏战争之前取得的一系列辉煌胜利，使他头脑发昏，骄傲轻敌，丧失理智，把军事计划建立在一厢情愿的基础之上。一着不慎，满盘皆输。所有这一切都是完全符合事物本来的逻辑的。《百战奇略》说"黩武穷兵，祸不旋踵"，《司马法》说"故国虽大，好战必亡"，就是这个道理。

从此，四面树敌的希特勒德国一步一步陷入四面楚歌的绝境。

于是，在我们面前出现这样一个问题：针对像法西斯德国这样的侵略国最害怕两线作战的致命弱点，反侵略国家应该怎么办？

反侵略国应迫使侵略国处于两线作战威胁之下

第二次世界大战的经验教训给我们以宝贵的启示：反侵略国应当充分利用侵略国的致命弱点，发挥自己的优势，努力创造条件，迫使侵略国处于两线作战的威胁之下。果能如此，则在战争爆发前有助于推迟其爆发；在战争爆发后必能较快地打败侵略国，缩短战争的进程。在国际侵略势力还存在的条件下，侵略战争的危险性总是存在的。

推迟或制止大规模的侵略战争，从根本上说，只有依靠包括侵略国家在内的各国人民的共同斗争，依靠全世界维护和平、反对侵略战争的一切力量的大团结。单纯依靠迫使侵略国处于两线作战的威胁之下，不是推迟或制止侵略战争的根本途径，更不是唯一的途径，但是谁也不能否认，这是一种比较现实、比较有效的途径。

正是在这个问题上，第二次世界大战有三个重大的教训：第一，德国发动侵波战争前，英法与苏联未能达成反对希特勒德国的协议；第二，当德军大举入侵波兰时，英法按兵不动，打了一场"假战争"；第三，当希特勒发动侵苏战争之后，英美迟迟不开辟西欧第二战场，拖延了法西斯德国覆灭的时间。

苏联从分析世界的各种基本矛盾出发，把咄咄逼人、处于进攻地位的德、意、日法西斯，同基本上处于守势的英、法、美帝国主义加以区别，认定前者是"侵略国"，后者是"非侵略国"。它真诚希望与英法达成协议制止德国侵略，实现欧洲"集体安全"。在英法两国内部，也存在来自各阶层的强大压力，要求政府与苏联建立反侵略的联盟，认为这是"拯救和平的最佳机会"。苏联和主张与苏结盟的英法人士，都是着眼于迫使德国两线作战这一战略目标。

但是，绥靖主义的主要代表人物英国首相张伯伦和法国总理达拉第之流，从内心厌恶与苏联结盟，担心这样反而会刺激德国，引起波兰等西方盟国的疑虑。波兰地主资产阶级也仇恨苏联，不同意苏军"假道"。同时，英法当局又看不起苏联的实力。因此，他们一方面不得不与苏联谈判，另一方面又故意刁难。在这种情况下，苏联转而与"侵略国"希特勒德国达成了协议，为自己争取了一段极其宝贵的备战时间。这是在当时错综复杂、险恶难测的形势下不得已的决策。

设想英法与苏联达成了协议，那会出现什么情况呢？

照丘吉尔的看法："不管怎样，即使在事后看来，英法两国无疑地应该早就接受苏联的建议，宣布成立'三国同盟'。""英、法、苏三国的联盟一定会使1939年的德国大为惶恐不安。即使在那个时候，谁也不能肯定战争就一定不能避免。""希特勒一方面经不起发动他曾极力反对的东西两线同时进行的战争，另一方面又不能半途而止。那时我们没有使他处在这种尴尬的境地，说起来实在可惜。"①应该承认，丘吉尔的这些话是很有战略眼光的见解。我们还可以补充说，既然大战后来的历史证明，英美与苏联这两种社会制度截然不同的国家能够在共同反对法西斯的基础上最终结成联盟，那么当初也应该说是存在结盟的客观可能性的。

也有另外一种看法：希特勒早在德苏谈判开始以前，就已决定进攻波兰。即使苏联与英法结盟，战争也一定会爆发。这种看法也是有道理的。

我们不妨这样说，苏联与英法结盟，存在两种可能性：战争可能推迟，也可能不推迟。但即使不能推迟，也会使德国像第一次世界大战时那样，一开始就陷于两线作战的困境。这种形势未能出现，无论如何，应该说是

---

① 丘吉尔：《第二次世界大战回忆录》第1卷，1949年英文版，第348—349页。

第二次世界大战中一个历史的不幸。关于德国侵波战争期间，英法在西线按兵不动的问题，也可作如是观。

英法两国既对盟邦波兰做了保证，并对德宣战，本当全力援波。当时德军主力东调，德国西部650公里的绵长国境线，只有一个集团军群（9月1日辖31个师，其中具有较强作战力的正规师为数很少）驻守，加之齐格菲防线尚未竣工。而对面法国在兵力、坦克和火炮方面均占优势，并同英国一起拥有强大的空军和海军。面对这种情况，希特勒本来是非常担心的，但他又估计英法不会为波兰而战。

果然，英法两国除了以空话、谎话敷衍波兰的紧急呼吁以外，军事上无所作为。直到德国侵波战争的第9天，法军才在32公里的正面上举行师规模的"进攻"行动，突破3～8公里（实际上德军是主动撤回齐格菲防线主阵地）。3天后，连这种象征性的进攻也奉命停止。据德军最高统帅部10月18日（侵波战争结束约一个月）公布，西线德军损失累计：亡196人，伤356人，失踪144人，此外损失飞机11架。由此可见西线作战之一斑。

如果英法在西线采取积极行动，特别是打击鲁尔区，无疑可以对德国造成严重威胁，对波兰形势必然产生有利的影响——事后希特勒的自白是最有说服力的论据。1939年11月23日希特勒对高级将领们说："我们有一个唯一的致命弱点——鲁尔。战争的进展依赖于拥有鲁尔。如果英法通过比利时和荷兰打进鲁尔，我们将处于最大的危险之中。那将会导致德国抵抗力量的瘫痪。"[①]苏联和一些西方历史学家也是确信这一点的。

当然，英法两国政府坐视波兰的灭亡而不救，也可以举出一系列理由来为自己辩护。例如，战争动员刚刚开始，英国陆军要到10月初才能派出两个师，西线德军防线坚不可摧，侵波德军迅速西调使英法丧失了暂时的

---

① 雅各布森、史密斯编：《第二次世界大战的政策和战略》，1979年英文版，第45页。

兵力优势，特别是苏德条约的签订使英法失去了强有力的东方战线的配合，等等。苏联历史学家则强调指出，英法按兵不动主要是出于政治上的原因，即仍然希望希特勒进攻苏联。笔者不拟对这些问题进行具体探讨，但有必要指出，不管出于什么原因，英法在西线没有起到本来应当起到的牵制德军的作用。这是第二次世界大战中又一个历史的不幸。

从苏德战争爆发起，总的来说德国已经陷入了腹背受敌的境地，但只有西欧第二战场的开辟，才能从军事上迫使德国真正处于两线夹攻之中。

斯大林十分重视西欧第二战场自不待言。英美两国对第二战场抱什么态度呢？应当说两国之间既有相同之处，也有重大分歧。美国的态度在某些方面与苏联的比较接近。

以丘吉尔为首的英国统帅部，按照所谓的"边缘战略"思想，力主通过海上封锁、战略轰炸和首先攻取欧洲外围（例如地中海、北非、中东一带）的薄弱环节，特别是"软腹部"南欧，逐步消耗德国的力量，待其疲惫，再伺机攻入西欧大陆，在德占区地下抵抗力量的配合下，轻而易举地消灭法西斯德国。这一战略方针，意在保存实力，避免过早地进攻西欧大陆必然招致的重大损失，同时发挥海军优势，维护大英帝国的生命线（本土—地中海—印度洋—太平洋）。这种战略适合英国海外殖民地极其分散的特点，对英国有利，也可说是英国传统的国策。几百年来，英国就是这样应付欧洲的多次大规模战争，并获得成功，但也有例外，如第一次世界大战初期向法国派出庞大的远征军，结果遭到300余万人的损失，后来丘吉尔积极策划的达达尼尔远征，也遭到失败。第二次世界大战初期，英国再度向欧洲大陆派出远征军，复遭敦克尔刻的惨败。正反两方面的经验，加强了丘吉尔推行"边缘战略"的决心和信心。显然，按照英国的战略，欧战时间必然拖长，日本的覆灭也势必推迟。

与此不同，美国是拥有雄厚人力物力资源和先进大工业的大陆强国，军事上惯于集中优势兵力于决定性的方向，与敌军主力决战，争取一举歼灭，尽快结束战争，转入平时状态，享受胜利成果。人们称这种战略为"直接战略"或"集中兵力原则"。运用到第二次世界大战的条件下，就是要选择对主要敌人德国威胁最大的地区（法国西北部），集中英美两国兵力同德军决战，配合东线苏军的强大攻势，早日打败德国，然后迅速转移兵力打败日本。美国这种直接战略是符合美国利益的。按照美国的战略，整个大战的时间可能缩短。

为了把美军主力吸引到欧洲，英军统帅部总是"原则上"同意美国关于第二战场的主张，但实际做法则按照英国的"边缘战略"加以修正。英方坚持先攻北非，再占西西里岛，而后在意大利半岛登陆，先打败轴心国的薄弱一环意大利。丘吉尔以种种理由（诸如兵力不足，运输工具不够，天候不好，等等）推迟西欧第二战场的开辟。1942—1943年，由于美国本身投入欧洲的兵力有限，对德意作战在很大程度上要依赖英国，因而在战略指导上往往被丘吉尔牵着鼻子走。如果不排除罗斯福总统本人有真心同意英国战略的一面，那么以陆军参谋长马歇尔为核心的美军参谋部则是很勉强的。英美两国统帅部为此发生过多次激烈的争吵。

这样，英美向苏联保证要在1942年开辟的西欧第二战场，始则推迟到1943年，继而推迟到1944年。在此期间，它们却把原定用于第二战场的兵力兵器，用到远离欧陆的北非、中东、地中海一带，不但不能从东线吸引大批德军，反而使希特勒得以从西线抽调军队加强东线。这就使苏联大为不满，斯大林为此同英美当局进行了艰巨的斗争。

然而，开辟第二战场的时机是否能够提前呢？斯大林是坚信不疑的，美国权威人士如马歇尔等人也基本上是这样看的。马歇尔认为，按照德国与英美兵力对比的情况，1943年是可以开辟第二战场的。唯独英国坚决不同意，而美国总统罗斯福则终于附和了英方的意见。

英国再三推迟第二战场的开辟和美国终于附和英国的主张,除了确有某些客观困难外,还有更深刻、更重要的政治原因。那就是英美统治集团对苏政策的二重性:一方面它们必须援助苏联打败德国,另一方面又指望苏德互拼消耗,两败俱伤,以便它们自己称霸战后世界。像丘吉尔这样的反共老手自不待言,老谋深算的罗斯福又何尝不是企图通过援助达到控制苏联的目的。英美对苏政策的这种二重性,决定了它们既对苏联保证开辟第二战场,又要再三拖延。直到1944年6月,正当苏军驱敌出国,大有横扫东欧之势,德国快成"死老虎"时,诺曼底登陆的炮声才开始打响。诚然,第二战场的开辟是具有伟大历史意义的壮举,但开辟时间的推迟延长了法西斯的寿命。这对世界反法西斯战争的全局来说,不能不说是一个历史的不幸。

总起来看,第二次世界大战的欧洲战场上,东西两线反法西斯国家的互相配合,还不如第一次世界大战时沙皇俄国与英法的配合那样密切。第一次世界大战初期,沙皇俄国在动员准备远未完成的情况下,立即投入主力策应西线作战。后来每当西线告急,东线就提前发动攻势,迫使德军参谋部从西线抽调部队加强东线。第二次世界大战直到诺曼底登陆开始,东西两线才谈得上真正的战略协同。

必须着重指出,第二次世界大战的经验教训证明,用两线作战的"武器"去制服侵略者,必须具备两个最基本的条件:第一,两线国家必须具有反侵略战争的实力和决心,否则即使是三线、四线作战,也无济于事;第二,两线必须有密切的战略协同。这两个基本条件缺一不可。为此,反侵略国无论大小,都要加强战备,加强团结,使侵略国无隙可乘。这样,反侵略阵线就如同《孙子兵法》所说的"常山之蛇","击其首则尾至,击其尾则首至,击其中则首尾俱至"。像这样的战略态势,任何侵略国都不能不有所忌惮。

反侵略国避免两线作战的可能性

前面讲过，侵略国既害怕两线作战又很容易陷入两线作战，那么反侵略国难道就不怕两线作战吗？回答是肯定的。但是必须看到，由于反侵略国家是处于战略防御地位的，不会主动挑起战争，因而避免两线作战的可能性一般来说比侵略国要大，至少在理论上是如此。当然，究竟能否避免，不取决于主观愿望，而取决于世界战略的全局，取决于一系列互相制约的客观因素。尽管如此，作为反侵略国家，本身还是要充分利用一切有利条件，力争避免两线作战。

第二次世界大战中的苏联自始至终都避免了两线作战。因此，探讨它的经验是有意义的。

当时的苏联是处于资本主义包围之中的，军事上能够对它造成直接威胁的主要是西方的法西斯德国和东方的军国主义日本。由于希特勒的最终目标是彻底消灭苏维埃国家，灭绝斯拉夫种族，加之德国的军事实力比日本的更为强大，因而德国是苏联主要的、最危险的敌人，欧洲当然是主战场。事实上，苏德战争前夕苏联的作战计划就是这样制订的。

另一方面，苏日之间也存在尖锐的利害冲突，主要是日本军国主义对苏联远东地区的侵略扩张野心促成的。

苏联政府估计，如果德国进攻苏联，日本必在远东配合。随着德国侵苏战争的迫近，苏联统帅部感到，无论西线还是东线，战争都有一触即发之势。后来，在德国率先进攻苏联，西线已经打响的情况下，苏联是否会陷入两线作战，关键就在于日本了。

日本推行机会主义的策略，可能进攻苏联，也可能不进攻，将视情况而定。今天回顾这个问题，不能因为日本事实上没有进攻苏联而说当时根本不存在第一种可能性。

日本统治集团内部确实早就存在一股力主北进，发动侵苏战争的势力。外相松冈和日本陆军中的许多人就是这种北进派的代表。驻在我国东北的日本关东军既是侵华军，又是准备对苏联作战的军事力量。

日本军方不仅制定了对苏作战的计划，而且关东军采取过一些实际行动，例如1938年7—8月，在张鼓峰（哈桑湖）地区对苏军挑起边境冲突；1939年5月起，在诺门坎（哈勒欣河）地区对苏蒙军挑起了更大规模的武装冲突。

从德国发动侵苏战争起，日苏关系就进入了一个微妙阶段。日本国内的南进北进之争达到高潮。1941年7月2日，御前会议决定："虽然我们对苏德战争的态度是为罗马—柏林—东京轴心的精神所决定的，然而我们暂时不拟参战，我们将采取自主的对策，秘密准备反苏战争的武力……如果苏德战争的进程转变到对日本有利时，那我们就将使用武力解决北方问题，以确保北方形势的稳定。"[①] 这就是说，一旦苏联败局已定，日本也就会立即出兵。

为了秘密准备反苏战争，日本进行了以"关东军特别大演习"（简称"关特演"）为代号的秘密动员，将关东军总兵力增至约100万人，飞机、坦克也大量增加。

德国力图迫使苏联两线作战。1941年7月10日，希特勒集团迫不及待地敦促日本参战，"求得在冬季到来以前德日会师南西伯利亚铁路"[②]，后来

---

① 拉金斯基、罗森布立特：《日本首要战犯的国际审判》附录五"远东国际军事法庭日本首要战犯案判决书节录"，世界知识出版社1955年版。参见张效林译：《远东国际军事法庭判决书》第6章，五十年代出版社1953年版。

② 拉金斯基、罗森布立特：《日本首要战犯的国际审判》附录五"远东国际军事法庭日本首要战犯案判决书节录"，世界知识出版社1955年版。参见张效林译：《远东国际军事法庭判决书》第6章，五十年代出版社1953年版。

多次提出这种要求。1942年初，里宾特罗甫甚至对日本大使提出，把同年5月作为日本参加对苏战争的最后期限。

以上事例说明，日本侵苏战争的危险性是存在的。不要说当事国苏联，甚至连丘吉尔也看出来了。1942年6月25日在华盛顿举行的太平洋作战会议上，丘吉尔分析形势时指出："一切迹象都表明日本方面会早日进攻西伯利亚。斯大林先生在西线打仗，看到日本人对西伯利亚可能的进攻，无疑是扫兴的。"①

那么，日本为什么没有北进，反而决策南进，从而使苏联避免了两线作战呢？

这个问题牵涉到一系列国际因素，其中最重要的是：第一，中国人民伟大的抗日战争牵制着日本陆军的主力，使日本北进兵力不足，并且没有巩固的后方。南进有助于切断中国与海外的联系，对中国施加压力。这是国际方面具有决定意义的因素。第二，先天不足的日本急需南洋丰富的战略资源。第三，法国、荷兰的败亡，使日本看到它们在东方的殖民地唾手可得。第四，英国自顾不暇，美国战备不足。第五，苏联这块硬骨头不好啃。

上述五点中，前四点虽然都是对苏联有利的国际条件，但不是苏联主观上能够创造的，而最后一点则是苏联本身努力的结果。

在苏德战争爆发前后，苏联对日本软硬兼施，有几件事值得注意：

苏联在远东地区经常保持了一定的军事力量（苏德战争初期，日方估计苏联远东兵力约20个师），监视、牵制着日本关东军。

张鼓峰和诺门坎事件发生后，苏联认为这是日军对苏联的态度和实力的战略侦察，因此极为重视，坚决予以回击。尤其是诺门坎之役，苏联从

---

① 雅各布森、史密斯编：《第二次世界大战的政策和战略》，1979年英文版，第217页。

腹地抽调精锐陆空军部队，并调得力的高级指挥员朱可夫加强东线，经过充分准备，取得歼灭大批日伪军的重大胜利，给日本统治集团留下了深刻的印象。

1941年4月13日，苏日签订五年中立条约。这是苏联在德国大举入侵之前两个多月内在东方的一项重大外交行动。

苏德战争爆发后，苏军在莫斯科城下顶住了德军的进攻，特别是后来斯大林格勒战役的巨大胜利根本扭转了苏德战场的形势，间接慑服了东方的日本。

太平洋战争爆发后，苏联十分谨慎地处理了英美拉苏联参加对日战争的问题，尽可能避免刺激日本。直到1945年2月的雅尔塔会议上，斯大林才正式而且有条件地承担对日作战的义务。

从德日两国有关的反应来看，这五件事中，远东驻军、自卫还击和在西线的胜利三条加在一起，是产生了深远影响的。

1941年8月，日本大本营陆军部鉴于"德苏战争的发展并不如德国首脑所夸耀的那样顺利，德军在斯摩棱斯克附近被阻月余，参谋本部第五课判断德苏战争将旷日持久"，因此在8月9日制定的《帝国陆军作战纲要》决定"不论德苏战争的进展如何，均放弃在1941年内解决北方的企图，专心致力于南方问题"，并"以11月底为限期加强对英美作战的准备"。[①]这可以说是日本正式决定南进的起点。

同年9月4日，德国驻东京大使奥托向国内汇报情况的电报也很有意义。电文说："日本参谋本部鉴于俄军对于像德军这样的军队所做的抵抗，便不相信在冬季到来以前能在反俄战争中获得决定性的胜利。这也与诺门坎事件的回忆有关，直到现在，关东军对于这个事件仍然记忆犹新。"因

---

① 服部卓四郎：《大东亚战争全史》，1981年日文版，第87页。

此，"帝国大本营最近决定延缓反苏行动的时间"。[1]同年10月4日的电报又说："在春季以前不可能期望日本对远东军开战，远东军的战斗力至今仍被认为很强大。"[2]

日本发动太平洋战争以后，仍密切注视苏德战场的动向。1942年3月7日，大本营与政府联席会议判断，德军"在本年内绝难彻底消灭苏俄兵力。因此斯大林政权崩溃之可能性将毫无希望"[3]。关于苏联进行战争的能力，联席会议认为，"在现状下，以约200个装备很差的步兵师，进行东西两线同时作战，尚属可能"[4]。

到1943年3月，亚太战场的形势更不利于日本参加对苏作战了。日驻德大使干脆答复里宾特罗甫说："有鉴于目前复杂的战局，日本政府不能参战。""日本老早就有意对俄用兵，但目前它感到还没有这样做的力量。"[5]

就这样，苏联得以避免两线作战，保证了自己集中90%以上的兵力对付德国。直到1945年8月日本投降前夕，它才挟战胜德国之余威，挥师东进，参加对日最后一战。苏联与盟国一起，成功地实现了对主要敌人德国和次要敌人日本的各个击破。

苏联得以避免两线作战，关键在于遏制了次要方向的敌人日本。而所以能够遏制日本，是因为充分利用了当时客观存在的有利国际条件，同时本身也做了巨大努力。假如不存在有利的国际条件，单凭主观努力是难以

---

[1] 拉金斯基、罗森布立特：《日本首要战犯的国际审判》附录五"远东国际军事法庭日本首要战犯案判决书节录"，世界知识出版社1955年版。参见张效林译：《远东国际军事法庭判决书》第6章，五十年代出版社1953年版。

[2] 拉金斯基、罗森布立特：《日本首要战犯的国际审判》附录五"远东国际军事法庭日本首要战犯案判决书节录"，世界知识出版社1955年版。参见张效林译：《远东国际军事法庭判决书》第6章，五十年代出版社1953年版。

[3] 服部卓四郎：《大东亚战争全史》，1981年日文版，第287—288页。

[4] 服部卓四郎：《大东亚战争全史》，1981年日文版，第287—288页。

[5] 拉金斯基、罗森布立特：《日本首要战犯的国际审判》附录五"远东国际军事法庭日本首要战犯案判决书节录"，世界知识出版社1955年版。参见张效林译：《远东国际军事法庭判决书》第6章，五十年代出版社1953年版。

奏效的，反之亦然。

　　苏联的经验告诉人们：当集中主要力量对付主要敌人的同时，对次要方向的敌人绝不能示弱，更不能祈求和平，必须依靠自己的实力和它斗争。外交谈判和签订条约固然是重要的，但必须以实力为后盾，绝不能把一切希望寄托在条约的约束力上。条约往往是军事打击的结果。对主要方向之敌打得好，更可以增强对次要敌人的慑服力。必须着重指出，这种坚定的政策，对于举棋不定之敌，如南进北进之争尚未定局的日本，最为有效。当然，对于并未发动战争的次要敌人的打击或斗争，也要适可而止，必要时也可以达成暂时的妥协或让步，所谓"小不忍则乱大谋"，滥用军事压力也是不妥的。但从根本上看，实力和斗争是第一位的。

反侵略国陷入两线作战时的方针

　　反侵略国固然要千方百计争取避免两线作战，但如果被迫陷入两线作战，应该如何处理呢？

　　第二次世界大战的经验表明，无论有几个敌人、几个战场，在同一时期内只能有一个主要的。只要在主战场上打败了主要敌人，次要战场上的敌人就好对付了。因此，最重要的是摆正主次战场、主次敌人的关系，把主要力量投入主要战场。在计算兵力的时候，当然要考虑盟国的力量，这是联盟战争提供的有利条件。

　　在这个问题上，英美两国特别是美国的做法是值得注意的。

　　英美两国陷于两线作战，是从日本发动太平洋战争开始的。两国在面临德、意、日三个大敌，欧亚两个大战场的情况下，始终坚持了德国第一、欧洲第一的方针。这个问题，是大战期间英美整个战略指导方面头等重大的决策，对世界反法西斯战争的全局是有利的。

早在欧洲大战爆发前，英军参谋部在同法军参谋部共同制定全球战略时，就考虑到欧亚两线作战问题。它们把在欧洲对德意两国的战争摆在首位，把在亚洲的对日战争置于从属地位。法国的迅速败亡，更使英国感到欧洲局势的严重性。

作为欧洲大国之一的英国，首先关心欧洲是理所当然的。美国制定欧洲第一、德国第一的战略方针，则是经过曲折道路的。

早在20世纪20年代，由于日本军国主义实力的膨胀和它在亚洲、太平洋地区的扩张趋势，美日两个帝国主义国家之间的利害冲突愈来愈突出。从1921年到1924年间，美国参谋部就制定了在太平洋地区对日作战的计划（"橙色计划"）。这项计划虽然几经修改，但基本内容一直保持到1938年为止。在此期间，美军参谋部在准备对日作战的同时，一度曾设想对英作战（"红色计划"）。直到1938年3月希特勒吞并奥地利和9月慕尼黑事件以后，美国当局鉴于欧洲新的战争危机日益逼近，才把注意力转向欧洲，把德国作为主要敌人，并着手制订欧亚两线作战的计划（"彩虹计划"）。这一重大转变，是在1938年至1941年间逐步完成的。

1941年1月29日至3月27日，在华盛顿举行的英美两国参谋部代表秘密会谈中，英方代表一开始就明确提出他们的战略观点："欧洲战区是生死攸关的战区，这是首先必须作出决定的地方。因此，总政策应是首先打败德国和意大利，然后对付日本。远东地位的安全，包括澳大利亚和新西兰地位的安全，对于英联邦的巩固及其战争能力的保持，都是必不可少的。新加坡则是维护这些利益的关键，必须确实加以防守。"[①]

这是一个纲领性的声明。美国当时还没有参战，但它是完全同意前两

---

① 马特洛夫、斯内尔主编：《联盟战争的战略计划（1941—1942）》，1953年英文版，第34页。

点的，只是对新加坡问题持异议。这次会谈就主要问题达成了协议。会谈备忘录指出："既然双方同意德国是轴心国的主要成员，因而大西洋和欧洲战区被认为是决定性的战区。""如果日本参战，远东的军事战略将是防御性的。"[1]

珍珠港事件后不久，英美两国参谋部代表于1941年12月31日再度会晤于华盛顿。会谈备忘录重新肯定了上述指导思想，指出："尽管日本参加了战争，我们的观点依旧是：德国仍是头号敌人，打败德国是胜利的关键。德国一旦失败，则意大利的崩溃和日本的失败必将随之而来。"[2]

至此，美国以德国为主要敌人、以欧洲为主战场的方针是十分明确的。后来的种种说法和做法，无非是这一根本方针的具体化或新发展。

如果说英国执行"先欧后亚"的方针比较容易做到，那么美国则必须克服强大的阻力。珍珠港事件后，美国全国舆论大哗，对日本军国主义的愤慨比起对德、意法西斯的愤慨有过之而无不及。由于选票与舆论是直接联系的，因而美国国会议员中形成了一股强大的反日势力，强烈要求把战略重点摆在亚太地区，首先打败日本。美军内部也有同样强烈的呼声。许多海军高级将领（包括海军作战部长欧内斯特·金）急于报珍珠港之仇，而陆军中以道格拉斯·麦克阿瑟为代表的亚洲派势力更大。这样一些人带头抨击"先欧后亚"的方针，再三对总统和参谋长联席会议施加压力，要求把战争重点转到太平洋。

在这种情况下，罗斯福和马歇尔等人从美国的根本利益和全球战略的高度出发，坚持欧洲第一、德国第一的方针，显然是很不容易的。他们的努力最终是成功的，当然在某些时候也不能不迁就照顾亚洲、太平洋地区

---

[1] 雅各布森、史密斯编：《第一次世界大战的政策和战略》（文件汇编），1979年英文版，第143—144页。

[2] 雅各布森、史密斯编：《第一次世界大战的政策和战略》（文件汇编），1979年英文版，第193页。

对日作战的需要。

所谓欧洲第一、德国第一，归根到底是兵力部署的重点问题，即把主要兵力部署在主要战区。这就涉及两个兵力对比问题：第一是主次战区兵力的对比，第二是两个战区的兵力与敌方兵力的对比，后者更具有决定性的意义。这两个兵力对比解决不好，所谓欧洲第一、德国第一就是空的。

据美国官方统计，太平洋战争第一年（1942年底），美国部署在亚太地区的兵力超过了部署在欧洲、地中海地区的兵力。但这只是暂时现象，战争第二年就转变了这种局面。战争第三年，欧洲战区和地中海战区兵力合计为太平洋战区、中缅印战区兵力合计的两倍以上，完全体现了战略重点与兵力重点的一致。英国兵力的部署也同样体现了西重东轻的指导思想。

但是，英美投入欧亚两个战区的兵力与敌方兵力的对比是非常不相称的。在欧洲战场上，1945年初，英美与敌作战的地面部队合计不过86个师，德国则高达313个师。如果加上意大利和几个法西斯帮凶国的陆军，则悬殊更大。然而这对英美来说并不成为问题，因为英美在欧洲战场上，主要是依靠苏联抗击德军主力。苏德战场上的德国陆军师占总数的57%～72%，这样，英美在欧洲西线抗击的德军兵力就有限了。

在亚洲、太平洋地区，由于这里对英美来说是次要战场，因而它们投入的兵力更少。太平洋战争初期，英美在这个战区的地面部队只有10个师，而当时日本陆军师总数达51个，差距很大。显然，单靠英美本身的力量是不可能支撑对日战争的。在这种情况下，英美政府也曾寄希望于苏联尽早参加对日战争。美国陆军部和麦克阿瑟早在珍珠港事件之后不久，就提议拉苏联参战，英美当局为此对斯大林进行过多次试探，均遭婉拒。那么，在艰苦的对日战争年代，英美是怎样支撑下来的？应该说，在海洋上，主要依靠美国及其他太平洋国家；在大陆上，则主要依靠中国及其他抗日国家。大陆战场和海洋战场共同形成对日本的两面夹击。由于中国在亚洲领土最大、人口最多、参战最早、牺牲最大，因而处于特殊重要的地位。太平洋战争初期日本陆军的51个师中，有35个陷在中国战场上（包括关东军13个师），只能动用11个师到太平洋配合海军作战。战争结束时，在中国境内的陆、海军尚有186万余人（含关东军75万余人），占海外日军总数的1/2以上。设想没有中国人民伟大的抗日战争，日本将这100多万兵力投入对英美作战，那将会造成多么严重的后果。

总之，英美在陷入两线作战时，坚持了"先欧后亚"的方针，依靠苏联、中国及其他反法西斯各国，分别迫使德国和日本两线作战，大大弥补了本身兵力的不足，从而以较小的代价取得了欧亚两线作战的胜利。必须指出，英美的经验是在有中国和苏联这样的盟国条件下的特殊产物，并且带有帝国主义政策的明显烙印。尽管如此，它们在处理主次战场关系上正确的指导思想和做法仍是可取的。

通过对第二次世界大战中两线作战问题的初步探索，可以看出，无论侵略国家还是反侵略国家，在两线作战问题上无非是三种情况：第一，己方避免了两线作战，而敌方却陷入了两线作战，这是最理想的情况；第二，敌对双方都陷入两线作战；第三，己方陷入了两线作战，敌方却避免了两线作战，这是最坏的情况。侵略国家应当怎样做，我们不去管它。作为反侵略国必须竭尽全力争取第一种情况，避免第三种情况。为此，必须最大限度地争取盟国，最大限度地孤立敌国，及时建立强有力的国际反侵略战线。

实现上述目标，要求科学地分析世界上客观存在的与两线作战有关的各种错综复杂的矛盾，分清主次，抓住各种矛盾的内在联系，并充分加以利用。像中国古语所说"螳螂捕蝉，黄雀在后"这种连锁制约关系，在国际关系中，特别是在大战的条件下，是屡见不鲜的，只要善于因势利导，往往会造成极为有利的局面。这就是说，反侵略国争取实现上述第一种情况和避免第三种情况是可能的。

但是，客观情况复杂多变，在大战条件下更是如此。许多良好的愿望，由于不可抗拒的因素起作用，往往难以实现。这个"不可抗拒的因素"首先是各国自己的利益。即使在同盟国之间，尽管在对付共同敌人这一点上有一致性，但在具体做法上，由于利害不同，也难以避免重大分歧。第二次世界大战中的德意日轴心国彼此同床异梦，根本没有围绕一个轴心转，这是人所共知的。像英美这样"亲密的"盟国何尝不是相互扯皮。同时各国都确有自己的实际困难，以致爱莫能助，这也是妨碍战略协同的重要因素。正因为如此，实现上述第一种情况和避免第三种情况是相当不容易的。

总之，反侵略国家在两线作战问题上，在争取最好情况的同时，必须从最坏的估计出发，做好应变的准备。准备敌人能够避免两线作战，而自己却陷入两线、三线甚至四线作战，在没有任何外援的条件下孤军奋战，如同我国抗日战争时期的解放区军民那样。任何侵略国陷入这种境地，那是注定要灭亡的。反侵略国特别是广土众民的大国则不同，它们有极强大的生命力，在世界上又是多数，只要精神上和物质上都做好最坏的准备，临事就能应付裕如，加上得道多助，终有否极泰来，战胜强敌之日。天下虽安，忘战必危。有了准备，就能立于不败之地。

第十五章　第二次世界大战期间美国的"先欧后亚"大战略方针[*]

　　战略重点或主要战略方向，是大战略中具有全局意义的大问题。战略重点错了，整个战略部署就会陷入混乱。从国家安全的角度看，战略重点通常同主要的外来威胁分不开。一个国家遭受外来威胁，并不可怕。中国古语说"无敌国外患者，国恒亡""多难兴邦"，但这绝不意味着要人为地制造外患，而是说要对客观存在的外患进行实事求是的分析，尤其是当存在多种外患时，要分清主次，制定相应的对策。在这个问题上，有丰富的历史经验可供参考。第二次世界大战期间美国"先欧后亚"的大战略方针的确定，在现代战争史上很有代表性。它讲的虽是特定条件下美国的经验，但某些基本道理具有一定的普遍意义，不仅适用于战争，而且对和平时期的国际关系也有参考价值。

　　第二次世界大战期间，美国在面临德、意、日三个大敌和欧亚两大战场的形势下，始终坚持"先欧后亚"战略方针。这一方针亦称"德国第一"或"欧洲第一"，是整个战争期间美国当局最重要的战略决策，是指导战争全过程的大战略。

　　"先欧后亚"大战略方针是从美国本身的利益出发制定的，但客观上有

---

[*] 本文首次正式发表于中国第二次世界大战史研究会编的《第二次世界大战史论文集（2）》（国防大学出版社1986年版），后经多次修订。此次选自《大战略论》。

利于全世界反法西斯战争的全局。站在欧洲反法西斯第一线的英国和苏联，理所当然地赞赏这一战略方针。在地处亚洲，面临凶恶的民族敌人——日本军国主义大举侵略的中国，则有两种不同的态度：以蒋介石为首的国民党政府是不满意的，因为它希望美国集中力量帮它打日本；毛泽东领导的中国共产党是赞成的。1943年10月5日，毛泽东为《解放日报》写的社论指出："世界反法西斯战争的问题的枢纽在欧洲；欧洲问题解决，就决定了世界法西斯和反法西斯两大阵线的命运。"①同时，社论还抨击了当时国民党政府某些人鼓吹的"先亚后欧论"和"欧亚平分论"。毛泽东这一高瞻远瞩的论断，是做到中国民族利益同世界反法西斯战争全局利益高度一致的典范。

今天重新回顾美国"先欧后亚"大战略方针的制定和执行，不仅可以从中汲取战略指导的经验教训，而且可以看到整个第二次世界大战历史的一个重要侧面，推而广之，对于研究20世纪以来美国的政治、外交和军事历史，也是颇有启迪的。

"先欧后亚"大战略方针的形成

美国"先欧后亚"大战略方针的形成，经历了一段曲折的过程，是通过一次历史性的战略转变完成的。这一过程可以追溯到第一次世界大战结束之时。

当时，世界战略格局发生了重大的变化。第一个社会主义国家苏俄（后来的苏联）处于资本主义包围之中，它的对外政策并不威胁美国的安全。战败国德国一时无力重振。法国和意大利虽同属战胜国，但遭到严重

---

① 《毛泽东选集》第3卷，人民出版社1991年版，第914页。

削弱，它们的海军不足以同美国相抗衡。只有英国和日本堪称美国的劲敌。英美两国在世界许多地区存在着利害冲突，加之英国仍然拥有世界第一流的强大海军，又在美洲拥有属地可做立足点，可以直接威胁美国本土和它的后院。在亚洲和太平洋地区，美国除了同英国的利害冲突以外，还同日本帝国主义发生尖锐的矛盾。自从19世纪末，美国先后吞并夏威夷群岛和夺取菲律宾群岛之后，它的势力发展到了西太平洋，并进而向亚洲大陆特别是向中国境内扩张，同日本的冲突就日趋严重。第一次世界大战后，由于日本占有太平洋上原属德国的马绍尔、加罗林和马里亚纳诸群岛，并且接管德国在我国山东地区的帝国主义权益，美日矛盾空前尖锐化。还应当指出，英日两国在战后初期曾经是结盟的，直到1922年的华盛顿会议后才被美国拆散。总的来说，英日两国都是美国的竞争对手，尤以英国更为强大。但英国毕竟在第一次世界大战中遭到重大损失，它迫切需要喘息，很难设想在第一次世界大战结束不久就对美国这样的强敌挑起战争。日本则不同，它在第一次世界大战中毫无损失，正处于扩张的势头上，因此同美国发生战争的可能性是较大的。

在上述战略环境之下，第一次世界大战后的10多年间，美国的战争计划主要是针对英日两国，特别是针对日本的。

大战后美国的第一个对日作战计划，即"橙色计划"，是1921—1924年由陆、海军联合委员会（参谋长联席会议前身）制订的。这项计划确认美国在太平洋地区，必须"主要用海军打进攻战"，目标是"尽早建立西太平洋上美国海上力量对日本兵力的优势"，通过"封锁和袭扰"打败日本，即破坏其生死攸关的海上交通线，"对其海军部队和经济生活实施海上和空中进攻作战"[①]。尽管在随后的10余年间，美军战略制定者对"橙色计划"做

---

① 肯特·格林菲尔德主编：《统帅部决策》，1959年英文版，第6页。

过多次修改，但这项计划的基本精神，即单独在太平洋上对日打进攻战这一点，始终没变。

美国战略制定者在制订单独对日作战的"橙色计划"的同时，还设想了其他几种可能性，其中包括美国单独同英国作战，代号为"红色计划"；还进一步设想了美国同时对英日两个海军强国作战，代号为"红色—橙色计划"。但是，20世纪20—30年代的国际形势，决定了对英作战的计划只不过是最坏设想，现实意义不大，最可能的作战对象仍然是日本。

直到20世纪30年代后期，美国当局才逐渐确认法西斯德国是最危险的敌人。在这个问题的认识上，美国比英法和苏联等国晚了一步。1937年德意日结盟，它们分别在欧非亚三大洲积极推行侵略扩张政策。在这种背景下，美国军方于1938年2月制定了新的"橙色计划"。这是一项过渡性计划，它的突出特点是仍然保留了在太平洋对日本实施进攻作战的指导思想，同时首次估计到来自大西洋彼岸的德意两国的威胁。但直到这时，它还没有把欧洲—大西洋作为主要战略方向。

1938年3月的德国吞并奥地利和9月的慕尼黑事件之后，美国当局着手全面审查战争计划。1939年4月，美陆、海军联合委员会经过半年研究后提出报告，强调指出，如两洋同时受到威胁，则在太平洋上应采取守势，保留足够部队以夏威夷为基地，防卫"战略三角"（夏威夷—阿拉斯加—巴拿马）。这是一个转折点，标志着美军特别是海军放弃了长期以来在太平洋对日打进攻战的指导思想。

1939年6月，陆、海军联合委员会主持制定了新的战争计划——"彩虹计划"，共有5个方案，每一方案代表一种情况。其中"彩虹-5"设想美、英、法共同行动，在确保西半球防务的同时，早日派出美军到东大西洋，并向欧洲和（或）非洲大陆出兵，协同英国及其他盟国部队打败德国和意大利；在太平洋上则采取战略防御，直到对欧洲轴心国的胜利允许把主力调到太平洋，以便对日本发动攻势。

　　显然，这个方案最接近第二次世界大战时期美国实际执行的计划。但必须指出，从1939年9月1日德国发动侵波战争到1940年6月法国投降为止，美国当局对于究竟执行"彩虹计划"的哪一个方案，仍处在观望之中，尽管这时海军作战部长哈罗德·斯塔克和新任陆军参谋长乔治·马歇尔等人都越来越倾向于"彩虹-5"。事实上，美海军已经开始同英国接触，为两国海军的协同行动预做准备。

　　一个重大步骤是1940年11月当罗斯福第三次连任总统已有把握时，斯塔克建议澄清美国政策，以便奠定美英两国共同制订战略计划的基础。他的分析报告对于美国大战略的制定是一个重大发展。报告以提问题的方式列出四点可供选择的行动方案。其中第四点（以英文字母D为顺序号）提出："我们是否应作为英国的盟国，把我们的力量用在大西洋上实施决定性的强大攻势，而在太平洋上实施防御？"①

　　斯塔克是倾向这个第四点方案的，这就是美国二战史上著名的"D计划"（美军俚语习惯地称之为"DOG计划"）。他的分析报告中有一段常被引用的话："如果英国决定性地战胜德国，则我们到处都可以获胜；如果英国失败，则我们面临的问题将非常严重，尽管我们不至于到处失败，但很可能到处都不会获胜。"②因此，斯塔克主张大力援助英国，同时强烈反对在太平洋上承担重大义务，以免削弱大西洋上的力量和对英国的援助。

　　斯塔克的观点同马歇尔不谋而合。于是，他的建议于1940年11月13日呈送罗斯福总统。同年12月21日，陆、海军计划人员根据斯塔克建议完成制订计划的任务，同时准备按此计划精神同英国参谋部代表会谈。

　　从1941年1月29日开始，英美两国参谋部代表在华盛顿举行秘密会谈。

① 肯特·格林菲尔德主编：《统帅部决策》，1959年英文版，第28页。
② 马特洛夫、斯内尔主编：《联盟战争的战略计划（1941—1942）》，1953年英文版，第25页。

这是英美两国参谋部协调全球战略的第一次重要会议，史称ABC-1。这次会谈就主要问题达成了协议。会谈备忘录指出：“既然双方同意德国是轴心国的主要成员，因而大西洋和欧洲战区被认为是决定性的战区。”“如果日本参战，远东的军事战略将是防御性的。”[1]这是英美两国首次正式明确“先欧后亚”大战略方针。

事后，美国陆、海军联合委员会指示，根据ABC-1备忘录重新审修“彩虹-5”。1941年5月14日，联合委员会正式批准ABC-1备忘录和修改后的“彩虹-5”，约两周后呈送罗斯福总统。罗斯福作为政治领袖，考虑到当时国内外许多不定因素，将两个文件压下，暂不表态，只是说如爆发战争，再把这两个文件送给他批准。这一点并不表明他怀疑或反对“先欧后亚”大战略方针。马歇尔就是这样理解的，他坚定地认为，陆军应以这两个文件为依据制订具体计划。

1941年11月5日（珍珠港事件前的一个月零两天），正当美日关系极度紧张的时候，马歇尔和斯塔克提交罗斯福的联合备忘录声称，他们两人同意下列结论：“英美两国参谋部代表会谈（ABC-1）所同意的基本军事政策和战略，仍然是合理的。两国的首要目标是打败德国。如果打败了日本而德国没有被打败，仍然解决不了问题。无论如何，不应该对日本打一场无限制的进攻战，因为这种战争会大为削弱对大西洋的德国这个最危险敌人的共同努力。”[2]

从“橙色计划”到“彩虹-5”和ABC-1，标志着美国长期奉行的以日本为主要作战对象、以太平洋为主要战场的大战略方针，转变为以德国为头号敌人、以欧洲—大西洋为主要战场的大战略方针。这一转变，从1919

---

① 雅各布森、史密斯编：《第一次世界大战的政策和战略》（文件汇编），1979年英文版，第143—144页。
② 菲斯：《丘吉尔、罗斯福和斯大林：他们进行的战争和追求的和平》，1957年英文版，第37页。

年算起，经历了23年；从1938年算起，经历了近4年。

"先欧后亚"大战略方针的实践

无论多么完善的战争计划，能否经得起战争的检验，这是一个非常严肃的问题。

1941年12月7日，美国首先遭到日本突然袭击，战争首先在次要方向打响。美国统帅部是不是坚持、能不能坚持"先欧后亚"的大战略方针？回顾一下当时的情势是有意义的。

由于日本军国主义首先挑起战争，几乎一夜之间激怒了美国各阶层人民。他们对日本法西斯的仇恨较之对于德意法西斯的仇恨，有过之而无不及，强烈要求政府集中力量打败日本。一次民意测验表明，主张先打败日本的占62%。

与此同时，美国西海岸陷入一片惊慌，要求总统和陆军部增派军队和高射炮保卫西海岸城市的函电如雪片飞来。随着亚太地区的美军节节败退，舆论大哗，越来越怀疑罗斯福政府指导战争的能力。群情鼎沸，政府不能不加以考虑。

在美国军队内部，也出现了一股要求在太平洋加强对日作战的强大势力。突出的代表人物是远东美陆军司令，后来担任西南太平洋盟军司令的道格拉斯·麦克阿瑟和新任海军作战部长兼海军总司令的欧内斯特·金。

一般认为，麦克阿瑟在政治上属共和党极端保守派，反对罗斯福及其新政。他战前在菲律宾任职多年，太平洋战争爆发前岁，他负责保卫美国在西太平洋上的这个战略要地。当日军大举进攻菲律宾群岛时，他当即要求华盛顿紧急增援。当罗斯福和马歇尔不能及时满足他的要求时，他和他的部属对罗斯福和马歇尔大加指责。更有甚者，麦克阿瑟同华盛顿统帅部的根本分歧不仅仅是在菲律宾问题上，更重要的是在美国的全球战略上——麦克阿瑟主张集中力量先打败日本。他的主张是对"先欧后亚"大战略方针的挑战。由于麦克阿瑟在30年代初曾任美陆军参谋长，在美军中资深望重，马歇尔等人都是他的下级，因而他的主张是有很大影响的。

金身兼海军两大要职，又是参谋长联席会议成员。他和前任海军作战部长斯塔克不同，没有参与"先欧后亚"大战略方针的制定，不受道义的约束。他所代表的是美海军内急于报珍珠港之仇的强烈情绪。鉴于太平洋和东南亚吃紧，他坚持主张集中美国海军和陆军，尽快发动反攻，打败日本。他是太平洋舰队总司令尼米兹的积极支持者。

使事态复杂化的是，美国国会内部迅速形成一股强大的反日势力。这股势力被反对党——共和党所利用，而且抬出麦克阿瑟来对政府施加压力。突出的事例之一是，1942年2月共和党前总统候选人威尔基等人建议，在首都成立以麦克阿瑟为首的最高统帅部。后来，还有共和党著名参议员范登堡试图拉麦克阿瑟为该党总统候选人，依靠他的声望打败罗斯福。

菲律宾总统奎松也对华盛顿施加压力。当菲律宾告急时，他向罗斯福表示，如果美国不及时增援，他就建议美日两国都从菲律宾撤军，菲律宾宣布"中立"——等于说菲律宾将不再是美国的属国。这当然是美方所不能同意的。罗斯福断然表示反对。

此外，英国和荷兰政府都紧急呼吁美国保卫它们在亚太地区的殖民地，这对美国当局执行"先欧后亚"大战略方针也多少起到了干扰作用。

在上述种种情势下，美国统帅部能否顶得住各方压力，坚定不移地执行"先欧后亚"大战略方针，是令人关注的大问题。英国首相丘吉尔就很不放心。当他得知珍珠港事件的消息时，一则以喜，一则以忧：喜的是美国终于站在英国一边参战了；忧的是美国领导人一怒之下，把主要作战力量优先用于太平洋。因此，他立即建议与罗斯福会晤。在前往华盛顿的途中，他和他的军事顾问们都忧心忡忡。丘吉尔回忆说："我们意识到一种严重的危险，即美国人可能致力于太平洋上对日作战，而让我们在欧洲、非洲和中东去打德国和意大利。"[1]

战争实践表明，美国领导人仍然坚持原定的大战略方针。1941年12月31日，英美两国参谋长在华盛顿会议备忘录中，重申ABC-1备忘录的结论，并进而指出："尽管日本参加了战争，我们的观点依旧是：德国仍是头号敌人，打败德国是胜利的关键。德国一旦失败，则意大利的崩溃和日本的失败必将随之而来。"因此，"英美战略的首要原则"应该是，尽最大可能不分散对德作战的力量。[2]

但是，在各方压力下，要完全坚持这一原则也是不容易的。例如，1942年头两个半月内，美国派到海外的部队13.2万人中，派到冰岛和北爱尔兰的不过2万人，其余约9万人都被派到从夏威夷到澳大利亚一线各据点。整个太平洋战争第一年（1942年12月31日止），美国部署在亚太地区的兵力，超过了部署在欧洲—地中海地区的兵力。

这种局面当然是不符合"先欧后亚"方针的，不能不引起美国统帅部内有识之士的忧虑。早在1942年1月22日，当时的陆军助理参谋长德怀特·艾森豪威尔准将，就写下了一段为美国二战史著作常引的话："我们必须到欧洲去打仗。我们必须停止在世界各地浪费资源，更糟的是浪费时间。要想使俄国坚持下去，要想挽救中东、印度和缅甸，我们必须用空军狠炸西欧，接着尽快实施陆上进攻。"[3]2月底，他正式提出一个著名的研究报告，勾画了美国应采取的全球战略的蓝图。他首先指出，在两洋战争情

① 丘吉尔：《第二次世界大战回忆录》第2卷，1949年英文版，第568页。
② 雅各布森、史密斯编：《第一次世界大战的政策和战略》（文件汇编），1979年英文版，第193页。
③ 马特洛夫主编：《联盟战争的战略计划（1943—1944）》，1959年英文版，第156页。

况下，美国应在太平洋取战略守势，并越过大西洋发动大规模攻势。为了最终打败欧洲轴心国，他认为必须支持英国和苏联打下去，同时在印度和中东地区采取措施，防止德日会师。值得特别注意的是，报告强调应立即同英国共同制订在西北欧实施登陆进攻的计划。关于在太平洋地区对日作战问题，他认为也不能因为这里不是重点而"过分简单化"，以致使日本轻易获得过多的利益。为此，报告提出了一系列具体建议。总之，艾森豪威尔报告是坚持"先欧后亚"大战略方针，并在不利的战争形势下使之具体化的一个战略性文件，对于美国统帅部的实际做法是有影响的。

随着美国战争动员的进展，派往欧洲—大西洋方向的美军兵力日益增多。英美双方按照"先欧后亚"的大战略方针开始在英伦三岛集结兵力（代号为"波列罗"），准备打回欧洲大陆去（代号为"大锤"）。但这一过程也充满了曲折和斗争。最严重的分歧发生在1942年7月。英国统帅部明确表示，英美双方原先商定的"大锤"行动由于种种原因无法实现，建议两国军队进攻北非。这一着打乱了美国统帅部的计划。马歇尔怀着对英方的强烈不满，在美国参谋长联席会议上建议美国暂时改变战略，"如果必须接受英国的立场，那么，他建议美国转向太平洋，对日本采取决定性行动"①。马歇尔列举了这种转变在军事和政治上的有利之点。他说："这会有助于集中而不是分散美军兵力。这样做将在美国特别是在西海岸非常得人心。（对）太平洋战争会议，中国人以及太平洋舰队官兵都会衷心赞成，而且这将成为缓和苏联所受压力的最有效途径，（其意义）仅次于'波列罗'。"②

具有讽刺意味的是，马歇尔列举的理由同麦克阿瑟早就鼓吹的如出一辙，金当然完全赞同。于是，马歇尔的建议由参谋长联席会议成员共同签

---

① 马特洛夫主编：《联盟战争的战略计划（1943—1944）》，1959年英文版，第268页。
② 马特洛夫主编：《联盟战争的战略计划（1943—1944）》，1959年英文版，第268页。

署，呈报总统。

美国史学界有人认为罗斯福作为战时领袖，常常态度不明朗，叫人难以捉摸，实际上不尽然。例如这一次，他就毫不含糊地表示："我反对美国为尽早打败日本而倾全力在太平洋对日作战。最重要的是要懂得：打败日本并不等于打败德国，而且今年或1943年美国集中力量对日作战将增大德国完全统治欧洲和非洲的机会。……打败德国意味着打败日本，也许不费一弹，不丧失一人。"[1]除了最后一句显得过分乐观以外，他的论断是有理由的。这也表明他在关键时刻牢牢掌握着战略大方向。

事实上，马歇尔的建议，带有要挟的性质，或者说是为了对英国统帅部施加压力。他并不准备真的把重点转到太平洋。正因为如此，参谋长联席会议将马歇尔建议提交总统时，并没有制订相应的行动计划。因此，尽管战争过程中发生过这一类的插曲，美国统帅部在复杂的战争条件下，竭力坚持了"先欧后亚"的大战略方针，并且最终取得了成功。必须指出，美国在执行过程中也是有发展的，主要是在未打败德国的情况下，提前于1942年后期在太平洋地区逐步从防御转入反攻和进攻。但这是美军实力增长的结果，不是大战略方针的改变。

几点启示

从美国统帅部制定和坚持执行"先欧后亚"大战略方针的简要过程，可以看出什么问题呢？

最简单而又最重要的问题是：在面临两个以上的敌人和两个以上的战

---

[1] 菲斯：《丘吉尔、罗斯福和斯大林：他们进行的战争和追求的和平》，1957年英文版，第43页。

场的条件下，正确区分主要敌人和次要敌人、主要战场和次要战场，是战略指导的首要问题。这个问题不明确，一切战略计划、战略部署都将失去依据，无从着手。如果平分秋色甚至主次倒置，对整个战争的进程和结局，必将产生十分不利的影响，甚至会导致败军亡国的悲剧。20世纪20年代斯大林论战略时曾强调指出："战略最重要的任务是规定基本打击方向。规定基本打击方向就是预先决定整个战争十分之九的命运。战略的任务就在于此。"①斯大林是针对苏俄共产党人的政治战略而说的，但他在这里所讲的道理，是任何阶级、任何战略都适用的普遍真理。毛泽东批评中国革命战争早期出现过的"军事平均主义"时说："照我的意见，在有强大敌军存在的条件下，无论自己有多少军队，在一个时间内，主要的使用方向只应有一个，不应有两个。我不反对作战方向有两个或两个以上，但主要的方向，在同一个时间内，只应有一个。"②这也同样是颠扑不破的普遍真理。古今中外的战争史，包括第二次世界大战的历史，都反复证明这个问题是何等重要。也许有人会说："这是凭常识都懂得的简单道理，何足道哉！"对此，用得着重提克劳塞维茨的一句名言："在战略上一切都非常简单，但是并不因此就非常容易。"③

主次敌人和主次战略方向并不是一成不变的，而是随着主客观条件的变化而变化的。这种变化就是战略转变。不顾主客观条件而任意地或频繁地转变，当然会带来严重后果。该变的时候不变，也必然造成战略上的重大失误。在这个问题上，美国的战略转变总的来说为时不算过晚。

要确定主次敌人和主次战略方向，必须全面研究敌、友、我几个方面的情况，研究政治、经济、军事、地理等各种因素。具体到美国"先欧后

---

① 《斯大林全集》第5卷，人民出版社1957年版，第134—135页。
② 《毛泽东选集》第1卷，人民出版社1991年版，第225页。
③ 克劳塞维茨：《战争论》第1卷，商务印书馆1978年版，第177页。

亚"大战略方针来说，有许多错综复杂的因素无疑在美国统帅部头脑中不同程度地起了作用，这些因素大部分是战前就已经存在的，是制定"先欧后亚"方针的基本依据。也有一些因素是太平洋战争爆发后才出现的，它们的出现进一步加强了贯彻执行"先欧后亚"方针的决心。

首先，美国除了在本土和在拉丁美洲的根本利益以外，在欧洲和亚太地区也有重大的经济利益。以美国在国外长期投资（包括直接投资和间接投资）为例，截至1941年底，美国在欧洲的投资总计为20.06亿美元，在亚洲和大洋洲的投资合计为8.53亿美元。在这一点上，欧洲遥遥领先。再以1940年美国对外贸易为例，美国对欧洲的出口占出口总额41%，从欧洲进口占进口额15%，同年美国对亚洲和大洋洲出口占总额18%，但进口占总额39%，这说明欧洲是美国的主要出口市场，同时也说明美国对亚洲和太平洋原料进口的依赖性也很大。[①] 当然，除了经济利益之外，其他方面的利益也是不可忽视的。

美国在本土、拉美和欧亚等各地的重大利益受到谁的威胁最大呢？

在三个法西斯国家中，德国的野心最狂妄。它不仅要征服全欧，而且最终要征服西半球。加之德国的军事、经济和技术力量也最强，它有能力迅速调动西欧的工业潜力，用来对付美国。另一方面，日本虽然对美国在亚洲—太平洋地区的利益造成严重威胁，但凭其本身的力量尚不足以危及美国本土的安全。加之它的技术力量不如德国，占领区的工业又很落后，要想把占领区的资源转化为作战力量，需要较长的时间。两相比较，德国对美国的威胁特别严重，是美国最危险的敌人。

盟国的情况也是一个十分重要的因素。

英国和后来参战的苏联，是在欧洲对抗德国的两支强大力量，是美国

---

① 本段统计数字见谢贝尔、瓦特、福克讷编：《美国经济史》，1976年英文版，第397页。

的天然盟国。如果首先打败德国，可以充分借助英国和苏联的力量，让它们（主要是苏联）承担德国的主要压力，以便美国使用较小的力量赢得最后胜利，然后苏联又可配合英美对日作战。如果首先打败日本，则英国和苏联（特别是苏联）都帮不了忙，美国将不得不付出更大的力量。更严重的是，英国和苏联万一被打败，德国将拥有英国的强大海军和包括苏联在内的全欧洲的人力物力，用来同美国较量，加上日本的配合，那时美国将处于极端不利的地位。

从地理条件看，大西洋交通线较短且有英国海军的掩护，同时英伦三岛是集中英美两国兵力，就近进攻欧洲大陆和德国要害地区的理想基地，反之，太平洋地区辽阔，向该地输送和维持一支部队所需舰船，等于向大西洋输送和维持同样规模的部队所需舰船的三四倍。相比之下，向欧洲增兵更为划算。

最后，在太平洋对日作战需要海军。美国海军进攻力量在珍珠港遭到沉重损失，不得不重新造舰。更重要的是，在太平洋辽阔海域作战，必须首先建立前进基地和维持漫长的海上交通线，然后才能对日采取大规模的进攻行动。这两件事都需要时间。

总之，为了正确地确定主次敌人和主次战场，统帅部要有全局观念，不囿于一时一地一事。罗斯福、斯塔克、马歇尔和艾森豪威尔等人是坚持了这一点的。反之，麦克阿瑟在这个问题上则相形见绌。虽然此人在西南太平洋地区的作战指挥颇为能干，但囿于狭隘的地区观点，只见局部不见整体，因而至多只能算是好的战术家，算不得好的战略家。

确定主次敌人和主次战场，归根到底是兵力部署的重点问题，即把主要兵力部署在主要战场，以对付主要敌人。这就涉及两个兵力对比问题。具体到美国的"先欧后亚"方针来说，第一是欧洲战区与亚太战区的美军兵力对比，第二是欧亚两战区美军兵力与敌方兵力的对比，后者更具有决定性的意义。

关于第一个兵力对比，试看美国官方的统计[①]：

美国重要海外战区陆军兵力分布

战区	1942.12.31	1943.12.31	1944.9.30	高峰
欧洲战区	119702人	768274人	2053417人	3065505人（1945.4）
地中海战区	227092人	597658人	712951人	742700人（1944.8）
非洲、中东	24943人	21796人	9354人	40654人（1943.9）
波斯湾总部	5907人	28757人	27739人	29691人（1944.2）
太平洋地区	350720人	696847人	1102422人	1552303人（1945.9）
中缅印战区	17087人	94560人	149014人	199035人（1945.5）
阿拉斯加总部	96061人	121535人	63495人	148167人（1943.8）
加勒比总部	119286人	91466人	70556人	119286人（1942.12）

从上表可以看出，太平洋战争第一年，美国虽然以德国为主要敌人、以欧洲为主要战场，但海外陆军兵力部署的重点却在亚洲。战争第二年开始转变这种局面。战争第三年，欧洲战区和地中海战区兵力合计为太平洋战区、中缅印战区兵力合计的两倍以上，算是体现了战略重点与兵力重点的一致。

至于第二个兵力对比，即美国投入欧亚两战区的兵力与德日兵力的对比，单就美国来说，是微不足道的，特别是在美国参战的前两年更是如此。但第二次世界大战是反法西斯的联盟战争，美国当局充分利用了这一有利条件。他们在欧洲战场借重英国和苏联（大陆上主要靠苏联）抗击、消耗德国法西斯庞大的军事力量。据苏联统计，从1941年底到1945年初，苏德战场抗击的德国陆军师数，占德国陆军师总数多则70%，少则57.1%。同期，

[①] 马特洛夫主编：《联盟战争的战略计划（1943—1944）》，1959年英文版，第555页。

美英两国共同抗击的德国陆军师最多时只占总数的37.6%。

在亚洲、太平洋地区，由于这里在美国的全球战略棋盘上是次要战场，因而投入的兵力更少。如果说在太平洋上主要依靠美国自己的力量，加上英国及其他太平洋国家的支援，抗击日本陆、海军，那么，在亚洲大陆上则主要依靠中国抗击和牵制日本陆军主力。太平洋战争初期（1942年初），日本陆军51个师中，有35个陷在中国战场上（包含关东军13个师），只能动用11个师到太平洋配合海军作战。战争结束时，在中国境内的日本陆、海军尚有186万余人（关东军75万余人），超过海外日军总数（350万余人）的1/2以上。

必须着重指出，美国的"先欧后亚"大战略方针的成功，是在有英、苏、中等同盟国条件下的产物。美国统治集团根据第二次世界大战的形势，尽可能推迟参战的时间，把美国作为一个巨大的砝码，在关键时刻（德、日已成强弩之末）和关键地区，把自己的力量投入反法西斯一方，因而起到了举足轻重的作用。美国以损失40余万人的较小代价，和盟国一起分别迫使德国和日本无条件投降，并且在战后爬上资本主义世界的霸主地位。这是第二次世界大战期间美国大战略的奥秘所在。

第十六章　杜鲁门和麦克阿瑟之争与美国全球战略的重点*

1951年4月11日，即朝鲜战争爆发将近一年，中国人民志愿军入朝参战将近半年之际，美国总统杜鲁门宣布解除道格拉斯·麦克阿瑟的"联合国军"总司令等四项要职。解职的方式完全脱离常规，以致麦克阿瑟是在他的东京官邸招待客人进餐时，首先从商业无线电广播中得知这一消息的，其震惊和尴尬不言而喻。

杜鲁门的决定标志着自从美国武装入侵朝鲜后不久即逐步激化的杜鲁门和麦克阿瑟之争进入高潮。麦克阿瑟的归国和随后美国国会持续4个月的听证会，又掀起了一场关于美国对外政策的大辩论。这是杜鲁门和麦克阿瑟之争的继续，有人称之为"自从大萧条以来美国面临的最严重、最动感情的宪法危机"。

杜鲁门和麦克阿瑟之争是朝鲜战争第一年美国方面的重大事件。战后美国等西方国家关于这次战争的著作，几乎都在不同程度上涉及这个问题，而且有专著出现。它之所以吸引人们注意，主要因为这是美国统治集团中两大派别之争。争论的核心问题是美国全球战略的重点，即欧洲第一还是亚洲第一。当然，麦克阿瑟骄横狂妄的个人因素，两党政治和宪法规定的

---

* 本文首次发表于《外国军事学术》1990年第10期，为纪念中国人民志愿军入朝参战40周年而创作。此次选自《大战略论》。

文官控制军事的传统原则，等等，也与此有关。

战略重点是根据敌、友、己三方的政治、经济、军事、外交和地理等多种因素确定的，是牵动全局的大事。本文试图从美国全球战略重点这个问题入手来回顾杜鲁门和麦克阿瑟之争，希望有助于认识局部战争与大战略的关系。

麦克阿瑟鼓吹亚洲第一，力主把战火烧到中国本土[①]

大约从20世纪30年代后期以来，美国在全球战略方针上逐步形成两派主张：一派主张欧洲第一，另一派主张亚洲第一。第二次世界大战期间的罗斯福政府是坚持欧洲第一方针的，尽管对亚太地区并不忽视。战后的杜鲁门政府在新条件下继续执行这一方针。

麦克阿瑟历来重亚轻欧。早在第二次世界大战时，他就曾强烈反对罗斯福的欧洲第一方针，坚持认为苏、英、美三国激烈争论的"第二战场"不应在欧洲开辟，而应在太平洋开辟。他之所以鼓吹亚洲第一，自然同他长期在亚太地区担任要职有关，但不止于此。他有一套地缘政治的思想基础。他曾发表声明说，欧洲是一个垂死的体系，它已精疲力竭而且破烂不堪，将成为苏俄的经济和工业属地；拥有几十亿人口的太平洋沿岸将决定今后一万年的历史进程。

麦克阿瑟对战后初期的世界战略形势也有自己的一套看法。他认为世界包含着三个潜在斗争的大区——中部是欧洲，两翼分别为亚洲和非洲。

[①] 麦克阿瑟及其支持者的观点是从大量英文材料概括出来的，部分主要依据：《麦克阿瑟回忆录》第9～10章，1964年版；约·斯潘尼尔《杜—麦之争与朝鲜战争》第3—14章，1959年版；罗·富特《错误的战争：1950—1953年美国政策和朝鲜冲突面面观》绪论及第3—5章，1985年版；等等。

苏联的战略是夺取"世界的经济边疆",即拥有世界巨大原料储备的亚洲和非洲,为此在欧洲仅仅是防御,同时沿两翼前进,促使西方世界集中力量于中部,而忽视要害的两端。

战后,麦克阿瑟作为美国派驻日本的最高统治者,认为日本如果没有中国的粮食和工业原料,没有中国的市场来出售其产品,则日本不能实现经济复兴和确立大国地位。这就是说,他在把日本看作美国附庸的同时,把中国看作日本的殖民地。麦克阿瑟之所以对于杜鲁门政府失去中国大陆极端不满,同时对新中国万分仇恨,看来这是原因之一。

至于中国的台湾,麦克阿瑟非常重视它的战略地位。1950年8月,他在给对外战争退伍军人团年会发去的那篇引起轩然大波的讲话中,表达了如下的思想:台湾是从阿留申群岛直至马里亚纳群岛这样一个包围亚洲大陆的美国岛屿锁链的杠杆支点。美国从这条防御边界出发,可以用空中力量主宰从海参崴到新加坡一线的每一个亚洲港口,并且防止任何敌对势力向太平洋运动。如果台湾落入敌手,那它就好比"一艘不沉的航空母舰和潜艇供应舰",它将构成插入美国防御边界中心的楔子,把美国的防线向美国本土沿海后推5000英里。

麦克阿瑟把朝鲜战争看作与世界共产主义的决战。他无法容忍在朝鲜的失败,因此要求突破杜鲁门政府施加的种种限制,进而把战火烧到中国本土。他先后多次提出的扩大战争的建议,可以归纳为如下几点:

(1)强化对中国的经济禁运,同时对中国沿海实施海上封锁;

(2)以空军摧毁中国东北以及全中国的工业中心、交通枢纽、补给基地和部队集结地;

(3)接受台湾国民党军队入朝作战;

(4)支持蒋介石反攻大陆;

(5)使用原子弹。

对于前四点，麦克阿瑟是直言不讳的，而最后一点他则从未公开承认过，但战后解密的美陆军档案资料证明，1950年12月24日，麦克阿瑟曾提交一份"迟滞目标"清单，他估计需要26枚原子弹，同时要求用4枚原子弹轰炸"进攻部队"，另4枚原子弹袭击"敌人空军的重要集结地"。

麦克阿瑟认为中国经济和科技落后，支持战争的能力不强。按照他的战略，不需要增加大批军队特别是地面部队，只要动用海空军即可解决问题。他强调，只有采取上述扩大战争的建议才能打败中国，取得朝鲜战争的胜利，否则只有失败，而"胜利是没有东西可以取代的"。

针对杜鲁门及其顾问们所说扩大战争会导致苏联干预，触发第三次世界大战，麦克阿瑟断言苏联不会为中国而参战，后来又说，只有坚决行动才能制止苏联参战。

针对杜鲁门及其顾问们所说扩大战争会促使盟国离心，麦克阿瑟认为西欧盟国不会背离美国，因为它们对美国的依赖性更大，即使盟国不同意，美国也应该为自身的利益单干。

麦克阿瑟不是孤立的。他的扩大战争的主张在美国军界得到一些人的同情和支持。大致从1950年11月中旬到翌年1月中旬，即中朝人民军队从鸭绿江边反攻到三八线以南这段时间，美国国防部的许多官员，包括参谋长联席会议主席布莱德利在内，都感到有必要采纳麦克阿瑟扩大战争的建议。有人甚至先于麦克阿瑟提出使用原子弹的问题。早在1950年11月16日，陆军计划与作战处即建议考虑使用原子弹的问题。4天后，陆军参谋长柯林斯与参谋长联席会议其他成员商讨过这个问题。11月28日，联合战略调查委员会被告知提出对中国和苏联使用原子弹的建议。除使用原子弹外，其他措施也在考虑之列。1951年1月12日，参谋长联席会议完成一项备忘录，并提交于1月17日举行的国家安全委员会审议，其中的基本内容与麦克阿瑟扩大战争的各项建议如出一辙，以致后来在国会听证会上，麦克阿瑟一口咬定他的主张是参谋长联席会议同意的。这应当说是事实，但要补充的是，"1·12"备忘录在国家安全委员会上遭到国务卿艾奇逊强烈反对，杜鲁门总统不予批准。按国防部部长马歇尔等人后来的解释，这项备忘录是美军一旦被赶出朝鲜半岛或者中国在朝鲜以外攻击美军时的应急方案。由于没有出现这两种情况，因而备忘录是不算数的。

如果说参谋长联席会议只是在特定的情况下秘密地倾向麦克阿瑟，那么国会中的共和党右派议员则公开支持他。最起劲的首推共和党领袖罗伯特·塔夫脱，还有"反共十字军运动"代表人物麦卡锡和一年多之后成为美国副总统的尼克松等许多人。他们集中火力攻击杜鲁门政府的对外政策，竭力主张削减对西欧的援助，让欧洲盟国照管它们自己的事，同时在亚洲采取强硬政策，按照麦克阿瑟的战略扩大战争。这些人还要求解除欧洲第一政策的主要支持者——国务卿艾奇逊和国防部部长马歇尔的职务，甚至准备弹劾总统杜鲁门。应当指出的是，以塔夫脱为代表的共和党右派政客之所以支持麦克阿瑟，一方面出于对欧洲第一政策的强烈不满，另一方面也是利用美国在朝鲜的失败来攻击杜鲁门政府，以便为1952年的总统大选创造有利条件。

此外，美国政府内某些人，如国家安全资源委员会首脑赛明顿和驻联合国原子能委员会代表巴鲁克以及全国四大退伍军人组织的领导等各种右派势力，几乎都站在麦克阿瑟一边，甚至积极鼓吹使用原子弹。

总之，麦克阿瑟及其支持者形成了一股不可忽视的力量，这是杜鲁门政府要认真对待的。

杜鲁门遵循欧洲第一方针，坚持在朝鲜打一场有限战争[*]

第二次世界大战后初期，作为"世界宪兵"的美国杜鲁门政府，始则在欧洲推行"马歇尔计划""杜鲁门主义"，继之建立北大西洋公约组织，推行"集体安全政策"。这一切体现了以欧洲为其全球战略的重点、以苏联为主要敌人的指导思想。正如杜鲁门在其回忆录中所说："我知道在我们这个时代，拥有千百万熟练工人、工厂和交通网的欧洲仍然是世界和平的钥匙。""我从来没有使自己忘记：美国的主要敌人正端坐在克里姆林宫里。"他还引证国务卿艾奇逊的话说："首先必须记住我们的主要敌人不是中国而是苏联。"

对于朝鲜战争，杜鲁门政府的谋士们认为是苏联的圈套。杜鲁门引证中央情报局的估计说："俄国人不愿自己参加战争，但是他们希望尽可能把我们缠在亚洲，以便他们放手在欧洲行事。"如果把战争扩大到亚洲大陆，那么美国"将冒陷入无底洞的危险，没完没了，会把我们的血放干"。

杜鲁门政府不是不想打败中国，以武力统一朝鲜结束战争。问题是，麦克阿瑟的那些建议行不通。

关于以空军轰炸中国的问题，连美国空军参谋长范登堡也认为无济于事。他在国会听证会上就此作过系统的发言。有几点值得注意。（1）战略空军的主要任务是遏制苏联，由于空军力量薄弱，没有能力轰炸中国。

---

[*] 杜鲁门及其支持者的观点也是从大量英文材料概括出来的，部分主要依据：《杜鲁门回忆录》第2卷，第22—27章，1956年版；贝·亚历山大《朝鲜：我们第一次失败的战争》第32章，1986年版；约·古尔顿《朝鲜战争：无人讲述的故事》第16—18章，1982年版；富特《错误的战争：1950—1953年美国政策和朝鲜冲突面面观》；斯潘尼尔《杜—麦之争与朝鲜战争》；等等。

（2）轰炸中国必须出动战略空军全部力量，而飞机和机组人员的消耗率太高，无法及时得到补充，这将使美国在几年内失去遏制苏联的能力。（3）即使把中国东北和内地的城市夷为废墟，中国仍可以从苏联获得武器补充。（4）盟国反对轰炸中国。如果不顾盟国的反对而在亚洲"单干"，那很可能在欧洲也得"单干"。这就意味着盟国不再向美国提供军事基地，美国飞机必须进行多次空中加油才能从本土飞往苏联，这就需要把现有的美国空军扩大5～6倍。（5）与其轰炸中国，不如集中力量攻击北朝鲜200英里长的补给线。后来杜鲁门还从另一角度表示忧虑说："中国人民会采取美国人民对待珍珠港同样的态度来对待（美国）轰炸他们的城市。"

关于以海上封锁来迫使中国迅速停战的问题，论者也认为作用不大。美国海军作战部部长谢尔曼在国会作证时指出两个限制性因素：一是中国经济尚未达到高度工业化和专业化的发展阶段，对这样的国家实施封锁，不可能取得如同封锁高度工业化国家那样的效果；二是漫长的中苏边境将使任何封锁都不完全。谢尔曼还指出，单是海上封锁不足以破坏中国继续战争的能力，只有与空袭相结合才能奏效（这又回到上述范登堡提出的矛盾）。同时他还指出，有效的海上封锁关键在于盟国的衷心合作，而美国的盟国是不情愿参加对中国的封锁的。

关于接受蒋介石军队入朝作战和鼓励蒋军反攻大陆的问题，杜鲁门政府认为两者均不妥。朝鲜战争爆发不久，蒋介石即表示愿提供3.3万人入朝作战。当时美国地面部队严重不足（国内战略预备队只剩下第82空降师），杜鲁门曾倾向于接受，但参谋长联席会议等有关各方均表示反对，认为这支军队不中用，而且后勤保障全靠美国。加之盟国反对，特别是英联邦国家军队认为与蒋军并肩作战是不能接受的，于是杜鲁门政府撇开了这个问题。同样，蒋介石反攻大陆必须由美国提供海空军支持从而增加美国的负担。再者，刚被逐出大陆一年的蒋介石军队，根本不可能获得中国人民的拥护，而没有这一点，蒋军在大陆上（即使是局部地区）也站不住脚。更重要的是，杜鲁门认为"把国民党军队引进中国南部，将是（中美两国之间的）战争行为"。

关于使用原子弹问题，杜鲁门政府认为出此下策肯定会爆发第三次世界大战，而且苏联已经掌握这种武器，后果不堪设想。艾奇逊说，美国的原子弹储备量不足以使敌人寒心，反而"会把我们（美国）的盟友吓得要死"。事实正是如此。1950年11月30日，杜鲁门在记者招待会上透露，在朝鲜使用原子弹的问题正在"积极考虑之中"，并暗示其使用完全在麦克阿瑟职权范围内。此言一出，立即引起英国议会约百名工党议员联名抗议，连保守党领袖丘吉尔也表示焦虑。英国首相艾德礼乃于9月4日飞抵华盛顿与杜鲁门等人进行四天会谈，旨在协调美国与盟国对朝鲜战争的政策，防止美国扩大战争，在亚洲陷得太深。艾德礼行前曾同法国总理达成一致意见，因此他是以西欧各盟国代言人身份到美国会谈的。结果，杜鲁门不得不再三声明他不愿使用原子弹，并表示在这个问题上要同盟国保持磋商。

归结起来说，杜鲁门政府不同意把战火扩大到中国，主要有下列四方面的考虑。

第一，美国的主要敌人是苏联，不是中国；全球战略重点是欧洲，不是亚洲。如果在亚洲同中国打大仗，那就正如布莱德利所说，"在错误的时间，错误的地点，同错误的敌人打一场错误的战争"。这就必将打乱美国自己的战略部署，削弱美国增强欧洲防务的能力。如果把苏联卷入战争，必将触发第三次世界大战，而美国对此远没有做好准备。杜鲁门总结他与麦克阿瑟的分歧之后说："我只有一个简单的结论：麦克阿瑟将军准备冒全面战争的风险，而我则反之。"

第二，中国不会屈服。即使苏联不干预，美国也无法打败中国。正如布莱德利所说："同赤色中国较量不是决定性的行动，不能保证结束朝鲜战争，而且不会使中国屈膝。我们只要回顾那漫长的 5 年（应为 8 年——作者注），当时最强的军事大国之一日本入侵中国，几乎完全控制了中国大部地区，然而从未能胜利地结束那场战争。"

第三，盟国反对。美国的全球战略是建立在与盟国合作的基础之上的。英法等西欧盟国理所当然地坚持欧洲第一。正如作为英国反对党领袖的丘吉尔强调指出的："世界命运将在欧洲决定……致命的危险是在这里（欧洲）。"与此同时，英国领导人不认为中国是苏联的卫星国，他们寄希望于中苏分裂。此外，他们还有一个担心——中国收复香港。因此他们主张承认新中国，恢复其联合国合法席位，让台湾回归中国，与中朝谈判解决朝鲜问题。他们认为对华强硬政策只能促进中苏团结、中国人民与政府团结，并使中国更加仇视西方。

第四，还有一个重要的国内因素，那就是美国人民的情绪。1951 年 1 月初（即中国人民志愿军参战不久）的一次盖洛普民意测验表明，66% 接受调查的人认为美国应撤出朝鲜，49% 的人认为美国当初出兵朝鲜就是错误的。由此可见，扩大战争将更加不得人心。

基于以上种种因素，杜鲁门政府没有接受麦克阿瑟及其支持者扩大战争的主张。当然，这不等于说他们对杜鲁门政府没有影响，或者说杜鲁门政府不如麦克阿瑟及其支持者那样仇视人民中国。这个政府先后宣布国家处于紧急状态，加紧扩军备战，操纵联合国通过污蔑中国为侵略者的决议，增加对蒋介石集团的援助，竭力稳定朝鲜战局，伺机重新发动进攻，以战迫和，等等，都是对中国施加压力。尽管如此，杜鲁门政府始终没有背离欧洲第一的方针。当朝鲜战局基本稳定之时，该政府立即派出 4 个师加强欧洲防务，并任命艾森豪威尔为欧洲盟军最高统帅，旨在加强和协调欧洲的军事部署。

几个问题的思考

一、中国人民志愿军入朝参战与杜鲁门和麦克阿瑟之争

杜鲁门和麦克阿瑟之争，早在美军入侵朝鲜之后不久就开始了。1950年7月30日麦克阿瑟访问台湾同蒋介石会谈后，发表了与杜鲁门政府的台湾政策精神不符的声明（杜鲁门自称他的政策是使台湾海峡"中立化"，既防止中国政府解放台湾，又防止蒋介石反攻大陆，而麦克阿瑟则强调美蒋军事合作，意在鼓励蒋军反攻大陆）。这是杜麦之争首次公开暴露。杜鲁门回忆说，那一次他就曾严肃地考虑过解除麦克阿瑟职务的问题，但时机尚不成熟。在是否举行仁川登陆的问题上，麦克阿瑟同政府文武官员又一次发生冲突。但1950年9月15日登陆成功，杜鲁门政府官员同麦克阿瑟都沉浸在一片胜利的狂喜之中，暂时把分歧推到一边。杜鲁门慨然批准美军越过三八线北进，武力统一朝鲜。10月15日，两人在太平洋中部威克岛会晤，主要商谈朝鲜战后的政治安排，杜鲁门还给麦克阿瑟授勋。英国等西欧盟国对于"联合国军"越过三八线北进也并无异议。国会中的反对派对政府的攻击也还比较克制。

但是好景不长，几天之后中国人民志愿军入朝参战，同朝鲜军民一道，大举反攻，打破了麦克阿瑟发动的在军事历史上传为笑柄的"圣诞攻势"，把美国为首的"联合国军"赶到三八线以南。正是在这种情况下，各方面的矛盾激化了。杜鲁门责怪麦克阿瑟对于中国可能干预一事不予重视，在威克岛断言中国出兵可能性"很小"，同时违反禁令将美国部队用于朝鲜北部边境。麦克阿瑟则辩解说：他原先受领的任务已经完成，现在面临的是

一场"全新的战争";他之所以被迫撤退是因为政府对他施加种种"史无前例的"限制,不允许他使用手中力量去夺取胜利。英国等西欧盟国指责美国刺激了中国出兵,它们认为现在束缚美国比束缚中国更为重要,而这一看法又得到以印度为首的亚非集团的强烈支持。仁川登陆后曾经把麦克阿瑟捧为军事天才的美国国内舆论,则批评他军事上无能,要对"美国军队历史上最大的军事挫折之一"负责。加上前面说过的人民群众对杜鲁门政府不满,共和党右派对政府重欧轻亚政策猛烈抨击,这一切表明,中国出兵的决策打乱了美国的阵脚,是激化杜鲁门和麦克阿瑟之争以及与之有关的各种矛盾的决定性因素。

正因为如此,美国军内外某些史学家为杜鲁门政府在朝鲜所犯的错误而感叹不已。他们设想,如果美国当局听取中方多次严正警告(美国人常引的例子是1950年9月25日聂荣臻代总长对印度驻华大使潘尼迦的谈话,特别是10月3日午夜周总理对潘的谈话),仁川登陆后不越过三八线,转而争取和平解决朝鲜问题,中国决不会出兵。也有人设想,如果"联合国军"停留在平壤以北的朝鲜半岛蜂腰部,也许中国不会出兵。还有人设想,如果让南朝鲜军队单独北进,也许中国不会出兵。总之,他们认为只要中国不出兵,朝鲜战争的历史必将改写,这对中美关系、亚太地区乃至世界形势都可能产生某种积极影响。这些仅仅是历史的假设,但至少反映了一些美国人对朝鲜战争的反思。

二、美国垄断财团与杜鲁门和麦克阿瑟之争

垄断财团是美国幕后的真正统治者。各财团依其实力的大小,在总统大选、国会议员选举、引导公众舆论和左右政府决策等方面发挥着不同的作用。由于各财团之间存在着错综复杂的利害冲突,因而在政见上表现为各种不同的或者对立的主张,使人眼花缭乱,甚至产生"究竟谁代表美国"

的困惑。因此，抓住垄断财团这个根子，有助于认识美国政治的本质。根据国内外研究美国垄断财团的专家们一种较为合理的认识，战后初期美国垄断财团有如下几点值得注意的情况。

（1）在以华尔街为中心的东部老财团中，摩根财团仍然处于极盛时期，对全国事务影响最大。它的海外利益主要在西欧，极力通过对外"援助"向西欧扩张。杜鲁门主要依靠摩根财团入主白宫，他的政府人事安排中摩根系统占优势，推行欧洲第一方针最得力的国务卿艾奇逊和国防部部长马歇尔等人都与摩根财团有关系。

（2）以中西部为基地的芝加哥财团，历来反对摩根等东部财团对联邦政府的控制，企图与之分庭抗礼。它的主要利益在国内，特别关心国内政局稳定，因而对内鼓吹反共、反劳工，对外主张"孤立主义"，反对东部财团利用对西欧援助大发横财。共和党右派参议员塔夫脱和麦卡锡等是这个财团的政治代理人。由于实力不足，它在同摩根等东部财团的斗争中多次败北。

（3）西部加利福尼亚财团，主要是第二次世界大战期间依靠军事工业发展壮大的新兴财团，与军方关系密切，特别好战。由于基地在太平洋沿岸，与亚太地区的利害关系较多。它也不满东部财团在全国的主宰地位，客观上成为芝加哥财团反对东部财团的同盟军。共和党参议员尼克松等是其政治上的代理人。

应当说明，财团的利益和政见是复杂多变的，其政治代理人也并不稳定。因此，在研究问题时不能简单地把一切现象都按财团划线。但财团既然是客观存在，它的活动和影响总是有端倪可察、有规律可循的。如果上述三点情况基本可靠，那么可以看出，在杜鲁门政府推行欧洲第一方针的背后，是有摩根等东部财团的影子的。麦克阿瑟及其政治上的主要同盟者塔夫脱等人的主张，则反映了中西部和西部财团的某些观点。这一派虽然能量不小，但毕竟不占主导地位，麦克阿瑟被解职和随后塔夫脱谋取总统候选人提名失败都是有力的证明。

杜鲁门和麦克阿瑟之争生动地表明，美国统治阶层不是铁板一块。对于各派政治力量要进行实事求是的分析，既要看到它们的共性，也要看到它们之间的差别，这样才能更好地理解美国的政治和战略，并制定相应的对策。

三、美国全球战略的重点会转变吗？

战略重点具有相对稳定性，但不是一成不变的。自从第二次世界大战以来，尽管美国在亚洲先后打了朝鲜战争和印支战争，有时形成战略重点在欧洲而兵力重点在亚洲这样一种"战略失调"局面，但就整个历史时期而言，以苏联为主要敌人、以欧洲为战略重点的方针并没有改变。

时至今日，美国面临着三个新情况：

（1）东欧政局的剧变和苏联的解体，与之相联系的还有两德的统一等。

（2）环太平洋地区的崛起。这一地区比欧洲和美国大一倍，约翰·奈斯比特等未来学家预计2000年时该地区人口将占世界的2/3（届时欧洲只占6%），国民生产总值将占世界的1/4，与欧洲或美国持平；90年代，美国与亚洲的贸易额可能比它与欧洲的贸易额多出一倍。[①]许多人惊呼：太平洋正在取代大西洋成为世界贸易的中心，"太平洋世纪"即将到来，呼吁"美国企业界应把重心从欧洲转到太平洋地区"。

（3）美国西部加利福尼亚和南部得克萨斯州的崛起及其在美国经济政治生活中地位的上升。如果说加州主要依靠新兴军事工业发家，那么得州既依靠新兴军事工业又依靠石油致富。单是加州就"堪称一个太平洋沿岸

---

① 约翰·奈斯比特、帕特里夏·阿伯迪尼：《2000年大趋势》第6章，1990年英文版。

国家"，它的经济已居世界第六位，仅次于全美国，以及苏、日、法和联邦德国，到2000年将跃居第四位。[①]它正在取代纽约作为金融霸主的地位。20世纪60年代以来，这两个州先后推出约翰逊、尼克松、里根和布什四位美国总统，打破了历来总统主要依靠东部或中西部起家的传统。

从时间顺序来说，上述第三个情况出现得最早。但是，仅仅这一个因素尚不足以动摇美国全球战略的原定方针。大约20世纪80年代以来出现了上述第二个情况，不久以前又出现了上述第一个情况。这三个因素结合到一起，肯定将影响美国未来若干年全球战略的重点。欧洲第一，亚洲第一，欧亚并重，也许还要加上"新孤立主义"或者别的什么主张，迟早会破门而出，掀起一场新的大辩论。新条件下亚洲第一方针能否取得主导地位尚难肯定，但其影响将会上升则是无疑的。[②]

---

① 约翰·奈斯比特、帕特里夏·阿伯迪尼：《2000年大趋势》第6章，1990年英文版。
② 2001年初美国小布什政府上台后大幅度调整战略部署，就是佐证。

第十七章　在美国大学的讲坛上

这四篇短文是从笔者1987—1996年几次赴美讲学的数十篇讲稿中挑选出来的。笔者曾把它们用作堪萨斯州立大学历史系研究生班的讲义或学习参考材料，也曾用作在该校和美国其他几所军内外院校学术讲座的发言稿。每次针对不同场合和对象，文字上难免做些调整或增删，但基本内容不变。原稿系英文手稿，这里首次译成中文在国内发表。

应当说明的是，笔者应邀出国讲学纯属个人学术交流，不代表官方和所属的工作单位。听众多是学生、教授和研究人员，他们一般都是抱着求知的动机，希望了解我国改革开放以来新的学术信息，态度比较友好。当然也有一些小插曲，例如在堪萨斯州立大学讲课前，笔者听说有的美国学生私下议论："吴教授是不是来搞共产主义宣传的？"对此，笔者在教学大纲（syllabus）中加了一段话："作为社会主义中国的访问学者，我理所当然地只介绍中国观点。如果要我介绍西方观点，那何必请我来？任何一个西方史学者都比我更合适，但我决不把自己的观点强加于你们。请你们把我讲的同西方材料加以对比，看谁说得有理，独立思考，作出自己的结论。"据了解，这段满怀信心并且合情合理的话深深打动了美国学生，他们表示"就是要听中国观点"。

这几篇讲稿（其实也包括不在这里发表的其他几十篇讲稿），按国内标准并无新鲜的学术内容，都是些ABC，但要讲好也有不少难处。第一，既要坚持社会主义中国学者应有的立场观点，又要考虑美国人的接受程度。

第二，为了增强发言的针对性，事先要对听众的思想状况做抽样调查。第三，由于发言时间有限（给研究生讲课每次一个多小时，公开讲座只有半小时，留出时间答疑），必须抓住重点，长话短说，力避面面俱到的冗长说教。第四，尽可能做到生动活泼，适当地方要引证听众熟悉的西方历史事实，进行简明的中西对比，以收触类旁通之效。第五，对于听众可能提出的问题要力争有所准备，做到厚积薄发。此外，要尽可能使用美国人喜闻乐见的英语词汇表达思想。

事后看来，以上几点笔者未必都做得很好，但仍然收到了一定的效果，增进了一些美国人对中国的了解，扩大了我国的影响。有案可查的是堪萨斯州立大学历史系研究生班期终学习小结。这些小结的内容不限于这里发表的四篇材料所提到的问题，实际上涉及中国古代和现代历史特别是战争史的若干方面。这里仅仅选译了部分研究生小结中某些有代表性的观点，按问题加以归纳整理，作为本篇的"尾声"。由于无法与这些研究生联系，此处不便署名，但笔者满怀对他们的感谢。

通过在美国的讲学活动，笔者体会到我国悠久灿烂的历史文化，包括军事历史文化，是一种无比宝贵的特殊资源，在国际学术交流中用之得当，可以发挥意想不到的作用。

中国抗日战争对世界反法西斯战争的贡献[*]

中国抗日战争，是1840年鸦片战争以后百年间中国人民反击外国侵略

---

[*] 此稿基本内容曾在堪萨斯州立大学历史系两期研究生班讲过。部分内容曾在该校历史系、美国陆军指挥参谋学院作战研究所（即战史研究所）和美陆军历史中心以及明尼苏达大学军事科学系举办的学术讲座上讲过。

的第一次胜利的战争。这次战争的胜利来之不易。首先，它是全体中国人民，包括海外侨胞特别是东南亚侨胞的共同奋斗和巨大牺牲赢来的。从国际上说，它是和所有参加抗日的盟国的共同努力分不开的。中国高度评价美国、英国、苏联以及所有亚太国家——不论大小强弱——为打败日本军国主义所做的贡献。同时，中国人民永远不会忘记所有盟国对中国抗战的同情和援助。

然而，与此相反，许多西方关于第二次世界大战的文献，对中国抗日战争的地位和作用却或有意或无意地贬低，不是把中国战场当作贡献，而是当作负担。不少西方史学家分析日本失败的因素时，只强调美国陆、海军在太平洋的进攻，对日本本土的战略轰炸和两颗原子弹，或者顺便提到苏联的远东战役。这些当然都是重要的。但是，中国和中国战场呢？很少有人提到它，似乎它根本就不存在。这种现象在西方学术界至今仍然可以看到。

因此，中国人民和中国历史研究者认为首要的问题是强调中国战场在第二次世界大战中的地位和贡献，但这绝不意味中国人民企图从民族感情的立场出发，片面夸大中国对世界反法西斯战争的贡献。否！我们要求的是公正地对待中国抗日战争，还历史的本来面目。

什么是历史的本来面目？请看事实：

——中国抗日战争比世界上任何大国抗日的时间都长，总共14年。从1931年九一八事变开始的头6年是局部抗战阶段，从1937年卢沟桥事变开始的8年则是全面抗战阶段。相比之下，英美两国对日作战约三年零八个月，苏联为25天。

——中国战场是东方的主战场，战线长达5000公里，加上在敌人战线后方开辟的130多万平方公里的解放区战场。中日战场交战双方兵力高峰时约达1000万人：500余万中国正规军加上200万民兵与200万日军和100余万傀儡军相对垒。在八年全面抗战时期，中国军队先后进行22次大规模会战200余次重大战役，约2000次战斗，消灭日军150余万，傀儡军118万。战争结束时，中国接受投降日军128万人。

——根据中国最新统计，在8年的艰苦抗战中，中国军民死亡超过2100万[①]，占二战各国死亡总数的40%以上。单是南京大屠杀，日本侵略者就杀害中国人30余万，比广岛长崎死于原子弹的人数总和还要多。同期，另有1400万中国人受伤。中国直接经济损失达1000亿美元，间接经济损失高达5000亿美元。

——中国战场牵制着2/3以上的日本陆军兵力。太平洋战争初期，日本陆军总共有51个师，除5个师留驻本土外，主力35个师（包括强大的关东军）被牵制在中国战场，只能动用11个师投入太平洋对美军作战。直到1944年底1945年初，情况仍大体如此。这一点对于在太平洋上同日军作战的美军来说，是极为有利的条件。日本统帅部曾千方百计图谋结束侵华战争，以便把陆军兵力转移到迫切需要增援的太平洋，但未能得逞。甚至到日本投降时，它的陆军主力仍在中国。

这里，我想引用一段美国历史学家克雷顿·詹姆斯的话供参考：

尽管1942年中期日本在太平洋上被迫转入防御，它从未把它的陆军主力用来抵抗美军的攻势……直到1945年初，部署在日本列岛以外的320万军队中，仍有180万驻在中国和满洲。

当东京决定从中国和满洲抽调大批军队到太平洋时，美国海空军已经在西太平洋上赢得制空权和制海权，大量摧毁日本向南运兵的船只，最终完全阻止了这种增援行动。[②]

---

① 在14年抗战中，中国死伤3500万人。
② 彼得·帕雷特主编：《近现代战略制定者：从马基雅维利到核时代》，1986年英文版，第715—716页。

和其他某些西方史学家一样，克雷顿·詹姆斯对于上述事实是承认的，但到此止步，未能进一步指出：为什么日本不能从中国大陆抽调兵力增援太平洋？其实很简单，那是因为中国人民坚持抗战到底。这一事实说明，中国战场对于削弱日军南进兵力发挥了重大作用。

同时还应指出，陷在中国东北的日本关东军也是准备配合德国进攻苏联的战略预备队。从这个意义来说，中国战场对于制止日本北进也作出了自己的贡献。

也许有人会说："是的，中国战场对于盟国来说确实是很重要的。但是，中国军队打得很不好。"

这是一种误解。为了澄清这个问题，首先必须指出，当时的中国是一个贫穷落后的半封建半殖民地国家，而且分成两个战场：蒋介石领导的国民党正面战场和中国共产党领导的敌后解放区战场。

全面抗战初期，几百万国民党军队以正规战方式在上海、徐州、武汉、长沙等地同日本侵略军进行了一系列大规模的会战，每次会战投入兵力数十万人，甚至上百万人。虽然国民党军队被迫撤退到内地，但毕竟消耗了敌人，赢得了时间，打破了日本侵略者几个月灭亡中国的迷梦。战争后期，国民党政府派出以精锐部队组成的远征军，进入缅甸配合英美盟军对日作战，取得了辉煌胜利。

至于解放区战场，它是在敌人战线后方开辟的战场。在这个战场上，中国人民军队采取了另外一种战争形式——人民战争。这是中国共产党统一领导下的大规模的同时又是分散的人民游击战争。这种战争形式特别适合中国的特殊情况，极大地有利于发挥我方地大人多兵多以及战争的正义性和士气高涨等优势，同时避免在经济、军事技术和训练等方面的劣势。随着蒋介石政府对抗日战争态度的变化，日军转移主力进攻对它威胁最大的解放区，因而这个战场承担了主要的压力。在极端困难的条件下，中国人民军队在8年间总计进行了125000多次各种规模的战斗，歼灭日、伪军171.4万人，在19个省区形成拥有100多万平方公里土地和1.2亿人口的解放区，部队发展到130多万人。可以想象：千百万中国军民，包括男女老少、正规部队和非正规部队，一周7天，一天24小时，不停顿地打击敌人，袭扰、击毙或俘虏小股敌军，孤立、封锁或在可能情况下夺取敌人个别的堡垒，破坏敌人的交通线，惩罚背叛祖国的汉奸卖国贼……每一次这样的军事行动，从微观上看也许是微不足道的，但从宏观上看，解放区战场作为一个整体，形成了世界战争史上空前未见的人民战争的汪洋大海，一个使日本侵略者无法脱身的大泥潭。

中国解放区战场上的这种作战形式是美国公众很容易理解的。它与美国独立战争后期南部战场上格林和摩根将军指挥的游击战争有许多相似之处，但规模和斗争激烈程度都远远超过了美国独立战争后期的游击战争。

中国解放区战场的胜利，是在没有外援的条件下取得的。美国政府根据《租借法案》确实给了中国大批军事物资，但都掌握在以蒋介石为首的国民党政府手中，共产党领导下的解放区军民是不可能分享的。至于苏联，它当时正全力对德作战，自顾不暇，同时它与日本签订了中立条约，因此不可能给予实质性的军事援助。解放区军民只能依靠自己的力量同强大而极端野蛮的敌人战斗，创造了许多鲜为人知的军事史上的奇迹。

以上就是历史的本来面目。

最后，我想回答有些美国学者提出的中日关系问题。自从1971年日本首相田中角荣继尼克松总统访华，正式向中国人民认罪，实现中日邦交正常化以来，两国关系总体上是好的。我们看到许多日本人士，包括政治家和侵华老兵，真诚地谴责当年日本军国主义者发动的侵略战争。但日本国内至今仍有某些右翼势力，再三抵赖侵略战争的事实和犯下的滔天罪行，甚至胡说日本侵略战争有助于亚洲国家从西方殖民主义压迫下获得独立！

这类胡说八道理所当然地引起中国、朝鲜及其他遭受日本侵略的各国人民的极大愤慨和强烈反对。

森塔纳亚的名言——"谁忘记过去，就会重蹈覆辙"——对于日本右翼势力是最恰当不过了。为了日本本身的民族利益，它应当像德国一样正视二战的历史事实，坚持走和平发展的道路。我们中国人民永远不会忘记日本侵略者带给我们的民族灾难，也决不会允许悲剧重演。

中国人民解放战争的胜利*

1946—1949年的中国人民解放战争是一场内战，在西方被叫作"共产党接管中国大陆"。不管叫什么，反正以蒋介石为首的国民党政权崩溃了，在共产党领导下建立了中华人民共和国。短短3年多的战争打出了这样一个结局，发人深思。今天，我们主要从军事历史角度来介绍中国共产党获胜的某些因素。

战争是交战双方力量的竞赛。首先看看内战爆发时双方力量的对比。国民党军总兵力为430万人（正规军200万人）；共产党领导的武装力量人民解放军总兵力为120余万人（野战军约61万人），双方兵力对比为3.5∶1。国民党军接受了向它投降的100多万侵华日军的装备，并且有美国大量军事援助；人民解放军除步兵武器外，只有少量火炮。国民党统治区占76%的全国面积，拥有3亿以上人口，并控制着全国所有大城市、主要交通线和绝大部分工业；解放区土地占全国的24%，人口只有1.3亿，大多是贫穷落后的农村，而且各解放区处于国民党的包围、封锁之下，彼此

---

* 此稿曾在堪萨斯州立大学历史系两期研究生班讲过。

隔绝，很难获得外援。由此可以看出，国民党政府在军事、经济实力与潜力方面占有绝对优势。为什么占绝对优势的一方反而失败了，而且失败得那么快、那么彻底？许多人都思考过这个问题。当年美国政府内部就展开过一场"是谁丢掉中国大陆"的大辩论。各种派别说法不一。最近，我在查阅西方材料和与美国青年朋友的接触中，又了解到一些说法，例如国民党桂系有人著书说，蒋介石失败是因为他不听桂系著名将领白崇禧的意见，也有人说中共是靠苏联援助取胜的，还有人说共产党靠"人海战术"打赢的。如此等等，不一而足。

研究历史忌带偏见。作为应邀来访的社会主义中国学者，我乐于从中国的角度提供一些背景材料，供诸位参考，但不强加于你们，请你们把我提供的材料拿去同西方材料对比研究，看谁说得有理，独立思考，最后得出自己的结论。

首先，压倒一切的问题是人心向背。

中国抗日战争胜利结束后，中国国内面临两条道路的冲突：以蒋介石为首的国民党倚仗其绝对优势的力量，积极准备发动内战，妄想几个月内消灭共产党和解放区。毛泽东领导的共产党则希望通过和平谈判促使国民党承认共产党的地位，实现国家的和平发展。当时，饱受长期战乱之苦的中国人民都渴望和平，反对内战。因此，国民党的内战政策不得人心，连国民党军队内部都有许多人不愿打内战，士气低落。

反之，共产党反对内战、主张和平的路线得到人民群众的拥护。人民反对内战的力量虽然不足以制止战争的爆发，但这一个重要的政治因素在整个战争过程中都发挥着无形的作用。回顾一下20世纪60年代美国人民反对越战的情景，就知道人民的力量不可抗拒。

中国共产党得人心的还有其他一系列重要政策，其中具有特殊意义的是土地制度改革。中国总人口中的绝大多数在农村，农村人口中的绝大多数是无地和少地的贫苦农民。共产党坚决主张给他们分配土地，使耕者有其田，因此得到全国农民的热烈拥护。农民成了人民解放军兵员的主要来源。中国共产党的土地政策同美国内战时期林肯政府颁布的《解放黑奴宣言》和许诺黑奴拥有土地的《宅地法》有异曲同工之处，但比后者规模更大，也更彻底。

作为军事历史研究者，诸位对这场战争的战略战术有特殊的兴趣。我想侧重介绍人民解放军的作战方法，特别是战略指挥。基本思想集中体现在毛泽东总结的"十大军事原则"之中，这是一套以弱胜强、以小胜大、以劣势装备战胜优势装备之敌的作战方法，我们称之为"人民战争的战略战术"（反人民的军队是无法运用的，因为这套作战方法的前提是人民的拥护）。这套战法强调以消灭敌人有生力量为主要目标，而不以保守和夺取城市和地方为主要目标。消灭敌人有生力量的方法是集中优势兵力、各个歼灭敌人。这就是说，在全局上、战略上，我们处于劣势，但具体到战役战斗上，每战力争集中数倍于敌的优势兵力，包围歼灭一小部分敌人。这样一部分一部分地消耗敌人，积小胜为大胜，时间长了，我们就会在全局上、战略上也转变为优势。

于是，有人把人民解放军集中优势兵力、各个歼灭敌人说成搞"人海战术"。这起码是对军事的无知。集中兵力本来是一条普遍的军事原则。从拿破仑以来，任何杰出的统帅都懂得这一条。美国陆军传统的"九大军事原则"头一条也是讲集中（Mass）。中国人民解放军正是结合自己所处的实际情况（双方军队的性质、强弱、优劣等），创造性地运用和发展这一原则，从而取得了极大的成功。这怎么能说是"人海战术"呢？要说"人海"，也是有的，那就是千百万人民群众热烈支援前线的场面，那真是人山人海啊！这正说明了人民战争的强大威力。

在战争的头一年（1946年7月—1947年6月），国民党军全面进攻主要分布于中国北方的解放区。人民解放军运用上述方法歼敌100多万人。国民党军开始感到兵力不足，被迫从全面进攻转为重点进攻，而把主要兵力分作东西两大集团；东面重点进攻山东解放区，西面重点进攻陕西北部解放区。两集团中间漫长的战线上兵力薄弱。有人说这样的兵力部署像一个"哑铃"。这就为人民解放军实施中间突破，打到外线去，由战略防御转入战略进攻创造了条件。

于是，从战争的第二年（1947年7月—1948年7月）开始，人民解放军三路大军先后突破国民党军的中部防线，打到国民党统治的腹地——中原地区，把战争从北方的黄河流域推进到长江北岸，直接威胁首都南京和华中战略要地武汉三镇。

三路大军中，刘伯承、邓小平指挥的中路约12万人，首先突破黄河天险，向大别山长驱500公里，与其他两路大军密切协同，完全打乱了国民党军的战略部署，使之从战略进攻转入战略防御。战争形势发生了根本的转折。

为了更好地理解三路大军挺进中原的战略意义，不妨想一想美国内战后期北方名将谢尔曼"向海洋进军"的壮举。他率领6万余人，深入敌人后方，长驱300多公里，将南部同盟的东部地区分割为两部分，从而为赢得战争胜利铺平了道路。相比之下，中国人民解放战争中三路大军挺进中原之战，规模要大得多。

在战争的第三年（1948年7月—1949年5月），人民解放军进行战略决战，先后组织了3次著名的大战役（投入兵力最少的约60万人，最多达100万人），各个歼灭国民党军重兵集团。紧接着是百万大军强渡长江，占领南京，向全国进军。国民党政府土崩瓦解。

整个战争过程中，人民解放军累计歼灭国民党军807万人。这当然不是说肉体上加以消灭，而是包括死伤、俘虏、投诚、起义和接受和平改编在内，其中单是俘虏即达458万人。

美国研究者不止一次问我：中国军队对待战俘怎么样？我说，我们有传统的宽待俘虏政策。这方面可以介绍的情况很多，这里只举一点：人民解放军本身的壮大，除了农民踊跃参军外，原国民党军士兵也是重要的兵员来源。被俘的人员中，有不少人成为我军的中级军官，有的甚至成了我军的三星上将。

人民解放军取得这样大的胜利，是靠苏联的援助吗？事实恰好相反。战争爆发前，斯大林不相信毛泽东领导下的中国共产党和解放军能够战胜国民党军，同时他担心中国内战会把美国和苏联卷进来，引起第三次世界大战，因此持保留态度。在战争中，斯大林曾试图劝阻中国共产党不要渡过长江向南进军。因此，中国共产党和人民解放军只能依靠自己的力量战胜强敌。

有一个诸位也许想不到的因素倒是有助于共产党的胜利，那就是美国对国民党政府的援助。整个战争期间，美国杜鲁门政府为了帮助蒋介石打内战，以各种方式为国民党政府提供总值达43亿多美元的援助，用以换取美国在中国的种种特权，实际上把整个中国变成了美国的殖民地。帮助蒋介石打内战的驻华美军在中国的各种暴行，特别是1946年12月美海军陆战队员轮奸北京女大学生的事件，更是火上添油，引发了中国人民声势浩大的反对美国侵略、反对美国帮助国民党打内战的爱国运动。这个运动同中国人民反对蒋介石内战、独裁和卖国政策的大规模群众斗争结合到一起，形成解放战争的"第二条战线"，矛头直指国民党政府和美国。积极投身这场伟大斗争的不仅有饥寒交迫的工人、农民和普通市民，而且有广大的知识分子（学生、教授及其他文化人）以及爱国的资本家。

这样，陷入政治、经济和军事危机的国民党政府，发现自己处在全国人民的包围之中，这就从根本上决定了它失败的命运。

中国为什么出兵朝鲜[*]

1950年6月25日爆发的朝鲜战争，是朝鲜的内战，应由朝鲜人民自己解决，中国并没有参与。但作为与朝鲜毗邻的社会主义兄弟国家，中国人民理所当然地关心和同情朝鲜民主主义人民共和国。

同年10月上旬，在以美军为首的"联合国军"大举越过三八线迫近鸭绿江的紧急时刻，中国政府应朝鲜方面的正式请求，决定派出中国人民志愿军入朝参战，我们称之为抗美援朝战争。

据我了解，一些美国历史学者和研究生，对于中国为什么出兵及其有关问题，至今仍感兴趣。根据现已解密的材料（中国关于这场战争的官方和非官方著作正陆续出版），我想提供一些情况，谈一点纯属个人的看法，不代表官方。

首先，中国是在非常困难的情况下作出这项大战略决策的。

当时，新中国成立刚满一年，尽管在政治、经济、军事、外交等各方面都取得了重大成就，但仍然是困难重重，百废待举。最突出的大问题是：台湾和西藏还没有解放，祖国没有真正统一，为此还必须准备继续作战。广大的新解放区还有残余的国民党武装和大股土匪特务捣乱，亟待肃清；许多地区尚未进行土地制度改革，农民尚未分得土地，基层政权尚未建立，或者建立了尚不巩固。国民经济刚刚开始恢复，工农业生产水平很低，甚至粮食供应都存在困难。军队数量不小，但武器装备落后，海、空军刚刚着手组建。经过十几年抗日战争和解放战争之后，军内外都有不少人渴望

---

[*] 此稿曾在堪萨斯州立大学历史系两期研究生班讲过，后来部分主要内容在美陆军西点军校历史系讲过。

过和平生活，不愿打仗。

使问题更加复杂化的是：入朝作战，面对的将是世界上空前强大的美国。它拥有最雄厚的经济实力和最现代化的陆、海、空军，手里还掌握着原子弹。据当时中方材料，美国一个军（3个师）装备各种火炮1500门，而中国一个军（3个师）只有同类火炮36门。仅此一端，即可想见双方差距之大。

中国领导人十分清醒地看到形势的严重性。如果参战，国内经济建设势必中断，全国人民又要陷入战争状态。这场战争打起来，情况如何发展，很难预料。因此，中国最高决策机构——中共中央政治局在毛泽东主持下讨论出兵问题时，多数成员认为到朝鲜同美国打仗，困难太多，当务之急是集中力量搞好自己国家的建设。但经过反复讨论，大家最后统一了认识，一致同意出兵。这里起决定作用的因素是：

——杜鲁门政府在武装干涉朝鲜内战同时，派海、空军阻止我国解放台湾，现在又把战火烧到鸭绿江边，对我形成大兵压境之势。如果听任美国灭亡朝鲜，则唇亡齿寒，美国随时可以寻找任何借口对我发动战争，从东北边疆到东南沿海，将永无宁日，想集中力量搞建设也不行。就东北而言，当时中国的重工业半数在东北地区，东北工业中又有半数在该地区南部，直接处于美军飞机威胁之下。再者，如美国在朝鲜得手，对于整个社会主义阵营的东方战线极为不利。朝鲜人民在中国抗日战争和解放战争时期曾派军队援助过中国，今天他们处于危难之际，我们也应该履行国际主义义务。

——对于美国的强大也做了分析。战略上它也有弱点，主要是后方远，战线长。中国方面虽有困难，但有利条件也不少，主要是军队数量占优势，能吃苦，不怕牺牲，战斗力强。中国进行的是反侵略的正义之战，可以得到朝鲜人民和中国人民的全力支援。我们的后方近，有强大的社会主义盟国苏联做后盾，可以从它那里购买武器装备。最后，中国共产党在全国各族人民中享有崇高威望，有强大的号召力和组织力，这对于团结全国人民争取战争胜利是非常有利的条件。

——对于出兵后战争局势可能的发展，中方也做了冷静的分析，既努力争取较好的前途，也准备应付最坏的局面——美国把战争扩大到中国本土，轰炸我大城市和工业基地，甚至使用原子弹。

就这样，经过极其慎重的、反复的讨论，中央政治局最后定下了出兵的决心，为此在全国开展"抗美援朝、保家卫国"运动。全国人民同仇敌忾，使人想起1937年日本发动卢沟桥事变后全国人民轰轰烈烈的抗日高潮。

整个决策过程说明了中国方面是不愿意打仗的，出兵是被迫的、不得已的。同时，这一过程也显示了以毛泽东为首的中国共产党领导人特有的战略思维方式和大无畏的气概。

在座诸位比我更清楚，美国将军们并不排除中国出兵的可能。但是，按照他们的战略思维，中国出兵的最佳时机应在美军仁川登陆以前，而不是美军直逼鸭绿江之时。因此，当中国军队恰好在这时出现在朝鲜战场使他们感到突然、不理解。

军事上历来注重突然性。那么，中国出兵是否具有突然性呢？我认为，从战略上来说，并不具有突然性。因为，中国政府事先多次发出警告：只要美军越过三八线，中国就要管，就要出兵。除了周恩来总理的公开讲话外，他和代总参谋长聂荣臻还曾通过印度驻华大使以最明确的语言向美国政府打招呼。但美方就是不信①，认为那是"恫吓""讹诈"。中国古代军事战略智慧昭示我们：骄兵必败，哀兵必胜。麦克阿瑟统率的美军在仁川登陆后达到胜利的巅峰，在那种情况下，特别容易骄傲轻敌，过高估计自己，过低估计对手，以致轻率决策，导致严重后果。这是战争史上因判断错误

---

① 1996年我在西点军校历史系讲到中国出兵前发出的几次严正警告时，座中有人插话："当时我们的政府不相信。"我说："他们不相信中国领导人说话算数，这就是问题的关键所在。"——作者注

而导致本来可以避免的战争的典型案例。难怪有些美国军事史家对这段往事至今仍深感遗憾。他们设想：如果美国政府相信中国人发出的信息，那么朝鲜战争的历史可能改写，中美关系的正常化必定大大提前，这对于亚太形势乃至世界和平都是有利的。

顺便说一下，有军事历史学家问我：如果"联合国军"越过三八线后在平壤以北蜂腰部停止前进，或者由韩国军队单独越过三八线北进，中国是否出兵？我想，只要认真研究一下上述中国领导人多次严正警告的措辞，这个问题也就不辩自明了。

中国出兵与苏联有什么关系？这也是美国研究者关心的问题。实际情况是：中国出兵是根据朝鲜最高当局的正式请求，独立自主作出的决策。应当说明的是，朝鲜在请求中国出兵的同时，也请求苏联给予军事援助。但斯大林认为苏方有困难，希望中国能够出兵。这一点与中国领导人的想法不谋而合。中方确曾派出以周恩来总理为首的高级代表团与斯大林会谈出兵问题。起初，斯大林答应为中国人民志愿军提供空中支援，但随后又收回了这项至关重要的承诺，使中方感到极大困难。但中方表示，即使没有苏联空军的支援，我们也要出兵。后来的事实正是这样。

中国人民志愿军真的是"志愿军"吗？这也是美国史学者感兴趣的问题。当时中国政府决定以"志愿军"名义出兵，是为了避免造成中美在朝鲜打仗是国家对国家的印象，志愿军人员的组成并不重要。在"志愿"的大原则下，一切合乎条件的中国人都有资格报名当志愿军。解放军当然也可以转为志愿军，而且充当核心和骨干力量。志愿军司令员彭德怀不就是解放军的高级将领吗？也有大批原来并非解放军的热血青年争先恐后地参加志愿军。毛泽东的儿子入朝之前是工人。美国人对于"志愿军"这个词是很熟悉的。美国独立战争时期就有许多来自欧洲的志士仁人作为志愿军在美军中服役。法国青年贵族拉法耶特、普鲁士军官斯图本、波兰军事工程师柯斯秋斯科都是鼎鼎大名的志愿军。

今天回顾中国出兵朝鲜这段历史，我认为最可宝贵的启示是：加强中美两国政府和两国人民之间的了解是有特殊意义的。美国拥有全世界最先进的侦察手段，但对于中国出兵朝鲜这件大事却没侦察出来。在此，请允许我引证美国作者写的朝鲜战争史书中的一个小插曲：在中国参战几个月之后，美方还误认为志愿军司令员是林彪，甚至20世纪80年代美国出版的一本朝鲜战争史还这么说。①我认为，这些只是表面现象，深层的原因是不了解中国的历史、文化和以毛泽东为代表的中国共产党领导人制定重大战略决策特殊的思维方式，以致作出错误的判断。事后，美国一些学者对此进行了反思。兰德公司出版的一本研究报告《跨过鸭绿江》，对中国出兵的背景做了较深入的分析，有些讲得有道理，但也有不实和偏见。直至今日，我认为美国人对中国的认识仍然很不够。当然，我也不认为中国人对美国的认识很充分。我们也需要加强对美国多元化的政治、社会和文化以及思维方式的了解。因此，像我们今天这样的交流和沟通是很有意义的。

中国学者看美国军事历史研究[*]

今天的讲座有点滑稽（Ironic）：一个中国访问学者应邀对美国学者讲美国军事历史，而且到会的大都是美国军内外的军事历史专家。我真有点像中国笑话"班门弄斧"说的那个木匠。不过，仔细想想，这是一件很有意义的事。军事历史归根到底是一种文化现象。无论我讲的你们同意还是不

---

① 我在西点军校历史系讲到这个例子时，有人插话："后来改正了。"——作者注

[*] 此稿基本内容曾在堪萨斯州立大学历史系举办的专题讲座上讲过，部分主要内容在陆军指挥参谋学院作战研究所讲过。

同意，反正它是中美两国军事历史研究者之间学术交流、促进彼此了解的一种有效方式。

这里所谓的美国军事历史，是指美国本身的军事历史和美国人对本国军事历史的研究，不包括美国学者对其他国家军事历史的研究。那是另一个更加广阔的领域。

我在中国研究过多年美国军事历史，这段时间又在美国进行了一些实地考察，形成的最基本的概念是：你们的军事历史如同你们整个国家的历史一样，时间虽短，但给人以深刻的印象。

如果从1607年英国在北美建立第一个殖民地弗吉尼亚算起，美国军事历史只有380年（至1987年为止，下同）。如果从1775年美国独立战争算起，只有212年。与中国或欧亚其他许多国家长达几千年悠久的军事历史相比，当然是很短的了。

也许正因为你们的军事历史只有两三百年，我看出你们特别重视自己的这一份历史遗产，把它当成一种宝贵的文化资源。研究者的热情很高。军事历史的方方面面都有人研究，都有专著，包括许多系列著作。不仅军队研究军事历史，地方大学也研究。我的东道主堪萨斯州立大学历史系就以开展军事历史特别是美国军事历史研究而声名远播。美国全国性的学术团体——美国军事历史研究会的机关刊物就由这个历史系主编。多年来，你们形成了一支军民结合的军事历史研究队伍，民间军事历史学家在军队研究机构中起着重要的作用。《第二次世界大战中的美国陆军》那部近百卷的巨著的主编格林菲尔德博士，就是著名的民间军事历史学家。

由于你们的图书资料工作非常先进，印刷出版条件特别发达，你们每年出版的军事历史文献书籍堆积如山。而且出书很快，往往一场战争结束不久，战史就出来了。出版的繁荣，和你们写书写文章的积极性也有直接关系。听说美国大学里流传这样一句俏皮话：Publish or perish（无著作就灭亡）。谁也不想灭亡，因此，教授们放假也不休息，找个地方写书去。还听说这里一般学术文章没有稿费，投稿人甚至要给刊物交钱才能得到发表机会，但这并不影响作者的积极性。这种精神是可嘉的。

战争史是军事历史的重要组成部分。美国历史上到底打过多少次战争？我说不清楚。昆西·赖特的名著《战争研究》一书有个说法："一向标榜爱好和平的"美国，在它的"全部历史"（该书1942年出版）中，只有20年时间没有动用其陆、海军从事作战行动。如果把1943年至今的情况加上去，那会更加说明问题。两三百年美国军事史所记载的主要战争中，有一些不仅在美国历史上而且在世界历史上都占有重要地位的战争。不久前，我为中国第一部大型百科全书军事卷撰写了美国历史上的5次著名战争，它们是美国独立战争、第二次对英战争、美国入侵墨西哥战争、南北战争和美西战争。后来的战争，包括两次世界大战、入侵朝鲜和越南的战争等等，则由其他学者撰写。

有些美国著作惯于说越南战争是美国历史上最长的战争，打了十几年。我则认为美国历史上真正最长的战争是印第安战争，从17世纪初到19世纪末，断断续续打了250年，比英法百年战争长一倍半，更不要说欧洲三十年战争了，不知多少人头落地。

在研究战争这个问题上，中国学者同美国学者的思维方式是不同的。中国学者首先要分清战争的正义性和非正义性。一般来说，凡属反抗统治阶级压迫、抵御外来侵略、促进社会进步的战争都是正义的。反之，一切镇压革命、对外侵略扩张、阻碍社会进步的战争都是非正义的。例如，美国独立战争、第二次对英战争和南北战争中的北方都是正义的。正义战争不一定必胜，但它可以得到国内人民拥护和国际社会同情，为胜利创造有利条件。我们拥护正义战争，反对非正义战争。看来，美国同行们对这个问题并不以为然。一位美国史学者问我：为什么说南北战争中的北方进行的是革命战争？我说北方是为了推翻野蛮的种植园奴隶制度而战（当然，林肯总统在战争前期仅仅是为维护国家统一），为美国资本主义的大发展扫清道路，这还不是革命吗？是资产阶级革命，和其他国家的资产阶级革命一样是起进步作用的。

与战争性质密切联系的是战争的制胜因素问题。中国人认为武器是重要因素，但不是决定因素，决定因素是人。相反，你们认为决定因素是武器装备。我看到有的研究文章说二战时期日军在太平洋战争中的失败，是因为日本的武器装备不如美军，根本不讲战争性质和其他战场的配合。果真是这样，独立战争时美国装备和训练很差的起义队伍为什么打败了装备精良的英国正规军？大约200年后，拥有世界上最现代化武器装备的美国军队为何在越南战场上打败仗？

国家军事制度和武装力量的建设也是军事历史的重要内容。这方面，美国军事历史上有一些颇具特色的创造，其中之一就是建立并坚持文官控制军事的制度（civilian control）。这是从体制上保证军队服从政府，军事战略服从大战略。也许由于这个原因，美国历史上没有发生过军事政变，长期保持着政治稳定。

为了促进军队的现代化建设，美国历史上特别是第二次世界大战后进行过多次军事改革，涉及的面很广。我比较感兴趣的一个问题是三军的统一。战争经验，特别是二战的经验，要求三军实现高度统一。战后美国历届政府都为此目的做过努力，从1947年国家安全法、1958年修正案直到60年代"麦克纳马拉革命"，三军统一取得了长足进步，至少美国有了一个最高战略决策机构——国家安全委员会，还有一个统一的国防部和统一的三军参谋长联席会议。然而在美国的具体条件下，由于军种之间的利益冲突，门户之见甚深，完全统一是非常困难的。时至今日，这种情况也不能说已彻底根除。就拿战争史研究来说吧。美国陆海空三军和海军陆战队都是各自搞自己的战争史，互不相属。我不否认，这有利于较具体地总结各军种本身的经验教训，但不利于从总体上、宏观上全面总结整个战争的经验教训。我个人比较欣赏打破军种界限的战史著作，最近看到的一本书《为了共同防御》(*For the Common Defense*)就属于此类。①

军事历史离不开军事学术。1943年版美国战略名著《近现代战略制定者》的主编艾·厄尔教授在该书序言中说，美国对世界军事学术的贡献不在于战略方面，而在于技术和战术方面。在战略方面，厄尔慨叹，除了海权思想家马汉以外，简直举不出一个有世界影响的美国战略家。厄尔指的是二战以前的情况。二战期间和战后，美国军队在技术和战术上继续保持快速发展的势头。这方面我不想多谈。我只想提一下战略特别是大战略方面的新发展。

二战期间，美国在面临德日两大敌人、欧亚两大战场的形势下，罗斯福总统在陆军参谋长马歇尔和海军作战部长斯塔克等战略家辅佐下，制定并坚持的"德国第一"（或"先欧后亚"）大战略方针，对世界反法西斯战争全局具有重大意义。我写过一篇学术论文专评这个问题。这个方针的确立是不容易的，在美国国内遭到西南太平洋盟军总司令麦克阿瑟和新任海军作战部长欧内斯特·金以及国会内外一大批政客的反对。这批亚洲派强烈主张先打败日本。有趣的是，你们的这个方针在当时的中国也有两种截然不同的反应。美国政府当时的好朋友——以蒋介石为首的国民党政府强烈反对，他们主张"先亚后欧"或"欧亚平分"。毛泽东领导下的中国共产党则是完全支持的，他指出："世界反法西斯战争的问题的枢纽在欧洲；欧洲问题解决，就决定了世界法西斯和反法西斯两大阵线的命运。"这一论断体现了中国民族利益和世界反法西斯战争全局利益高度的一致。

---

① 作者在美国陆军指挥参谋学院作战研究所讲到这个问题时，恰巧该书一名作者在座，他很高兴，会后向我签名赠书。——作者注

战后以来，美国的战略家们围绕东西方冷战和核战争这个中心，频繁地炮制和改变军事战略和大战略，并且把某些新兴科学技术成果主要是定量分析的方法引进战略研究，促进了战略决策科学化。时任国防部部长麦克纳马拉和他的那批"神童"为此做了很大努力。然而，这并不能保证战略决策的正确。试看，肯尼迪、约翰逊政府对越南的战争决策不是经过科学论证的吗？其后果是尽人皆知的。问题出在哪里？我想，恐怕是当时的美国战略家们过多地看到武器装备和军事技术的对比，低估了越南人民的抵抗意志和国际援助，同时忽略了美国战争的性质、战略上的弱点，特别是人民的反战情绪。总之，这个问题给军事历史学家留下了广阔的思维空间。

附　录

【作者按】

这里选编的10个条目，包括第一次世界大战的西线、东线4个著名大规模战役和美国历史上5次著名战争。每条字数不多，但由于众所周知的《中国大百科全书》的特殊要求，撰写的难度极大。现基本上按该书1989原版规格转载于此，只做了个别文字校订，供读者参阅。附图从略。

第一次世界大战

1914—1918年，帝国主义国家两大集团——同盟国与协约国之间为重新瓜分世界、争夺势力范围而进行的首次世界规模的战争。

大战起因和各主要交战国的战略方针　大战的根源在于帝国主义时期资本主义发展不平衡性的加剧，后起的帝国主义国家强烈要求重新瓜分世界。早在1882年，德国即拉拢奥匈和意大利建立"三国同盟"（Triple Alliance），即同盟国。1892—1907年，逐步形成英法俄"三国协约"（Triple Entente），即协约国。两大军事集团的对立，加速了双方扩军备战和争夺战略要地的步伐。巴尔干和地中海成为双方争夺的焦点。随着资本主义经济危机和政治危机的加深，各帝国主义国家统治集团迫切希望从战争中寻求出路。1914年6月28日，奥匈帝国的皇位继承人弗兰茨·斐迪南被塞尔维亚族青年刺死的事件，成为大战的导火线。7月28日，奥匈对塞宣战；8月1日，德国对俄宣战；同月3日，德国对法宣战；同月4日，英国对德宣战。大战从此全面展开，先后卷入战争的达33国，总人口达15亿。

大战初期，中国北洋军阀政府宣布中立，1917年8月，不顾人民反对，在协约国推动下对德奥宣战，先后派出数十万人到欧洲等战场为帝国主义充当劳工和炮灰。

交战双方总的经济军事力量对比，协约国占优势。1914年，仅英法俄三国（含殖民地）总人口即达7.045亿，动员陆军兵力达977.7万人；德奥两国（含德国殖民地）总人口只有1.3亿，动员陆军兵力634万人。但德国军事工业发达，战争准备比较充分，战争前期掌握战略主动权。

各主要交战国的战略方针都是根据各自的侵略目的制定的，其共同点是：片面强调战略进攻，轻视防御；企图依靠一两次总决战决定胜负；立足于依靠战前物资储备打短期战争。德国为避免东西两线同时作战，按照著名的施利芬计划（或称施利芬—小毛奇计划），准备在6～8周内首先征服法国，而后挥师东进，几个月内打败俄国，结束战争。鉴于法国亟欲夺回阿尔萨斯—洛林地区，德国对法作战的设想是：以部署在德法边境的次要兵力钳制和吸引法军主力，同时以强大的主攻集团突然通过中立国比利时，向法国腹地实施深远迂回，从背后打击法军主力。在东欧战场，则以少量兵力钳制俄军，在海上，集中舰队主力对付英国海军，同时钳制俄国海军于波罗的海。奥匈的计划受制于德国，准备以主力进攻俄国，同时对塞尔维亚作战。法国的计划是以主力集结于法国东北地区，视情况打进阿尔萨斯—洛林地区或反击德军入侵。俄国的计划受制于法国，准备对德国的东普鲁士和奥匈的加利西亚同时发动攻势。英国把陆上作战的重担推给法俄，只派出为数不多的远征军配合法军行动，主要发挥自己的海军优势同德国作战。

战场遍及欧、亚、非三洲和大西洋、地中海、太平洋等海域。欧洲特别是法国是主战场。海上以北海为主战场。

欧洲大陆的军事行动 1914年，双方的速决战计划破产，西线由运动战转入阵地战，大战爆发后，德军（总参谋长为 H. J. L.von 毛奇，或称小毛奇）的主攻部队和钳制部队按计划行动。8月21—25日，德军同法军（总司令为 J. J. C.霞飞）和英国远征军（总司令为 J. D. P.弗伦奇，后由 D.黑格继任）在法国东北边境多次交战，即"1914年边境之战"。法军南撤，德军推进到巴黎以东马恩河地区。9月，德军在该地区遭法军大规模反击，史称"1914年马恩河战役"（见马恩河会战），德军退至埃纳河一线。至此，西线大部地段开始形成阵地战。在法国北部地区，交战双方的翼侧暴露。9—10月，德军和英法联军为相互迂回对方翼侧而实施连续机动，直到海岸为止，史称"奔向大海"（race to the sea）作战。到11月，整个西线从运动战转入阵地战。

在东线，俄军统帅部（尼古拉·尼古拉耶维奇大公为最高统帅）决定以西北方面军进攻东普鲁士，以西南方面军进攻加利西亚，后者为主攻方向。8—9月，俄军在第一次东普鲁士战役中遭惨败，但在加利西亚打败了奥匈军（F. X. J.康拉德·冯·赫岑多夫为总参谋长）。德国为援助奥匈，对俄国西北、西南两个方面军的接合部（维斯瓦河中游）发动大规模进攻，德军失利。随后，俄军企图乘胜打进德国腹地，德军抢先发动新的进攻，企图歼灭罗兹地区俄军。双方的企图均未实现。在巴尔干战场，奥匈军对塞尔维亚的多次进攻，遭到塞尔维亚和门的内哥罗军队的英勇抗击。10月，土耳其参加同盟国一方作战，对协约国构成新的威胁。

1915年，战争重心转到东线，东线由运动战转入阵地战，双方人力物力的巨大消耗，导致后备兵员和后勤保障发生严重困难，迫使各国加紧国民经济的总动员。战略主动权仍掌握在同盟国手中，但协约国的战争潜力正在动员起来（年初，英、法、俄、比、塞5国陆军师数为231个，德、奥、土为210个）。英法在西线基本上转入战略防御，以便养精蓄锐，同时要求俄国在东线加紧进攻。德国改变了战略方针，企图尽快打垮协约国的薄弱一环——俄国，而后打败英法，因此在西线也基本上转入战略防御，在东线则积极进攻。1—2月，俄国西北方面军同德军进行了第二次东普鲁士战役，俄军惨败。1—3月，俄国西南方面军同德奥联军进行了喀尔巴阡冬季战役，俄军形成了入侵匈牙利平原的态势。德国为稳住奥匈，集中优势兵力于5月初对俄国战线中部发起了著名的戈尔利采战役，迫使俄军全线溃退，损失惨重。德军乘胜深入俄境，但未能迫使俄国退出战争。5月，原同盟国成员国意大利转而对奥匈宣战，在奥匈东南开辟新战区。9—10月，整个东线也从运动战转入阵地战。意军（统帅为L.卡多尔纳）企图配合俄国和塞尔维亚等国军队打垮奥匈，但意军在伊松佐河地区连续发动的4次攻势（6—12月）均无进展。10月，保加利亚参加同盟国之后，德奥保联军以优势兵力占领了塞尔维亚。

这一年西线战局相对平静。英法联军利用德军兵力东调之机，在阿杜瓦和香槟等地发起了几次规模不大的进攻战役，企图减轻俄国战线的压力。德军也发动过局部反击。在第二次伊珀尔战役（4—5月）中，德军首次大量使用毒气。

1916年，战争重心再次转到西线，同盟国开始丧失战略主动权，英、法、俄进一步动员了本土和殖民地雄厚的人力物力，并按协约国两次战略会议（1915.12、1916.3）的精神，准备从各条主要战线对同盟国发动协调一致的进攻。德奥人力物力日益窘迫（年初，协约国陆军师达365个，同盟国只有286个）。德国鉴于俄国已大为削弱，决定把进攻重点转到西线，力争打败法国。由于兵力不足，不能全线进攻，于是决定对巴黎的战略屏障凡尔登地区的法军防线实施要点进攻，借以消耗法军兵力。从2月21日起，展开了历时10个月的凡尔登战役。德军猛攻不克，伤亡惨重，从此逐步走向最后失败。此役后期，英法联军为减轻凡尔登所受压力，对索姆河上德军坚固防线发动猛烈进攻，同样打成阵地消耗战，史称"索姆河战役"。此役英军首次使用坦克。8月，德军统帅部改组，P.von兴登堡任总参谋长。12月，R.G.尼韦尔继任法军总司令。

东线俄军按协约国战略会议精神，为策应西线作战，制定了西、西南两个战略方向同时对德奥发动进攻的计划，实际上只有西南方面军投入大规模进攻（6—8月），突破了奥匈军防线，但无力发展进攻。3—9月，意军又进行了7次伊松佐河战役。奥匈军则从特伦蒂诺对意军后方发起阿夏戈进攻战役（5—6月），但由于抽调兵力应付俄军西南方面军的进攻而中途转入防御。8月，罗马尼亚参加协约国，以收复特兰西瓦尼亚为主要目标，但在德、奥、土、保联军夹攻下，迅即陷于崩溃。

1917年，德国在东西两线转入防御，俄国爆发革命，美国参战，德国人力物力濒于枯竭，被迫在东西两线转入防御，同时寄希望于在海上开展"无限制潜艇战"，企图切断英法海上交通线。协约国的困难也很大，但人力物力的优势进一步发挥出来（年初，协约国陆军师达425个，同盟国只有331个）。协约国要求各主要战线继续发动协调一致的进攻。

西线的主要战役，是4—5月法军对埃纳河地区德军防线的进攻（"尼韦尔攻势"）。战役前，英军为吸引德军预备队，在阿拉斯地区提前发动进攻。由于德军预有准备，法军伤亡惨重，引起法军大规模骚乱。H.P.贝当继任法军总司令并镇压了骚乱。为使法军获得喘息时间，英军单独连续发动有限进攻（6月梅森战役，7—11月第三次伊珀尔战役，11—12月康布雷战役），进展都不大，但稳住了法军。

3月12日（俄历2月27日）俄国爆发"二月革命"，推翻了沙皇政府，掌权的资产阶级临时政府继续执行沙皇政府的战争政策，先后起用阿列克谢耶夫、布鲁西洛夫和科尔尼洛夫为最高统帅，并发动"六月进攻"。9月，德军发起里加战役，这是东线最后一次规模较大的军事行动。11月7日（俄历10月25日）俄国爆发十月社会主义革命，以列宁为首的苏维埃政府宣布退出帝国主义大战。

在意大利战线，德奥联军于10—11月对伊松佐河意军防线发动进攻（第12次伊松佐河战役或卡波雷托战役），迫使意军全线后撤。

在交战双方都陷于困境的情况下，一直伺机参与重新瓜分世界的美国，于1917年4月宣布参加协约国一方，但直到翌年初，美军才陆续开赴法国。

1918年，协约国发动总攻，同盟国土崩瓦解。各国反战和革命运动蓬勃兴起，德国的盟国濒于总崩溃。但由于俄国退出战争，德国可集中兵力于西线，形成局部兵力优势，图谋在美军主力到达法国之前迫使英法屈服。英法则决定在西线固守阵地，待美军主力到达后发动总攻。为实现统一指挥，法国将军F.福煦被任命为协约国军最高统帅。德国先后发动5次进攻，均未取得战略性突破，只形成了伸向英法战线的几个突出部。7—9月，英法军发动局部进攻，拔除了德军防线上的马恩河突出部和亚眠突出部。9月，美国远征军（总司令J. J.潘兴）拔除了圣米耶勒突出部。圣米耶勒战役是美军单独进行的首次战役。9月26日起，英、法、美军发动总攻。德军全线退却。

其他战场的军事行动　土耳其参战后，在近东开辟了新战场。1914年底至翌年初，高加索地区俄军同土军（恩维尔帕沙为统帅）进行了萨勒卡默什战役。俄军形成向土境推进之势。1915年，英法军发动打通达达尼尔海峡的远征，真实目的是先于俄国夺取土耳其达达尼尔、博斯普鲁斯海峡和首都君士坦丁堡（今伊斯坦布尔）。到1916年初，此役以英法失败告终。同年，英军通过西奈半岛向巴勒斯坦进军，翌年同土军进行了3次加沙战役，并占领加沙。

随着1914年8月日本对德宣战，出现了远东战场。日本参战的主要目的是夺取德国在中国的势力范围。9月，日军强占了中国山东省大部，随后在英军配合下攻占青岛。与此同时，日海军相继占领了南太平洋德属马绍尔、加罗林和马里亚纳诸群岛。德属关岛和所罗门群岛被澳大利亚占领，萨摩亚被新西兰占领。

在非洲，英法军于1914—1916年先后夺取德属多哥、喀麦隆、西南非和东非诸殖民地。

海上军事行动 大战爆发后，英海军在北海海域对德国实行深远封锁，同时竭力维护英国海上交通线。德海军则企图打破封锁，逐步消灭英海军力量，破坏英国海上交通线。大战第一年，英德海军的主要战役是北海的两次黑尔戈兰海战（8月、11月）和南大西洋的福克兰群岛（马尔维纳斯群岛）海战（12月）。德国潜艇在荷兰沿海击沉3艘英国巡洋舰（9月），初步显示了潜艇的威力。1916年5月31日至6月1日，英德海军舰队主力在日德兰半岛以西，进行了整个大战期间最大的一次海战（日德兰海战）。1917年，德国为挽救败局，从2月1日起在海上开展"无限制潜艇战"，给英法海运造成极大困难。美国参战后，为对付潜艇，同英国一起实行护航制度。

大战的结局、特点和影响 1918年9月26日协约国发动总攻后，9月29日保加利亚投降，10月30日土耳其投降，11月3日奥匈投降，11日德国投降。历时四年零三个月的第一次世界大战以协约国的胜利告终。在俄国十月革命影响下，德国和匈牙利等国也爆发革命，殖民地半殖民地民族解放运动蓬勃高涨。1919—1920年举行的巴黎和会，实为帝国主义列强之间的分赃会议。苏俄遭到排斥和敌视，塞尔维亚等小国受歧视。作为协约国一员的中国在会上成了列强宰割的对象。日本勾结英、法、美等国，妄图迫使中国承认将德国在中国山东的权益转让予日本，因而激起中国人民的强烈反对，导致五四运动的爆发。

战争期间，协约国总计动员军队4218万余人，损失2210万余人，其中死亡515万余人。同盟国总计动员军队2285万人，损失1540万余人，其中死亡338万余人。交战双方直接战费约为1863亿余美元。

大战揭示了战争对经济和后方的巨大依赖性。各主要交战国先后实施了国民经济总动员。协约国的胜利，归根结底是由于经济军事实力占压倒性优势。交战双方的军工生产达到空前未有的规模。1917年直接为战争服务的产业工人的比重，俄国为76%，法国为57%，英国为46%，意大利为64%，美国为31.6%，德国为58%。

飞机、坦克、潜艇和毒气等新式武器开始大量装备部队，火力空前加强。大规模进攻战役，平均火炮密度每公里正面达100门以上（西线最高达187.8门）。战时步兵火力增长了1.5～2倍。步兵机械化程度也有很大提高，1914年每名士兵平均为0.3～0.4马力，1918年为1.5～2马力。

大战中首次出现集团军群（方面军）战役。

防御作战在这次大战中处于突出地位。防御形式由支撑点式防御发展到堑壕式防御，进而形成筑垒正面。机枪在防御中发挥了重大作用。防御纵深愈来愈大，达15～20公里，给进攻带来了新问题。出现长达数百至1000余公里的绵亘防御正面，翼侧迂回难以实现，正面突破上升到重要地位。突破形式有：在一个狭窄地段实施突破；在几个狭窄地段实施向心突破；在宽大正面以一点为主，实施多点突破；向几个相互联系的不同方向实施逐次突破。战争末期，进攻正面，师通常为2.5～3公里，团通常为500～600米。坦克和毒气的使用提高了进攻能力，但仍然不能完全克服阵地防御，使进攻一方往往打成得不偿失的消耗战。

航空兵在战争前期主要用于执行侦察任务，稍后用于空战和争夺战场局部空中优势。后期进而用于攻击敌方地面部队，轰炸靠近战场的敌方交通线。航空兵开始成为独立兵种。海战中潜艇显示了威力，鱼雷、水雷得到广泛运用。大战期间，德国潜艇共击沉协约国军舰约150艘、商船约6000艘。海军航空兵发展很快，战争末期出现可供飞机起降的专用军舰。

世界性的联盟战争要求各盟国、各相距遥远的战区之间有密切的战略协同和统一指挥。但由于各盟国利害不同，难以实现。各国陆、海两军之间也缺乏协同。

第一次世界大战的经验，对战后20年各国军事学术的发展产生了重大影响。战后出现的大战略、总体战、闪击战、坦克制胜论、空军制胜论以及依靠坚固战略防御工事制胜等各种军事理论的出现，都是从不同角度总结大战经验的结果。

东普鲁士战役

第一次世界大战初期，俄军西北方面军对德国东普鲁士的进攻战役。1914年8月中旬，正当德军主力向法国边境推进时，俄国大本营应盟国要求，命令西北、西南两个方面军同时发动攻势，以减轻德军对西线的压力。西北方面军的企图是对东普鲁士境内马祖里湖区以西的德军第8集团军（14.5个步兵师、1个骑兵师、约1000门火炮，由M.von普里特维茨·翁德·加夫龙指挥）实施两路夹攻，占领东普鲁士，作为向德国腹地进军的基地。其部署是：第1集团军（6.5个步兵师、5.5个骑兵师、492门火炮，由K.伦南坎普夫指挥）从马祖里湖区以北迂回德军左翼，切断其与东普鲁士首府柯尼斯堡的联系，并尽量吸引德军主力；第2集团军（11.5个步兵师、3个骑兵师、720门火炮，由A.B.萨姆索诺夫指挥）从湖区西南向德军后方迂回，切断其向维斯瓦河的退路并歼灭之。总的兵力对比，俄军占优势。8月17日，俄国第1集团军率先越入东普鲁士境。20日，德第8集团军和俄第1集团军在贡宾嫩—戈乌达普一线激战，德军被迫退却。同日，俄第2集团军也发起进攻，第1集团军停止追击，原地休整，致使第2集团军形成孤军冒进。俄军使用明码发报，德方对俄军动向了如指掌。新任德第8集团军司令P.von兴登堡和参谋长E. F. W.鲁登道夫决定集中兵力歼灭俄第2集团军。其部署是：以第12军另两个师正面钳制俄第2集团军中央的两个军（第13、第15军），同时对该集团军实施两翼夹击；以第1军为主攻指向乌斯道，首先攻歼俄军左翼第1军，而后向俄军中央两个军的后方发起进攻；以第17军、第1预备军助攻，首先攻击俄军右翼第6军，得手后向中央两个军的侧后发展进攻。26日，德军开始行动。在德军的压力下，俄第2集团军两翼后撤，使中央两个军完全暴露，被迫退却；29日，两军在科穆辛森林地区钻进德军追击部队的"口袋"，全军覆没，萨姆索诺夫自杀。德方称此役为"坦嫩贝格战役"（坦嫩贝格系科穆辛森林以西的村名，1410年条顿骑士团在该地被斯拉夫军队打败）。此后，兴登堡集中主力歼击俄第1集团军，9月6日开始进攻，对俄第1集团军形成包围态势。俄军退出东普鲁士。此役德军充分利用了俄军指挥拙劣，两集团军互不协同，对敌情不明和严重泄密等弱点，取得了以劣势兵力对优势兵力的胜利。但此役和俄军西南方面军的加利西亚战役一起，起到了配合西线盟军的作用。

加利西亚战役

第一次世界大战初期，俄国西南方面军对奥匈帝国加利西亚地区的进攻战役。1914年8月中旬，正当德军大举进攻法国之际，俄国大本营应盟国的要求，在发动东普鲁士战役同时，发动加利西亚战役，从战略上配合英法军行动。俄国本身也企图夺取加利西亚。俄军西南方面军（伊万诺夫为总司令）误判奥匈军主力展开在利沃夫地区（实际上在该地以西约100公里），计划以该地区为主攻方向，以第3、第4、第5、第8集团军形成大包围态势，歼灭奥匈军主力。奥匈方面（F. X. J.康拉德·冯·赫岑多夫为总参谋长）在德国催促下，也决定发动大规模进攻：以第1、第4两个集团军担任主攻，企图歼灭俄国第4、第5集团军于波兰境内卢布林、海鸟姆地区，并前出至俄军西南方面军后方。第3集团军以及3个德奥军集群积极配合。奥匈统帅部指望东普鲁士德军南下接应。奥匈未发现俄国西南方面军左翼第8集团军集结，因而削弱了利沃夫以南的防御力量。俄奥双方都企图实现自己的进攻计划，双方都不明当面敌情，结果导致一场大规模混战，遭遇战成了主要作战样式。

8月18日战役开始。俄第4集团军和奥匈第1集团军首先遭遇，23—25日，在克拉希尼克地区激战，俄第4集团军退守卢布林以南。26日、31日，俄第5集团军遭到奥匈第4集团军攻击，退至海鸟姆西南弗拉基米尔—沃伦斯基一线。但向利沃夫进攻的俄第3集团军，在第8集团军配合下，以30个师的优势兵力挫败奥匈第3集团军的14个师，强渡格尼拉亚利帕河，9月3日占领利沃夫。奥匈军退至戈罗多克地区。俄西南方面军所辖的各集团军向戈罗多克方向展开全面进攻，将奥匈军赶过桑河。21日俄军停止追击。至此，俄军控制了加利西亚大片地区。东普鲁士德军没有南下接应。总计俄方损失约23万人，奥匈损失40余万人。

此役双方都没有实现围歼对方主力的计划。但俄军打进了战略要地加利西亚。这一结果同俄军进行的东普鲁士战役一起，迫使德国抽调兵力加强东线，从而间接配合了西线英法军的行动。战役期间，塞尔维亚军队英勇抗击奥匈军的进攻，钳制了大批奥匈军，对俄军是有力的支援。

戈尔利采战役

第一次世界大战期间，德奥军于1915年5—6月对俄国西南方面军的进攻战役。战役前,西线相对平静。东线奥匈帝国面临俄军大举入侵的威胁,内部不稳;加上意大利和罗马尼亚即将站在协约国方面参战,对奥匈压力甚大。德国统帅部为支援奥匈,稳定东线,决定从西线抽调兵力,对俄国西南方面军右翼发动大规模进攻,计划规定突破维斯瓦河上游与贝斯基德山麓之间的戈尔利采地区(属奥匈,由俄军占领),围歼俄国第3集团军(德米特里耶夫将军指挥)。德第11集团军(冯·马肯森将军指挥)担任主攻,奥匈军在两翼配合。在35公里宽的突破地段上集中了10个步兵师、1个骑兵师(12.6万人,457门轻炮、159门重炮)的兵力。战役准备极其周密、隐蔽。俄国西南方面军战线长达600公里,兵力分散,没有应付德奥军发动进攻的准备。第3集团军在德军预定的突破地段上只部署有5个步兵师(6万人,141门轻炮、4门重炮),后勤保障很差。5月1日德奥军开始炮火准备,2日一举突破俄军防线,不断扩大突破口。俄国大本营匆忙抽调部队增援,但零星投入战斗,无法扭转局势。俄第3集团军的溃退,导致友邻两个集团军全线后退。俄军西南方面军先后放弃所占领的奥匈要地,于6月底退回俄国本土。第3集团军损失殆尽。此役,德奥集中兵力火力在狭窄地段实施正面突破,但忽视了迂回包围,俄国西南方面军得以保存了部分兵力。

俄军西南方面军夏季进攻战役

第一次世界大战中期,俄军西南方面军于1916年夏对奥匈军的进攻战役。战役前,英、法准备同德国在西线决战,意大利在奥匈军压力下处境困难,都要求俄国在东线大力配合。俄国大本营计划由西方面军担任主攻,西南方面军担任助攻。A. A.布鲁西洛夫指挥的西南方面军(辖4个集团军),

决定以第8集团军的9个半师的优势兵力，在21公里的正面上向卢茨克方向实施主攻；同时，其他各集团军也各自选定数个突破地段实施进攻，企图使整个方面军在450公里战线上的20～30个地段同时展开突破，使敌军难以判断主攻方向，分散兵力，便于达成突然性。6月4日，西南方面军开始炮火准备，3天后占领卢茨克，到6月15日前进了十几公里至数十公里。但西方面军两度推迟进攻日期，使西南方面军陷于孤军作战，不得不暂停进攻。在此期间，德国从西线抽调部队，加强奥匈战线。7月3日，西方面军开始进攻。次日，西南方面军全面恢复进攻，前出至斯托霍得河。而西方面军则毫无进展。大本营乃命令西南方面军担任主攻，西方面军改为助攻。7月28日，西南方面军全线进攻，但遭德奥军猛烈抵抗，进展不大。9月初，俄军完全丧失进攻能力。战役持续3个多月，总计德奥方损失约150万人（被俘41万余人）。俄方损失近50万人。此役，同英、法在西线进行的各次战役一起，稳定了意大利战局，迫使德国在1916年底转入防御。战役的主要特点是在漫长战线上以一点为主，实施多点正面突破，成为第一次世界大战中此种突破方式的先例。

美国独立战争

1775—1783年英属北美13个殖民地（美国独立后称州）反对宗主国压迫、争取民族解放的革命战争。随着北美殖民地资本主义经济的发展和美利坚民族的初步形成，英国对北美殖民地的控制日益加紧。特别是七年战争后，英国为弥补战争消耗，变本加厉地掠夺和压迫殖民地人民，因而促使殖民地抗英运动从经济、政治斗争发展到准备武装斗争。1775年4月19日，驻波士顿英军在前往康科德查抄殖民地军火库的途中，在列克星敦与殖民地民兵发生流血冲突，是为战争的起点。为了进行对英战争，第二届大陆会议于6月14日决定建立各殖民地联合武装力量——大陆军，并任命G.华盛顿为总司令；10月13日，还决定建立大陆舰队。战争爆发时，英国是世界上最大的殖民帝国，总人口达3000万，工业发达，拥有正规陆、海军。但它进行的是非正义战争，不得人心；兵力不足，不得不收买外国雇佣军；在地理上远离本土作战；统治集团内部在战争指导方针上分歧很大，在北美战场上无统一指挥。北美殖民地人口有300万，其中只有约50万人为拥护英王统治的"效忠派"；但各殖民地地方主义较严重，大陆会议的领导软弱无力；正规陆、海军数量极少，主要依靠不脱产的民兵和短期服役的志愿兵补充。然而殖民地进行的是正义战争，获得国内革命人民和国外进步人士的拥护，并可利用英国与其宿敌法、西、荷诸国的矛盾。

第一阶段（1775—1778） 主战场在北部。英方主动进攻，企图迅速平息殖民地的反抗。总战略是以海军控制北美东部沿海，同时以陆军分别从加拿大和纽约南北对进，打通尚普兰湖—哈得孙河谷一线，从而把反英最积极的东北部（即新英格兰）诸殖民地孤立起来，然后对其他殖民地各个击破。殖民地由于力量薄弱，除了战争初期一度远征加拿大外，基本上处于防御地位，采取避免不利决战，积蓄力量，待机破敌的方针，同时积极争取外援。1775年6月17日，装备很差、未经训练的殖民地民兵在波士顿外围邦克山战斗中英勇抗击英国正规军的轮番强攻，首次取得歼敌千人的战果。1776年3月，W.豪指挥的英军被迫从波士顿撤往哈利法克斯待援。同年7月4日，大陆会议通过独立宣言，正式宣告殖民地脱离英国独立。8月底，豪率陆军3.2万人，在舰队配合下进攻纽约。华盛顿在该地实有兵力约1.9万人，分兵把口，以阵地战对付英军进攻，节节败退，到11月底放弃了纽约地区，向新泽西退却。豪占领纽约后即进入冬营。华盛顿利用英军疏于戒备，于圣诞节和新年之夜奇袭特伦顿和普林斯顿得手，士气大振。1776年后期，从加拿大南下的一支英军，遭美军阻击后撤回加拿大过冬。1777年夏，J.伯戈因率领英军7000余人，再次从加拿大南下，企图与豪会师，实现打通尚普兰湖—哈得孙河谷、分割新英格兰的计划，但豪却向南夺取大陆会议所在地费城。伯戈因孤军冒进，终被美军1万人和游击队围困在萨拉托加，于10月17日投降。这次重大胜利扭转了战局，促使法、西、荷先后对英宣战。美军经过1777年福奇谷冬季整训，战斗力有所提高。形势的变化迫使英军于1778年6月放弃费城。此后，北部战事逐步进入僵局。

第二阶段（1779—1781） 主战场在南部。英方利用南部"效忠派"较多，且地近英属西印度群岛等有利条件，遂将主力转移到南部，企图对南部诸州各个击破，并依托南部沿海基地和纽约遏制北部。美方则力图与法国陆、海军配合，控制沿海要地，并大力开展游击战，打破英方计划。1779年秋，南部美军统帅B.林肯会同J.B.C.H.H.德斯坦率领的法舰队围攻南部英军主要基地萨凡纳，但攻击受挫。1780年春，H.克林顿指挥英军1.4万人从陆海两面包围查尔斯顿，迫使林肯部（5600余人）投降，这是整个战争中美军最大的损失。事后，克林顿率英军一部北上纽约，留下C.康沃利斯率8000人在"效忠派"配合下控制南部广大内地和沿海，从而为南部民兵游击队活动提供有利条件。大陆会议派优秀将领N.格林和D.摩根到南方开展游击战。他们以小部队袭扰、消耗和疲惫英军，先后在考彭斯、吉尔福德等地痛击英军，拔除英军据点，迫使英军从内地向沿海撤退。1781年夏，康沃利斯集中南部英军主力于弗吉尼亚半岛上的约克敦。华盛顿决心围歼该敌。为此，他一面派拉法耶特跟踪监视康沃利斯，一面争取罗尚博指挥的法国陆军和德格拉斯率领的法国舰队配合。为了迷惑英军，华盛顿以少量兵力在纽约方向实施佯动。8月21日起，美法陆军从纽约地区秘密南下弗吉尼亚，与当地美军和先期到达的法舰队会合。到9月下旬，美法联军1.6万人（美9000人）从陆海两面完成对康沃利斯（7000余人）的包围，陆上采取欧洲盛行的法国S.de沃邦攻击法，以构筑平行壕和火力袭击相结合的方式对英军主阵地步步进逼，逐渐缩小包围圈。克林顿迟迟不予支援，10月19日康沃利斯投降。此后双方按兵不动达两年之久。约克敦的决定性胜利导致英内阁倒台，新政府于1782年11月30日与美方达成停战协议，次年9月3日双方于巴黎签订最后和约，英国被迫承认美国独立。

美国独立战争是以小胜大、以弱胜强的典型战例。列宁称这次战争为"伟大的、真正解放的、真正革命的战争"。它为美国资本主义的发展开辟了道路，对后来的法国大革命和拉丁美洲民族解放运动均有重大影响。美方充分利用了英方的弱点，发挥了革命战争的政治优势。人民群众为战争的胜利发挥了决定性作用。大批黑人和外国志愿人员作出了重要贡献。游击战显示了巨大威力。未经严格训练的美军士兵善于利用地形地物自发地采用疏开队形，各自为战，往往使英国正规军呆板的线式战术无能为力。这种疏开队形开后世散兵线战术的先河，恩格斯称之为"由于兵士成分的改变而产生的一种新的作战方式"。同时美军的经验表明，严格的训练和纪律也是十分必要的；正规军同民兵、志愿兵相结合的军事制度在当时是行之有效的。

第二次美英战争

1812—1814年，美国反对英国经济渗透和政治控制，确保民族独立和主权完整并谋求对外扩大领地的战争。美国独立后，其资本主义经济有所发展，但英国力图恢复对美国的控制，利用印第安人的反抗斗争阻挠美国人向西部扩张。在19世纪初英国同法国争夺欧洲霸权的斗争中，两国都严禁美国与欧洲其他国家通商，打击了美国的海外贸易。英国多次侵入美国领海，搜查、扣留美国船只，强征美国海员，美英矛盾加剧。1812年6月18日，美国正式对英宣战。战争爆发时，美国陆军只有1万余人（但可动员大批民兵和志愿兵），海军主要作战舰只约20艘。英国拥有一支精锐陆军和一支居世界首位的强大海军，在北美有加拿大为依托，可利用反美的印第安人做同盟军；但由于当时英国陆、海军主要用于对法作战，能投入北美战场的兵力有限。

从战争爆发到1813年春，美国鉴于英国在北美的兵力薄弱，遂从大湖区主动进攻，企图夺取加拿大，但因指挥不力，屡遭挫败。从1813年春到1814年初，由于拿破仑一世征俄失败，法国受到削弱，英国得以抽出兵力对美国实行海上封锁，但地面兵力仍然不足。美军继续从大湖区进攻加拿大，控制了伊利湖，袭击了多伦多等加拿大边境城市。然而，两路美军对加拿大重镇蒙特利尔实施的分进合击却半途而废。这一阶段，美国在南方开辟了新战场，A.杰克逊借口西班牙在欧洲同英国并肩作战，企图夺取西属佛罗里达，同时野蛮屠杀克里克印第安人，抢占他们的土地。

1814年，由于拿破仑一世已被打败，英国得以抽调陆、海军增援北美战场，对美国沿海地区发动进攻，美军坚决抵御。7月5日，大湖区英美两国在奇珀瓦河一战，两败俱伤。25日兰迪之战，美军遭重创，但英军亦无力追击。至此，美国放弃夺取加拿大的计划。8月24日，英军一部登陆，向华盛顿进军，击溃仓促集结保卫首都的美军，火烧国会、白宫及其他政府建筑。英国的侵犯，激起美国人民的爱国热情，美军士气高涨，而英军进攻巴尔的摩和普拉茨堡受挫，加深了厌战情绪，促成了和谈。12月24日，双方在根特签订和约，但军事行动持续到1815年1月初新奥尔良之战。

经过这次战争，英国完全确认美国独立。美国为保卫民族独立而战是正义的，美国自称为"第二次美国独立战争"，但它同时又包含着对外扩张和对印第安人大屠杀等消极因素。

美国入侵墨西哥战争*

1846—1848年墨西哥抗击美国入侵的战争，亦称美墨战争。美国扩张主义者力图侵占墨西哥北部领土（从东至西包括得克萨斯、新墨西哥和加利福尼亚），逐步建立美洲霸权。1835年美国策动得克萨斯美籍种植园主叛乱，1836年建立美国傀儡政权"孤星国"，1845年美政府正式将得克萨斯并入美国。同年美国还策动加利福尼亚美籍移民举行暴乱。1846年春，美军进一步侵入墨西哥境内，迫使墨方起而应战，然后把战争责任加诸对方，于同年5月13日正式对墨宣战。战争爆发时，美国陆军只有8600余人，但可征集大批志愿兵，武器装备比较先进，有舰队配合陆军行动。墨西哥陆军约3万余人，以骑兵为主要突击力量，士气旺盛，在一定程度上得到人民的支持，但官多兵少，武器装备落后，没有舰队配合。美国为迅速实现其侵略目的，早在正式宣战前夕就兵分两路，分别向得克萨斯以南，新墨西哥和加利福尼亚进军，同时出动舰队封锁墨西哥沿海，夺取重要港口。

墨西哥军队在困难条件下抗击入侵之敌。1846年5月8日，M.阿里斯塔将军指挥的墨军，在格兰德河（得克萨斯南侧）北岸帕洛阿尔托地区，同Z.泰勒指挥的美军激战。在美军优势炮火的压力下，墨军被迫南撤。9月，防守战略要地蒙特雷的墨军，依托城市建筑，顽强抗击泰勒部队的进攻，予以重创。至年底，尽管北部大片领土已沦入美国之手，墨西哥并未屈服。美国为迫使墨西哥政府承认既成事实，于1847年春出动军队1.3万余人，由陆军司令W.斯科特指挥，向墨西哥中部进犯，夺取首都墨西哥城。墨总统圣安纳乘美军主力南下之机，率军约2.5万人北上袭击原属泰勒的一支留

---

* 在《中国大百科全书》发表时题为《墨西哥抗美战争》。

守部队（约5000人），但指挥不力，在蒙特雷西南布埃纳维斯塔地区，反被兵力占劣势而火力占优势的美军打败。当美军进逼墨西哥城时，墨军利用首都外围有利地形设防，节节抗击，先后在塞罗戈多（4月）、丘鲁武斯科（8月）、莫利诺—德尔雷伊（9月）以及查普特佩克（9月）等地，英勇抗击美军的进攻。9月14日墨西哥城陷落。这时，墨政府不顾人民的反对宣布投降，但小规模的军事行动一直继续到1848年2月双方签订和约为止。和约规定墨西哥正式割让得克萨斯、新墨西哥和加利福尼亚给美国。

战争期间，墨西哥人民为反抗美国入侵发挥了重要作用。他们在美军占领区自发地开展游击战，破坏交通线，袭击美国驻军。首都保卫战期间，约有1.5万人参加反对美国占领者的斗争。人民的反抗分散了美国侵略军的兵力。1847年底，在墨西哥的5万美军中约有2万人用于对付游击队。

墨西哥进行的是正义战争，但缺乏强有力的中央政府的领导，中央和地方统治集团的某些人进行叛卖活动，加上军事上采取消极防御战略，不支持人民群众的武装斗争，因而招致失败，丧失北部半壁河山。

美国内战

1861—1865年，工业资本主义占统治地位的美国北部诸州同发动叛乱的南部各蓄奴州之间的战争，亦称南北战争。南部为维护和扩大种植园奴隶制度而挑起战争；北部为维护国家统一和废除奴隶制而战。

战前10年，美国北部工业资本主义迅速发展，以残酷剥削黑奴劳动为基础的南部种植园经济制度极其腐朽，成为美国资本主义进一步发展的严重障碍，招致资产阶级、进步人士特别是工农大众和黑人奴隶的强烈反对。坚持奴隶制与反对奴隶制的两大势力之间的斗争日益尖锐化。1860年，反对奴隶制的共和党候选人A.林肯当选为美国总统，使奴隶主占优势的民主党丧失了联邦政权。于是，南部各蓄奴州相继退出联邦，于1861年2月成立"南部同盟"，推选J.戴维斯为"总统"，以蒙哥马利为"首都"（后迁至里士满），造成分裂的事实，同时征集10万志愿兵，积极备战。4月12日，南军炮击萨姆特要塞（位于南卡罗来纳州），挑起战争。4月15日，林肯下令征集服役期为3个月的民兵7.5万名，镇压南部叛乱。随后他又宣布对南部沿海实行封锁。北部23个州，其面积占全国面积的3/4，人口约2200万。南部11个州人口只有900万，其中奴隶就有350万以上。全国生产总值的75%、工业产量的90%、铁路线的70%集中在北部。但是，北部战争准备不足，在战争爆发时，只有陆军1.6万人，作战舰艇40余艘。南部虽有许多致命弱点，但拥有一批军事骨干，战略上享有内线作战的便利，并可望得到英法当局的援助，在战争前期占有优势。内战战场东起大西洋沿岸，西至密西西比河流域。阿巴拉契亚山脉以东的华盛顿—里士满地区和以西的田纳西—密西西比河地区是主要战场。

第一阶段（1861—1862） 林肯政府企图以积极进攻迅速镇压叛乱，恢复联邦统一。但实际执行的战略计划却是分散兵力、从陆地和海上对南部实行逐渐紧缩围困的消极计划（即"大蛇计划"）。行动不坚决，特别是不敢触犯奴隶制度，更不敢武装黑人，表明北部资产阶级害怕黑人起来革命。卡尔·马克思说这一阶段的斗争是"根据宪法进行的战争"，而不是"以革命方式进行的战争"。南部则主动进攻，同时等待外援。在强大舆论压力下，林肯决定7月21日在华盛顿与里士满之间的交通枢纽马纳萨斯地区决战（即第一次布尔河会战或第一次马纳萨斯会战），以图打通向里士满进军之路。结果，麦克道尔指挥的联邦军3万人被博雷加德和约翰斯顿指挥的南军打败，向华盛顿溃退，损失惨重。前线的失利加剧了后方的阶级斗争，反革命分子活动猖獗。英国当局也图谋武装干涉。马纳萨斯的惨败，促使联邦国会授权林肯召集50万志愿兵（服役期为3年或到战争结束为止），并加强海军建设和军工生产。1862年初，林肯命令联邦陆、海军于2月22日起发动全面攻势。在此以前，西战场的联邦军已经展开了军事行动，进展较顺利。2月间，格兰特指挥的田纳西军团在联邦炮艇小舰队配合下，先后攻克田纳西河上的亨利堡和坎伯兰河上的多纳尔森堡。D. C.比尔指挥的俄亥俄军团也攻克坎伯兰河上的纳什维尔，迫使南军从密西西比河上的哥伦布撤退。3月，J.波普又在联邦小舰队支援下夺取密西西比河上的十号岛。格兰特则向田纳西河上的匹兹堡码头进军，4月6日，在夏洛与约翰斯顿指挥的南军遭遇。经两天激战，双方各损失1万余人。巴特勒指挥的联邦军在法拉格特舰队协同下，攻克南方战略要地——密西西比河口的新奥尔良。5月底，西部联邦军在H. W.哈勒克统一指挥下攻克科林斯，继而攻克孟菲斯。这样，西部联邦军解放了整个肯塔基州和田纳西州大部。同时密西西比河除维克斯堡以南一段之外，绝大部分已被联邦军打通。

在东战场上，G. B.麦克莱伦指挥的联邦军主力波托马克军团（10万人）始则按兵不动，后来在各方压力下发动"半岛战役"（1862年3—7月），先从水路把军队运到詹姆斯河与约克河之间的半岛东端，继而沿半岛西进，夺取里士满。但麦克莱伦行动迟缓，致使南军预做准备。在著名的"七天会战"（6月25日—7月1日）中，联邦军遭到R. E.李指挥的北弗吉尼亚军团的沉重打击，被迫退出半岛。李乘胜北上，8月底在第二次布尔河（马纳萨斯）会战中，打败联邦军新建立的弗吉尼亚军团（波普指挥），随后，该军团同波托马克军团都奉命撤回华盛顿附近休整。李军团渡波托马克河继续北进，华盛顿告急。林肯令麦克莱伦率军迎战。9月安蒂特姆一役，李军团被阻，决定南撤。麦克莱伦再次按兵不动，使李军团得以顺利逃回南部。年底，A. E.伯恩赛德继麦克莱伦任波托马克军团司令，在弗雷德里克斯堡与李军团一战，损失1.2万余人。

第二阶段（1863—1865） 战争形势和各阶层人民群众的强大压力要求林肯政府以革命方式进行战争。1863年1月1日林肯正式发表《解放宣言》，宣布南部叛乱诸州的黑人奴隶均予解放。并采取一系列革命性措施，特别是颁布宅地法和决定武装黑人（整个战争期间黑人参军约45万人），调动了农民和黑人的积极性。国会通过实行征兵法。清洗了军内暗藏的亲奴隶主分子，大胆提拔进步军官，加强了军队的指挥。从此战争进入了新阶段，但南部仍有发动进攻的力量。1863年3月初，J.胡克指挥的联邦军波托马克军团兵力增至13万余人，南军李军团只有6万人。但胡克指挥不力，4—5月钱瑟勒斯维尔一战，损失惨重。6月，李军团8.9万人攻入宾夕法尼亚州，北方再次告急。林肯令波托马克军团（12.2万人，G.G.米德接替胡克指挥）迎战。7月初双方在葛底斯堡激战3天，联邦军取得歼敌2.8万余人的大捷，成为战争的转折点。南军转入防御。同时，西战场上格兰特攻克密西西比河下游重镇维克斯堡，俘敌约2万人。随后，防守密西西比河下游另一重镇哈得孙港的南军投降。至此，联邦军打通了整个密西西比河，"南部同盟"的西南部同东部被切断。11月，在西战场中部，联邦军坎伯兰军团（由俄亥俄军团改编而成）占领南部铁路交通枢纽查塔努加并击溃其外围的南军，从而取得向南进军的战略基地。1864年春，林肯任命格兰特为联邦军总司令，统一指挥各军团；任命W.T.谢尔曼统一指挥西战区。格兰特和谢尔曼共同制定的新战略规定东西两战区对南部实施协调一致的打击：格兰特亲自指挥东战区主力波托马克军团，以歼灭李军团为主要目标，相机夺取里士满；谢尔曼则由西向东南横扫，深入敌后，占领佐治亚州，前出大西洋，对"南部同盟"的东部地区实施中间突破。4月底，格兰特率领12万余人南进（李军团只有6万余人），5月初渡拉皮丹河，进逼怀尔德尼斯；5—6月，猛攻科尔德港，损失约5万余人，但几周内就得以补充。李军团损失约3万人，但南部人力物力濒于枯竭，补充困难。6月中旬，格兰特围攻里士满以南的彼得斯堡，双方相持数月。在此期间，李派J.A.厄尔利率1万余人奔袭华盛顿，格兰特则令P.H.谢里登率优势兵力前去围追堵截。在谢南多厄河谷之战（1864年8月—1865年3月）中，厄尔利全军覆没。西战区谢尔曼在查塔努加集结了10万余人（当面J.E.约翰斯顿指挥的南军6.2万人），于5月7日开始行动，首要目标是歼灭约翰斯顿，并夺取南部极为重要的工业交通中心亚特兰大。这是一场无后方作战。谢尔曼采取迂回战法，绕过南军设防阵地，除个别情况外不进行正面强攻。南军节节退至亚特兰大。9月2日，谢尔曼占领亚特兰大。随即准备著名的"向海洋进军"，目标是佐治亚州沿海要地萨凡纳。他挑选精壮6.2万人（其中有大批黑人），携带20天口粮，11月15日出发。为迷惑敌人，谢尔曼兵分两路，使南军无法判断他的主攻方向，防不胜防。11月23日两路大军在米利奇维尔会合后继续东进。12月21日在海军配合下夺取萨凡纳。此役历时1个多月，长驱300多公里，沿途破坏了敌人的战争潜力，沉重打击了奴隶制，将"南部同盟"的东部分割为两部分，为夺取最后胜利创造了极有利的态势，联邦军损失不足2200人。谢尔曼的进军，与K.马克思、F.恩格斯早在1862年提出的占领佐治亚、肢解南部的战略主张相吻合。此时，格兰特决定同谢尔曼一起围歼李军团。1865年初，谢尔曼挥师北进，直捣南、北卡罗来纳，威胁李军团的后方。格兰特也积极进攻（3月底格兰特直接指挥的联邦军达11.5万人，李军团5.2万人），4月3日，占领里士满。4月9日，李率残部2.8万人在阿波马托克斯投降。26日，J.E.约翰斯顿向谢尔曼投降。历时4年多的内战至此结束。

整个战争期间，估计联邦军死亡约36万人，南军死亡约25万人。战争前期联邦政府战略指导上的主要教训，一是不敢以革命方式进行战争；二是采取了消极围困的错误方针，过高估计占领里士满的意义，迟迟不认识向南部要害佐治亚州进军的必要性。南部叛乱集团首领对形势做了完全错误的估计，把希望寄托在不可靠的外援上。战争显示了近代工业的威力。双方军队都大量装备和使用了新式线膛武器，促进了散开队形、野战工事和步兵紧迫作业的运用和发展。铁路和电报发挥了重大作用。装甲列车和装甲战舰得到广泛使用。以骑兵深入敌后实施远程奔袭成为常用的战术。大部队对敌后实施破坏性"经济战"，也是此次战争的一大特点。

美西战争

1898年，美国为夺取西班牙属地古巴、波多黎各和菲律宾而发动的战争，是列强重新瓜分殖民地的第一次帝国主义战争。古巴和菲律宾群岛既有重要的经济价值，又是美国分别向南美洲和亚洲扩张的战略基地。新兴的美国拥有雄厚的经济、军事潜力，已建立起一支较强大的海军。西班牙早已衰落，在国际上陷于孤立。特别是古巴和菲律宾两地人民反对西班牙殖民统治的武装斗争，钳制着大量西班牙军队。西班牙军对古巴起义者的残酷镇压激怒了美国人民，并危及美国资本家在该地的经济利益。1898年2月15日，美国派往古巴护侨的军舰"缅因"号在哈瓦那港爆炸，美国遂以此事件为借口，于4月22日对西班牙采取军事行动。

早在战争爆发前夕，主持美海军工作的海军助理部长T.罗斯福即命令亚洲分舰队司令C.杜威率舰队集结香港待命，杜威进行了周密的作战准备。1898年4月30日，美分舰队进入马尼拉湾，翌日晨，发现P.蒙托霍指挥的西舰队。美西舰数对比为6∶7，但美舰在总吨位、航速和火炮，特别是在战备训练水平方面，均占优势。经数小时战斗，西舰队被歼，伤亡381人。美方只有7人受伤。与此同时，菲律宾起义军积极行动，控制着马尼拉外围（该地尚有一支西班牙驻军），占领了许多重要岛屿和城镇，并建立以

E.阿奎纳尔多为首的民族政府。8月13日新到的美陆军在舰队支援下登陆，同时利用菲律宾起义军，迫使马尼拉的西军投降。但在废除西班牙殖民统治以后，美政府却背弃支持菲律宾独立的诺言，宣布对菲实行军事占领，引起菲人民的强烈反抗。此后3年，美国对菲起义人民进行了残酷镇压。

在加勒比海地区，西班牙原在古巴等地驻军有20余万。古巴起义军在M.戈麦斯·伊·巴埃斯领导下已解放大片国土，造成有利态势。"缅因"号事件后，西政府派出一支舰队（6艘战舰，由P.塞韦拉指挥）前去防守波多黎各，5月19日进入圣地亚哥港。美北大西洋分舰队（7艘作战舰只，司令为W.T.桑普森）立即对该港实行封锁，并要求陆军配合歼灭港内西舰队。但美陆军第5军（约1.7万人，W.沙夫特指挥）在圣地亚哥以东登陆后，坚持以夺取圣地亚哥城为目标；在攻占城东制高点的战斗中伤亡1700人。7月3日，西舰队奉命撤出圣地亚哥港，在港外被美舰队歼灭，死亡160人，被俘1800人（包括塞韦拉）。美方仅伤、亡各1人。16日，圣地亚哥城在古巴起义军和美军围困下断粮，城内外西守军约2.3万人投降。25日，美陆军司令N.A.迈尔斯率领的远征军在波多黎各登陆。西政府求和。8月12日，美西双方同意停止军事行动。

12月10日，双方于巴黎签订和约。和约规定：西班牙承认古巴独立（实际上沦为美国的保护国），将波多黎各、关岛和菲律宾转让美国；美国为获得菲律宾向西班牙交付2000万美元作为补偿。整个战争期间，美军死亡约5000人（其中战死不足400人，其余多系病死）。美国以极小的代价从西班牙手中夺取了重要的海外殖民地，主要是利用了古巴、菲律宾人民的武装斗争。这次斗争，成为世界开始进入帝国主义时代的主要标志之一。在战争中，美海军战备程度较高，但陆军准备不足，陆、海军协同很差，登陆作战的组织混乱，促使战后美国进一步加强海军，并力图克服战争中暴露的问题，为继续向海外扩张做准备。